地方財政健全化法監査

池田昭義

[著]

まえがき

平成 19 年 6 月、地方公共団体の財政の健全化に関する法律（以下「財政健全化法」という。）の成立により、新たに地方公共団体に財政健全化法監査が導入された。

財政健全化法監査は、次の 7 種に区分される。

1. 監査委員による普通会計の財政健全化審査（財政健全化法 3 条 1 項）
2. 監査委員による公営企業会計の経営健全化審査（財政健全化法 22 条 1 項）
3. 監査委員による財政健全化計画、財政再生計画、経営健全化計画に対する長の要求による監査（財政健全化法 26 条 1 項）
4. 包括外部監査人による普通会計の財政健全化調査（財政健全化法 3 条 7 項）
5. 包括外部監査人による公営企業会計の経営健全化調査（財政健全化法 22 条 3 項）
6. 包括外部監査人による財政健全化団体、財政再生団体、経営健全化団体の監査（財政健全化法 26 条 2 項）
7. 個別外部監査人による財政健全化計画、財政再生計画、経営健全化計画に対する長の要求による監査（財政健全化法 26 条 1 項）

本書は、監査委員及び外部監査人が財政健全化法に基づく監査にどのように対応すべきかということを中心に解説したものである。

平成 20 年 4 月

池田　昭義

『地方財政健全化法監査』もくじ

まえがき 1

第1章　監査委員による監査　7

- 第1項　監査実務総論　8
- 第2項　地方公共団体監査の沿革　14
  1. 戦前戦時中の監査制度　14
  2. 終戦後の監査制度　18
- 第3項　監査委員制度　30
  1. 概説　30
  2. 監査委員の義務　33
  3. 監査委員の組織の原則　34
  4. 監査委員の権限に属しない事項　36
  5. 特別地方公共団体の監査　37
  6. 監査委員の定数　40
  7. 監査委員の選任　41
  8. 監査委員の任期　48
  9. 監査委員の服務上の義務　50
  10. 監査委員の退職等　51
  11. 事務引継　55
  12. 代表監査委員　56
  13. 具体的な監査の仕方　60
- 第4項　監査委員の職務権限　89
  1. 住民の直接請求に基づく監査　89
  2. 議会の請求に基づく監査　95
  3. 請願の措置としての監査　98

　　　　4　定期監査　98
　　　　5　随時監査　111
　　　　6　行政監査　113
　　　　7　当該地方公共団体の長からの要求に基づく監査　118
　　　　8　財政援助団体の監査　120
　　　　9　決算の審査　136
　　　10　例月現金出納検査　150
　　　11　指定金融機関等の監査　189
　　　12　基金の運用状況の審査　194
　　　13　住民監査請求に基づく監査　196
　　　14　職員の賠償責任に関する監査　220
　　　15　共同設置機関の監査　231
　　　16　公営企業の決算の審査　232

　第5項　監査委員事務局　264
　　　　1　事務局の設置　264
　　　　2　事務局長、書記その他の職員　265
　　　　3　事務局長、書記その他職員の定数及び任免　266

第2章　外部監査人による監査　267

　第1項　外部監査の必要性　268
　第2項　外部監査制度　281
　第3項　外部監査人による監査制度　288
　　　　1　外部監査人をめぐる法律関係　288
　　　　2　外部監査契約の締結手続　289
　　　　3　包括外部監査契約に基づく事件の特定と監査の実施　289
　　　　4　個別外部監査契約に基づく事件の特定と監査の実施　289
　　　　5　事務監査請求監査　291
　　　　6　議会請求監査　292

　　　　7　長要求監査及び財政援助団体等監査　293
　　　　8　住民監査請求監査　294
　　　　9　外部監査人監査の導入の仕方　295

第3章　財政健全化法監査　311

第1項　財政健全化法の概要　312
第2項　財政指標の算式と解説　313
　　　1　普通会計　313
　　　2　公営企業会計　317
第3項　財政の早期健全化　318
第4項　財政の再生　320
　　　1　再生判断比率　320
　　　2　財政再生計画　320
　　　3　計画の実効性の確保　321
第5項　公営企業の経営健全化　323
第6項　外部監査　324
第7項　財政健全化法の監査、審査、調査　324
　　　1　監査委員の財政健全化審査　325
　　　2　包括外部監査人の財政健全化調査　327
　　　3　監査委員の公営企業の経営健全化審査　328
　　　4　包括外部監査人の公営企業の経営健全化調査　329
　　　5　長要求による監査委員の監査　330
　　　6　長要求による外部監査人の個別外部監査　332
　　　7　包括外部監査人による財政健全化団体等の監査　334
　　　8　財政分析に当たっての留意点　335
　　　9　個別外部監査の受け方　336
　　　10　財政健全化審査の仕方　337
　　　11　財政健全化計画の監査　338

         12　財政健全化計画、管理月報　339
         13　財政健全化分析、経営健全化分析　340
         14　月次予算統制表作成上の留意点　343
　第8項　決算審査と財政健全化審査　344
         1　地方自治法の決算審査と財政健全化法の財政健全化審査　344
         2　地方公営企業法の決算審査と財政健全化法の経営健全化審査　346

終　章——むすびにかえて　353
         1　平成19年度決算についての特例　353
         2　平成20年度以降の財政（経営）健全化計画の作成及び監査　354
         3　財政（経営）健全化審査意見書の様式　354

資　料　「地方公共団体の財政の健全化に関する法律」　360

凡　例

本文中で使用した、法令等の略称は次のとおりである。

法	地方自治法
令	地方自治法施行令
則	地方自治法施行規則
地公企法	地方公営企業法
地公企令	地方公営企業法施行令
地公企則	地方公営企業法施行規則
財政健全化法	地方公共団体の財政の健全化に関する法律

第 1 章

監査委員による監査

第1項　監査実務総論

　近年、日本経済の長期にわたるデフレーションの影響もあって、地方公共団体の財政状況の悪化が一段と深刻になり、破綻する団体も出現する状態になっている。

　財政破綻をした地方公共団体においては、不特定多数の住民に経済的負担の増加という形で責任が転嫁され、地方議会及び監査委員のチェック機能が十分に機能してはいなかったのではないかと批判されている。

　監査委員の監査責任は、限られた日時、限られた職員、限られた予算でどのような監査を実施してきたかということである。具体的には会計上の誤謬と不正を摘発することを目的として実施されるべき例月現金出納検査を、各地方公共団体の監査委員はどのように実施してきたかという責任の追及である。

　有権解釈では、例月現金出納検査は会計管理者が保管する現金を対象として実施することになっているが、監査論では、会計には誤謬と不正がつきものなので、相対的危険性の大である項目について頻度多く検査をすべきである、という観点から検査対象はおのずから、現金、預金、一時借入金、有価証券、物品に拡大すべきであるということである。

　地方自治法には、例月現金出納検査の方法が一つひとつ規定されていないので検査の仕方は専ら監査論に基づいて監査基準どおり実施することになる。

　現金は実査し、預金は各金融機関の発行する預金残高証明書と照合し、一時借入金も各金融機関の発行する貸付金残高証明書と照合しなければならない。

　現金（釣銭）を数えずに現金を検査したといっても住民は納得しないであろう。わが国の地方公共団体監査を歴史的にみると、監査委員は不特定多数の住民に代わって、不特定多数の住民のために監査を実施しなければならないので、監査委員の監査責任は、限られた職員、限られた日時、限

られた予算でどういう監査を実施したのかということになる。監査責任の追及に対する監査委員の答弁は、「近代監査」といわれる監査の仕方である。

近代監査の特徴は、①試査主義と②証拠中心主義である。したがって、例月現金出納検査に当たっては、現金を数えたという証拠、金種別表という物的証拠を入手しなければならない。

このように監査論で支持される例月現金出納検査を実施すると、ただ単に会計管理者が保管する現金に止まらず、前渡金、概算払金等、市役所にある公金のすべて及び有価証券、物品もその対象とすべきであるということになる。

実際に、筆者が会計管理者の保管にかかわらない前渡金を例月現金出納検査で抜打ちに検査しようとしたところ、各資金前渡管理者（課長）から越権であると猛烈な批判を受けたことがある。市役所中の公金を監査委員が越権で検査して市民が反対するかどうか。

また、昭和38年の地方自治法の改正により、明治時代から行われてきた抜打ちの臨時出納検査が廃止されることになった。どこの国に現金を検査するのにあらかじめ被検査側に予告して検査する制度があるかということである。臨時出納検査の規定が削除された現在、例月現金出納検査で臨時出納検査を補完する必要があると思う。

例月現金出納検査では、法律的には有価証券は検査対象からはずされているが、平成時代になって一億総財テクの時代となり、やがてバブル経済が破裂して証券投資で失敗し、地方公共団体に財産的損害を与えた事例が数多く報道された。監査委員は、例月現金出納検査で法235条の4第1項、令168条の6の規定、並びに地公企令22条の6第1項の規定に基づいて、有価証券の取得、管理、処分についても当然危ない項目として、頻度多く検査し、法令違反の取引きを行っていないかどうかを確かめなければならない。

前渡金も例月現金出納検査の対象ではないとの法律解釈によって、庁用車の修理代を横領した事件が検査モレとなり、市議会で監査委員の監査責任が追及され、辞職に追い込まれた事件が発生している。前渡金はいつ監査するのかということについて地方自治法は規定していない。財務に関する事務の一環として監査論という学問に基づいて監査をすることになっている。

監査委員の監査責任は、限られた職員、限られた日時、限られた予算でどのように効率的な監査を実施したのかという点にしぼられるので、答弁はおのずから①重要性と②相対的危険性と③内部統制の信頼度と④経済的制約のからみで、求める証拠の質と量を表1-1のような関係で入手する監査手法をとらなければならない。
　また、監査技術の種類と入手できる証拠の信憑性の関係は、表1-2のようになっている。
　監査委員が監査報告書で不正事件を指摘する場合には、指摘するのに必要な限度において、証憑突合、帳簿突合、計算突合、実査、立会、確認、質問等の監査技術を選択、適用し、その指摘を立証するにたる合理的な証拠を集めなければならない。
　監査の実施、特に往査の目的は100パーセント証拠集めである。証拠を集めるに当たっては、証拠を求めることの必要性と可能性とを考慮する必要がある。合理的な証拠の入手要領は前掲、表1-1のとおりである。
　この表1-1から、監査対象項目の重要性が大であり、相対的危険性が大である「1」の場合には、証拠能力の強い証拠を入手しなければならず、反対に重要性が小であり、相対的危険性も小であるような「4」の場合には、比較的証拠能力の弱い証拠でもたりうるので、あえて証拠能力の強い証拠を求める必要はないということになる。一般に、証拠能力の強い証拠を求めることは、証拠能力の弱い証拠を求める場合に比して、多くの時間と労力を必要とするので、効率的な監査の実施という見地からは、そのようなムダな監査の実施は避けるようにしなければならない。
　また、被監査側の内部統制組織がよく整備されており、信頼度が高い場合で、監査委員側の経済的制約が大である「5」の場合、換言すれば監査委員が非常勤で、監査委員事務局の職員が少なくて、監査日時や監査費用等の制約が大きい場合には、求める証拠の量は少なくてもよく、反対に被監査側の内部統制組織が不十分で、内部監査も実施されていないような場合で、監査委員側の経済的制約が大である「7」の場合には、求める証拠の量を多くして十分な監査をしなければならないということになる。
　以上の関係から、表の「7」の場合が監査委員及び外部監査人監査泣かせの監査となるので、すべからく表の「5」の場合のように被監査側、長

■表1-1

	重要性	相対的危険性	内部統制の信頼度	経済的制約	求める証拠の質	求める証拠の量
1	大	大			強	
2	大	小			強	
3	小	大			弱	
4	小	小			弱	
5			大	大		少
6			大	小		少
7			小	大		多
8			小	小		多

■表1-2

	種類	信憑性	主要長所	主要短所
一般的技術	証憑突合	強	適用範囲広し　監査対象理解	網羅的採用不能
一般的技術	計算突合	弱	〃　助手一任可能	〃　算術的検証のみ
一般的技術	帳簿突合	弱	〃　〃	〃　簿記的検証のみ
個別的技術	実査	強	信頼性最大	〃　物理的形態あるものに限る
個別的技術	確認	強	信頼性　大	〃　相手方の協力いかんによる
個別的技術	立会	弱	経済性　大	単独適用不可
個別的技術	勘定分析	弱	原理的誤謬の発見可能	証憑突合の併用必須
個別的技術	質問（口頭）	弱	〃　新事実の誘導可能	誤解忘却立証力乏し
個別的技術	質問（書面）	強	〃	〃
個別的技術	調査	弱	自動的検算	頻繁に行えず
個別的技術	熟視査	弱	〃　経済性　大	熟練者に限る
個別的技術	比較	弱	損益項目に最適　原理的誤謬の発見可能	最終決定力なし

側でしっかり内部統制組織を確立するように、機会あるごとに要求する必要があるということである。

監査委員監査において、監査対象事項なり項目の重要性が大であるとは、
① 金額が多額であること
② 及ぼす影響が大であること

などを基準として判断されよう。たとえば、契約や工事監査の場合には、金額の大きい方が金額の小さい場合よりも監査対象としての重要性は大であり、違法不当事項は、単なる事務手続きや計算間違い等の事務的ミスによる指摘事項よりも重要性は大である。したがって、契約監査、工事監査を実施する場合には、まず金額の多額なものから試査を実施しなければならず、みやすいものから先にみるという監査の仕方では、監査責任を問われかねない。

次に、監査対象事項なり項目の相対的危険性は、
① 監査対象事項なり項目に不正・誤謬の発生頻度が高いこと
② 不正・誤謬による損害発生額が比較的多額に及ぶこと

などを基準として判断されることになろう。

たとえば、現金、特に前渡金、概算払金、各種収納金、預金、一時借入金、有価証券、物品、契約・検収事務とか工事の施工などは、監査委員監査の場合には比較的に相対的危険性が大であるといえよう。明治32年の府県制において出納検査を対象にしたことも、現在、監査委員が例月現金出納検査を実施しているのも、地方公共団体において現金及び物品の出納は、誤謬と不正の発生する頻度が高いからということになる。

地方自治法は、例月現金出納検査（法235条の2第1項）、定期監査（法199条4項）、決算審査（法233条2項）をそれぞれ別個の条文で規定しているが、監査論では財務監査に関する限り決算審査の対象期間が毎会計年度の4月1日から翌年の3月31日と最も長いので、例月現金出納検査及び定期監査を決算審査の部分監査と位置付けて有機的に関連させて監査の年度計画、個別計画を作成するようにしなければならない。

会計とか監査とかいう仕事は、すべて法令によって規定し、それによって行えばよいというものではない。

換言すると、会計の場合、ありとあらゆる取引を想定して、あらかじめ

法令によって規定化することは不可能で、どんなに法令を整備し、財務規則・財務規程を整備しても、相変わらず規定化されていない取引が発生し、仕訳しなければならないのである。

また、監査について例月現金出納検査や定期監査、決算審査や行政監査の着眼点や監査手続きを、いちいち法令で規定することは不可能である。

近年、問題になっている政治資金の収支報告書についても、収入とか支出というのは「会計」であるから、政治資金の収支を近代的な会計にしなければならない。いくら法律で罰則を強化しても、政治資金規正法で会計学で支持される「会計」をすることはできない。

会計には誤謬と不正がつきものであるから監査が必要不可欠であるにもかかわらず、政治資金収支報告書という会計報告書には監査が義務付けられていないので、今後とも過失による計算間違いや、故意による不正が行われる可能性がある。各地方公共団体の監査委員は、それぞれの団体の監査基準に基づいて、監査論で支持される監査を実施しなければならない。

地方自治法上の会計は、現金と物品の出納保管並びにそれに附帯する事務となっているが、会計学でいう「会計」には次のように監査が含まれている。

つまり、監査は会計に含まれ監査論は広義の会計学に属するということである。

$$\begin{cases} 1\ 計理 \\ 2\ 報告 \end{cases} \leftarrow 3\ 監査$$

そして、監査の必要性は、ありとあらゆる会計に

$$1\ 誤謬 \begin{cases} ①書記的誤謬 \\ ②原理的誤謬 \end{cases} と$$

$$2\ 不正 \begin{cases} ①財物の着服を伴う不正 \\ ②財物の着服を伴わない不正 \end{cases}$$

がつきものなので、そのような会計上の誤謬と不正を未然に防止するために監査が必要不可欠なのである。したがって、明治以来のわが国の地方公

共団体監査は、会計を担当した者以外の第三者が担当すべきであるということで、地方議会による出納検査という形で出発したと考えられる。

地方自治法が予定している監査委員監査の機能は、不正を働こうと思った不心得な会計職員が、不正を働けば必ず捕まるということで、思い止まらせることにある。つまり、不正の摘発よりも不正の予防・防止という積極的な効果を期待しているのである。

平成になり問題になった、公会計における不正経理事件の再発防止策としては、

① 予算制度の改善
② 複式簿記制度への移行
③ 決算の認定を議決とすること
④ 内部統制組織の確立
⑤ 内部告発者保護制度の採用

が必要不可欠と考えられる。

監査委員は、長及び議会から独立した執行機関として、監査委員事務局に内部告発者保護制度の導入窓口を設置すべきである。

2002年のアメリカ企業改革法は、監査委員会（日本の監査役会に相当するもので、企業本体や子会社と関係を持っていない独立した取締役だけで構成している。）を内部告発の受け入れ窓口とし、監査法人の任命、監督も担当している。

日本の地方公共団体の外部監査人監査の窓口もまた監査委員事務局に一元化する必要がある。

第2項　地方公共団体監査の沿革

1　戦前戦時中の監査制度

旧地方制度下の地方公共団体の監査制度は、執行機関の中に、自己監査

のための組織として調査課又は考査課を設けて、行政及び事業経営の監査を行うこととされていた。そして、この執行機関の自己監査に対応して、住民の代表者としての議会の監査権限は、法律により、これを規定したのである。すなわち、明治32年の府県制第69条は、「府県参事会ハ名誉職参事会員中ヨリ委員ヲ選挙シ之ヲシテ府県ニ係ル出納ヲ検査セシムルコトヲ得。前項ノ検査ニハ府県知事又ハ其ノ指定シタル官吏者ハ吏員之ニ立会フコトヲ要ス」と規定し、明治44年の市制第45条、町村制第42条は、「市町村会ハ市町村ノ事務ニ属スル書類及計算書ヲ検閲シ市町村長ノ報告ヲ請求シ、事務ノ管理、議決ノ執行及出納ヲ検査スルコトヲ得。市町村会ハ議員中ヨリ委員ヲ選挙シ市町村長又ハ其ノ指名シタル吏員立会ノ上実地ニ就キ前項市町村会ノ権限ニ属スル事件ヲ行ハシムルコトヲ得」と規定した。これらの規定は、昭和18年までは、何らの改正を受けることなく存続し、それ以前の監査制度の根拠となっていた。また、府県制と市制及び町村制とで、その規定の内容を異にしたのは、前者は、地方官官制を中心とした官治行政として、後者は、かなりの程度の自治行政として、取り扱われたことによるといえよう。

　昭和18年以前においては、府県については府県参事会の実地出納検査、市町村については議会の事務の一般的な書面検査及び実地検査が認められたのであり、議決機関による行政監査ということは少なくとも市町村においては企図されていたということができる。もちろん、この両者の場合においても中心は財務監査が主眼点であったのである。このように、地方公共団体の監査機構は執行機関側における自己監査と議決機関側の監査により行政の公正と能率が確保されたわけであるが、住民による監査はいうまでもなく、監査と住民の関係等はほとんど考慮されていなかった。

　昭和18年の地方自治制度の改正は、地方自治制度の上に中央集権的性格を強度に付与し、これまでの自治権拡張の方向に終止符を打って、戦時体制の確立の要請に即応する能率的行政運営の見地から、強力な執行権を中心とする自治行政をつくり上げた。すなわち、指導者原理に基づいて、戦時国策の浸透とその迅速なる原理が決定的であり、府県のみならず、市町村に至るまで国の施策を実施するための機関と化して、もはや自治団体たるの実を失った。なお昭和15年9月に出された内務省訓令第17号をもっ

て、部落会、町内会等を整備し、市町村における最末端機関がつくられたこと並びに東京都制の制定は、この際考慮の中に入れなければならない。

　地方公共団体がその自治性を喪失して国の戦時行政の実施担当の機関となり、その単なる手段としての作用を営むべく変容されたゆえんは、地方自治制度が一片の法律に基づいていたことであり、憲法上の保障を欠いたためであるが、根本的な原理は市制町村制を施行したその当時に胚胎しているものと考えざるを得ない。

　昭和18年の地方制度の改正の基本方針が前述のように、執行機関の選任について国家が干渉容認するとともに、その権限を強化して敏速なる能率的行政を保障する反面、議決機関の権限を制限することが企図され、府県制第69条は全文削除され、府県における議決機関による監査は、全く行われる機会を失って、府県に関する限り、内務大臣の身分上の指揮監督の下に、地方長官としての知事が、強力に国策の実施をはかり、府県は従来の半受動的団体から当時の植民地と同様な受動的性格の強いものに変ぼうした。そして、監査の面においては、国の各種の監査に服するので、自治団体としての監査などは、かえりみられなかった。

　市町村についてみると、従来、議決機関が有していた実地検査の権限が削除されて、単なる書面検査の権限を行使し得るにすぎなくなった（市制45条2項、町村制42条2項）。しかし市町村における議会の行政監査の機能はなお認識されていた。市町村は、第一次的基礎的地域団体として、執行機関の権限の強化にかかわらず、依然として議会—住民の代表機関の監視権を奪うことは、理念的にも、実際問題としてもできなかったのである。

　執行機関側による自己監査は従前どおりであった。府県においては、府県知事が会計の監督をし、官吏の府県行政に関する職務関係は原則として、国の行政に関するその職務関係の例によった（府県制88条、東京都制102条）。そこで、府県行政に関しては、すべて国の例によって、監査も、議決機関の監査権限が失われたので、主として内務大臣の行政監査に服することになったわけである。上からの監査及び執行部内における自己矯正的な監査のみに止まり、下からのそれはかえりみられなかった。上意下達の原則が徹底的に支配したものといわざるを得ない。

市町村においても、従来の調査課又は監査課は存続し、また、市町村長自らの監査もあったが、大都市における行政の能率的執行という見地から、監査機構を特に明文化したのである。特に明文化したとは、従来大都市において既に考査のための分課があったのを、法律上明文化したにすぎないという意味であり、それ以上に特異な内容を持つものではない。逆にこういうと、大都市以外の市町村における執行機関側の監査は法的には何ら変化をうけなかったのである。

　市制第75条の2によれば、京都、大阪、名古屋、横浜、神戸、広島、福岡及び川崎の各市に考査役1人を置き、これは市長が市会に諮って選任する有給の吏員であって、その任期は4年である。考査役の権限は、市長の指揮監督を承け、市の経営に係る事業の管理、市の出納その他吏員の掌理に属する事務執行を考査し、監督官庁の命令があるときは、市長は、考査役をして、その職務を行わせ、その結果を報告するとされていた（市制96条の2）。その他考査役は、月例出納検査及び年2回の臨時出納検査（同141条）、出納に関する証書類の審査（同142条）を行うものとされた。そして前述の8都市以外の市においては、市長は市会に諮って、その有給吏員の中から、考査役の職務を行うものを定めることとした（同75条の2第4項）。このように、考査役は、市長の監督に服する当該市の有給吏員であり、多くは、従来の考査課長、又は調査課長の職に在る者が選任されたのであり、第三者として、職務上の独立を保障されて、行政の考査を行い、その結果を住民に公表するという思想はみられず、あくまでも執行機関側における自己監査であり、市会の有する実地検査の権限を考査役に移して、いわば、それだけ執行機関の権限を法的に強化したともいえるのである。考査役は、専門的知識を有し、考査の能力においては相当にみるべきものがあったが、その身分は、有給の吏員であり、その下部機構が法的に明示されておらず、監査に必要な権威を欠き、その面から、監査の実効性を破られるおそれが多分にあるとともに、住民との関連が、単に市会に諮って選任する点に止まり、市の行政における住民の関心との関係において考査役の大きな役割はすこしも考慮されていなかったのである。住民の関心、その声に耳を貸すよりは、強力に、国の施策を強行する方が重要であったのである。

なお、戦時中において、政府部内に行政考査制度が確立せられ、能率的強力な行政執行を促進しようとしたものであるが、後に、行政査察使制度に発展し、いわゆる大物がこれにあたったことは、記憶に残されているところである。

以上が、終戦前の監査制度の沿革であるが、それは、要約すれば、執行機関の自己監査の程度を脱せず、反面、議決機関の監査も、昭和18年の改革によってその範囲が縮小せられ、効果として十分なものを期待することができなかった。特に、大都市における行政の膨張、公営企業の発展等から考えれば、この監査には一層技術的に配慮すべきものがあったと思われる。

2　終戦後の監査制度

ポツダム宣言の受諾は、わが国の行政の在り方を根本的に改定した。地方分権の徹底は民主主義の基本原理の一つとなって、従来の自治行政にするどい批判を要請した。この基本的な考え方が、終戦後の監査制度の改革を全面的に支配し、以後における改革は、この考え方をさらに徹底する方向がとられた。

昭和21年改革　昭和21年の地方制度の改正は、新憲法の制定以前において、その理念を想定しつつ、民主主義的行政を地方制度の上に盛ることを企図したのであったが、その改正の原理はすでに述べたところである。府県制においては首長の公選を実現し、地方議会の権限の強化をはかったのであるが、都道府県は内務大臣、市町村は知事及び内務大臣の監査下にあり（道府県制127条、東京都制133条、市制150条、町村制137条）、都道府県には依然として官吏が存し、終戦前と同様に、官吏の都道府県の行政に関する職務関係は、原則として国の行政に関するその職務関係の例による（東京都制102条、道府県制88条）とされて、東京都官制、北海道庁官制、地方官官制を有していた。しかしながら、都道府県及び市町村において、両者はその本質において、同一であるとの認識の下に住民自治を加味した団体自治の実現は、不可避的現実の問題であり、この要請は、監査制度にも大きな変革をもたらした。

議決機関たる議会は、名実ともに、住民の代表者たる地位を獲得し、監査の権限においても、都道府県の議会は、市町村のそれと同様に、「都道府県ノ事務ニ関スル書類及計算書ヲ検閲シ都道府県知事ノ報告ヲ請求シテ事務ノ管理、議決ノ執行及出納ヲ検査スルコト」とされ、書面検査の権限を再び付与されたのみならず、実地検査に関しては、「都道府県会ハ監査委員ニ対シテ府県ノ事務ニ関スル監査ヲ求メ其ノ結果ノ報告ヲ請求スルコト」ができるとして、議会の実地検査の権限は、都道府県、市町村を通じて監査委員の権限に移されたわけである（東京都制62条の2、道府県制43条の2、市制45条、町村制42条）。議会は定例会及び臨時会に分かれ、定例会は毎年6回以上開くこととなったので、その監査権限を行使する機会も多くなった。

　執行機関側における監査制度の改革は、まことに画期的であった。地方公共団体は、依然として国家の監督に服していたとはいえ、その自主性と自立性の強化に伴い、自己の機関による行政の能率的公正な執行を保障しなければならなかった。この要請に即応して、選挙については選挙管理委員会制度、出納その他事務の執行の監査については監査委員制度が採用されたのである。監査委員制度は、考査役制度の単なる延長ではなく、監査制度と地方自治の関連の上に立つものとして観念されている点は注目しなければならない。東京都は6人、道府県並びに京都、大阪、名古屋、横浜及び神戸の各市には4人の監査委員を必置機関とし、5大市以外の市及び町村は、条例で置くことができることとし、その定数は、2人であり、それぞれ議員と学識経験者を各同数とした。けだし、監査に最も重要な要素である権威と専門的知識をともに採り入れるという考え方に出発したものであろう。議会には、すでに述べたように、実地検査の権能を認めなかったので、議会の権威を代表する議員を監査委員の中に入れて、監査に重みを持たせると同時に、監査に不可欠の専門的技術性は、その道に精通した人を監査委員に任命することによって、充足されるということになったものである。監査委員は、その職務上知事及び市町村長の指揮監督を受けないが、都道府県又は市町村の吏員であり、身分上は都長官、道庁長官、府県知事又は市町村長の指揮監督を受け、その懲戒処分に服することとされていた。監査委員の事務部局については何らの規定がなく、「従来、考査

又は監査の事務を担当していた部課は、これを監査委員の事務機構とし、その他必要なる職員を配慮すること」（昭和 21 内務省発地 267 内務次官通牒）としてある。監査方法その他についてはそれぞれの条例の定めるところに委されている（東京都制 93 条の 23、96 条、道府県制 74 条の 23、81 条、市制 76 条、89 条、町村制 64 条、73 条）。

　監査委員の権限は、都道府県及び市町村とを通じて、ほぼ同一であり、都道府県及び市町村の経営に係る事業の管理、出納その他事務の執行の監査、及び事務監査の直接請求による監査（東京都制 102 条の 2、道府県制 88 条の 2、市制 96 条の 2、町村制 79 条の 2）月例又は臨時の出納検査、決算の審査、議会が指定した団体の経営にかかる事業の貸借対照表その他必要な書類の審査等が監査委員の権限である。監査委員は、必ず監査の結果を長及び議会に報告するとともに、長はそれを住民に公表しなければならないと規定された。この監査結果の報告と住民への公表は、監査制度が特に地方自治の本旨との関連において理解された結果であり、昭和 21 年の第 1 次改正の眼目の一つである。

　第 1 次改正は、監査制度として、議決機関側及び執行機関側の双方に大きな変改をもたらしたものであり、特に、監査委員制度を制度的に確定したことは最も重要な意味をもつものである。ただ第 1 次改正は、地方制度の改正としては不十分を免れないものであり、監査委員の身分、その補助部局、監査結果の公表を長が行う等についても若干考慮しなければならないものを含んでいた。これらの点は、第 2 次改正を待たなければならなかった。

　第 2 次改正では、憲法の制定に伴い「地方自治の本旨」に基づく法律の制定が必要とされ、地方自治法が憲法附属法典として憲法と同時に施行されたのである。議会の議決機関による監査は、第 1 次改正の規定をそのまま第 98 条として規定したに止まり、画期的な意味は監査委員制度にあった。地方自治法案要綱（昭 22・3・11 閣議決定）「第 4　執行機関に関する事項　15」によれば、監査委員は、地方公共団体の長の指揮監督の外にある職務上独立の機関たる地位を明らかにし、その補助機関を設置する等監査委員に関する規定を整備することとされている。そして、地方行政の能率化及びその公正の確保の見地からする、同時選挙や出納長制度の確立

等と並んで、執行機関として長及びその補助機関とは別に、選挙管理委員会と監査委員が法律上明らかに規定されたのである。

第2次改正において監査委員制度に加えられた改正は、まず第1に、監査委員は、知事及び市町村長と相並んで地方公共団体の執行機関を構成する独立機関であり、その身分は、もはや当該地方公共団体の吏員（長の補助職員）ではなく、分限、服務及び懲戒に関しては、別に法律で定めることとされた（法201条、192条）。したがって、議会との関係においても、議長から出席を求められたときは議場に出席する義務を負い（法121条）、議会が採択した請願で監査委員において措置することが適当と認めるものは、これを監査委員に送付し、この請願の処理の経過及び結果の報告を請求することができる規定が設けられた（法125条）。さらに、監査委員に独立の執行機関たる地位を保障するために、監査委員の事務を補助する書記を置くこととした（法200条）。書記は、監査委員が任免し、その分限、給与、服務、懲戒等に関する事項をつかさどるのである。このように、独立した地位を獲得した監査委員は、合議制の執行機関ではなく、独任制のそれであり、その構成もその職務権限等も第1次改正と同様であるが、都の監査委員の定数も道府県と同じく4人とし、大都市も一般の市と同様に2人の定数を持つ監査委員を条例で置き得るものとされたこと、退職手続きを明確にしたこと（法198条）、監査結果の住民への公表は長ではなく、監査委員自ら行うものとされたことは重要な改正であった（法199条5項）。

昭和22年改正 昭和22年10月、国家公務員法が制定されたことに対応して、地方公共団体の職員に関する一般的法律として、地方公務員法の制定が予想せられ、「別に普通地方公共団体の職員に関して規定する法律は、昭和23年4月1日までに、これを制定しなければならない」（法附則1条2項）と新たに規定されたのである。これに関連して、監査委員制度について若干の改正が加えられた。第1は、監査委員の分限、服務及び懲戒に関しては、別に普通地方公共団体の職員に関して規定する法律で定めることとした（法201条、192条）。次に、地方公共団体の長は、その補助機関たる職員を指揮監督すると改められて、これを監査委員に準用することとし（法154条）、さらに「吏員に関する職階制、試験、任免、給与、能率、分限、懲戒、保障、服務その他身分取扱に関しては、この法律及び

これに基く政令に定めるものを除くほか、別に普通地方公共団体の職員に関して規定する法律の定めるところによる」の規定（法172条4項）は、監査委員の事務を補助する書記に準用されることとされた（法201条）。そこで、監査委員の補助機関たる書記の任免権の主体が明確さを欠くに至ったのであり、この点は従来どおり、監査委員が任免する取扱いとされていた。第3次改正は以上の点に尽きるのであるが、監査委員の書記の任免権について明確さを欠き法的根拠を必要とされるに至った。

昭和23年改正 昭和23年7月、地方自治法の一部改正が行われた際に、まず第1に監査委員の書記の任免について、「前項の吏員は、普通地方公共団体の長がこれを任免する」（法172条2項）を監査委員の事務を補助する書記に準用し（法201条）、書記の任免権の所在を明確ならしめた。第2に、監査委員の権限として加えられたものに、いわゆる納税者訴訟制度（現行法242条の2）の採用に伴い、職員の違法又は不当行為の強制措置の請求における監査の権限である。これによって、住民の参政権は拡大せられるとともに、監査委員の機能も大いに重視せられ、住民による行政執行における公正の確保の面において、監査委員の地位は最も大切な役割を演ずるものとされるに至った。第3は市にあっては、条例で定数を4人とすることができることとし（法195条3項）、大都市の要望に応えた。

昭和25年改正 昭和25年5月改正が行われたが、その目標の一つとして「監査機能の強化」が掲げられたのである。第1に、事務監査の直接請求は、当該普通地方公共団体の長の権限に属する事務のみならず、「選挙管理委員会、公安委員会、教育委員会その他法令又は条例に基づく委員会又は委員」の権限に属する事務の執行に関しても、これを行うことが認められた（法75条）。と同時に、これらの機関に対しても監査結果の報告をすることとされた。また、監査委員は、当該地方公共団体が補助金、交付金、貸付金その他財政的援助を与えている者の出納その他の事務の執行を法律上当然に監査することができるものとされた（法199条5項）。さらに、金庫制度の改正に伴い地方公共団体以外の者が行う当該地方公共団体の公金の取扱いに関して監査することができるものとなった（令171条）。次に、出納職員の賠償責任制度の確立によって、これに関する監査委員の機能が極めて強化されたことも注目に値する（法244条の2）なお、監査委員の

解職請求に関して訴訟手続きも新たに設けられた（法87条2項）。議会の監査機能についても若干の改正が加えられた。

昭和27年改正　昭和27年8月改正では、独立後のわが国における地方自治制度を国力及び国情によりよく適合せしめることを基本としていたので、監査制度についても、その趣旨に合致するよう制度の簡素化と機能の強化が行われた。

- ○　従前、監査委員の定数は、市にあっては条例で4人とすることができるものとされていたが、これを政令で指定する市に限るものとせられ（法195条3項）、それに伴い人口10万人以上の市又は地方公営企業法が当然適用される企業の経営をしている市が指定された（地方自治法第195条第3項但書の市を指定する政令）。
- ○　地方公共団体の委員会又は委員は、法律に特別の定があるものを除くほか、非常勤とされた（法180条の4第5項）のに伴い、学識経験を有するものの中から選任される監査委員は、常勤とすることができるものとされたので（法196条3項）、その措置を採らないかぎり監査委員はすべて非常勤とされることにされた（法203条、204条）。
- ○　監査委員は、監査するに当たっては、事務の執行が、本法第2条第9項（現行法では第14項）及び第10項（現行法では第15項）の規定の趣旨に則ってなされているかどうかに特に配意すべきであるとともに（法199条2項）、監査の結果に基づいて必要があるときは、当該地方公共団体の組織及び運営の合理化に資するため、監査報告に添えてその意見を提出することができるものとされた（法199条8項）。
- ○　監査委員の事務補助職員の定数条例には常勤職員のみを掲げ、臨時又は非常勤の職員は掲げないものとされた（法200条2項）。

昭和31年改正　地方制度に関する以上の改正において、逐次監査制度特に執行機関としての監査制度は完備されてきたのであるが、実際の運用に当たっては、なお、不十分なるを免れず、すでに各方面から改正意見が表明されていたので、この地方自治法の一部改正においては、監査委員制度について大幅の改正がなされた。

改正点を項目別に掲げると次のとおりである。

- ○　常勤監査委員の資格要件の新設（法196条3項）

- ○ 任期の改正（法197条1項）
- ○ 監査委員の欠格事由（法198の2第2項）
- ○ 監査委員に対する監査請求（法199条4項）
- ○ 監査範囲の拡張（法199条6項）
- ○ 出頭、提出要求と調査（法199条7項）
- ○ 監査委員の除斥（法199条の2）

しかしながら、監査委員制度については、当時の運用の経験にかんがみ、なお根本的に検討研究する余地が残され、監査委員からもかなりの要望事項の提出がなされていた。

昭和38年改正 監査委員制度は、以上の沿革でわかるとおり、昭和21年の地方制度の改正で設けられて以来、逐次成果を挙げてきたが、監査委員を設けてない市町村もあり、一般に監査の職能の重要性がまだ十分認識されていないきらいもあることから、地方財務会計制度調査会（昭和37・3・23）においては、財務制度の改革が所期の目的を達成することを念願して、監査機能の充実強化を図ることを強調した。

つまり、
- ○ 監査委員を市町村にまで必置とし（法195条1項）、その定数を段階ごとに選択の幅を認めたこと（同条2項）
- ○ 選任の方法を改め、学識経験者とし、資格要件を定め、議会選出の監査委員との同数主義を改めたこと（法196条）
- ○ 職務権限を明確化したこと（法199条）
- ○ 代表監査委員制度を新設したこと（法199条の3）
- ○ 事務局の法制化、補助職員の必置をしたこと（法200条）

等である。

さらに、住民による監査請求及び住民訴訟制度の充実強化が図られたことを附加しておきたい（法242条、242条の2）。

昭和49年改正 昭和49年に約10年ぶりの地方自治法改正が行われたが、その際知識経験を有する者のうちから選任される監査委員の任期を延長し、議会の議員から選出される委員に合わせて4年とする措置が講ぜられた。行政内容の複雑化や多様化に伴い監査機能の内容も専門化、高度化が要求されることになり、監査技術の熟練度が必要とされたことによるも

のである。

平成3年改正　17年ぶりに地方自治法改正が行われたが、これは、3次にわたる地方制度調査会及び第1次臨時行政改革推進審議会の答申に沿って、監査委員制度に関する事項が大幅に見直され、全体として監査機能の整備・充実を図るものとなっている。内容を大別すると、①監査委員について、選任資格を定め、その任命について一定のOB制限を設け、常勤化を推進し、その身分取扱いに関し服務及び罷免の規定をおくとともに、②監査委員の職務権限に関して、新たに行政監査を範囲に含め、かつ、機関委任事務も対象とし、公の施設の管理を受託している団体に対する監査を可能としたほか、③監査委員の監査結果の報告又は意見の決定について合議制をとることとし、また、決算の報告に監査委員の意見の添付を義務付けるなど、監査の対象・権限の拡大、監査の専門性と独立性の確保及び監査の実施体制の整備が行われた。改正点を項目別に掲げると、

- ○　監査委員の選任資格（法196条1項）
- ○　監査委員の選任に関するOB制度の創設（法196条2項、令140条の3）
- ○　監査委員の常勤化の推進（法196条5項、令140条の4）
- ○　監査委員の身分の取扱いの規定の制定（法198条の3第1項・第2項、197条の2第1項・第2項）
- ○　監査委員の一般監査の行政監査への拡大（法199条2項）
- ○　公の施設の管理を受託している団体に対する監査権限の追加（法199条7項）
- ○　監査結果に関する報告又は意見の決定に際し合議制を採用（法75条3項・4項、199条9項・11項、233条4項、241条6項）
- ○　決算報告に監査委員の意見の添付を義務付け（法233条6項）

となっている。

平成9年改正　平成9年の監査委員監査の改正と、新たに導入された外部監査人による外部監査の概要は次のとおりである。

〈監査委員監査の改正〉

①　監査委員の定数を町村にあっては2人としたこと（法195条2項）
②　識見を有する者のうちから選任される監査委員の数が、3人である

普通地方公共団体にあっては少なくともそのうち2人以上は、2人である普通公共団体にあっては少なくともそのうち1人以上は、当該普通地方公共団体の職員で政令で定める者（当該普通地方公共団体の常勤の職員（常勤の監査委員を除き、法附則第8条の規定により官吏とされる職員（地方事務官）及び警察法（昭和29年法律第162号）第56条第1項に規定する地方警務官を含む。））でなかった者でなければならないこととされたこと（法196条2項関係）。

なお、経過措置として、改正後の地方自治法第196条第2項の規定に関わらず、監査委員制度に係る改正法施行の際現に在職する監査委員（議員のうちから選任された監査委員を除く。）は、その任期が満了するまでの間は、在職することができることとされたこと(改正法附則2条1項関係)。

③　監査委員から監査の結果に関する報告の提出があった場合において、当該監査の結果に関する報告の提出を受けた普通地方公共団体の議会、長又は関係のある委員会若しくは委員は、当該監査の結果に基づき、又は当該監査の結果を参考として措置を講じたときは、監査委員にその旨を通知することとされたこと。又この場合においては、監査委員は、当該通知に係る事項を公表しなければならないこととされたこと（法199条12項関係）。

なお、経過措置として、新法第199条第12項の規定は、監査委員制度に係る改正法施行の日以後に提出される監査の結果に関する報告について適用することとされたこと（改正法附則2条2項関係）。

④　町村の監査委員に事務局を置くことができることとすることとされたこと（法200条2項関係）。

〈外部監査人監査の概要〉

外部監査人監査の規定は、地方自治法第252条の27から第252条の46までに新たに設けられた。その概要は次のとおりである。

　ア　外部監査通則
　①　外部監査契約
　　・外部監査契約は、包括外部監査契約及び個別外部監査契約をいう。
　②　外部監査契約の相手方
　　　普通地方公共団体の財産管理、事業の経営管理その他行政運営に関

し優れた識見を有する者であって、次のいずれかに該当するもの。
- 弁護士（弁護士となる資格を有する者を含む。）
- 公認会計士（公認会計士となる資格を有する者を含む。）
- 国の行政機関において会計検査に関する行政事務又は地方公共団体において監査若しくは財務に関する行政事務に従事した者であって、監査に関する実務に精通しているものとして政令で定めるもの

　なお、外部監査契約を円滑に締結し又はその適正な履行を確保するため必要と認めるときは、識見を有する者であって税理士（税理士となる資格を有する者を含む。）であるものと外部監査契約を締結することができる。

③　外部監査人の監査に当たっての義務等
- 特定の事件についての監査の制限
- 守秘義務
- 刑法その他の罰則の適用については公務員とみなす

④　外部監査人の監査の事務の補助
- 外部監査人は、監査の事務を他の者に補助させることができる。この場合には、外部監査人はあらかじめ監査委員に協議しなければならない
- 外部監査人は、外部監査人補助者を監督しなければならない

⑤　外部監査人と普通地方公共団体との関係
- 外部監査人と監査委員とは、相互の監査の実施に支障を来さないように配慮しなければならない
- 議会、長その他の執行機関又は職員は、外部監査人の監査の適正かつ円滑な遂行に協力するよう努めなければならない
- 議会は、外部監査人の説明を求め、又は外部監査人に対して意見を述べることができる

イ　包括外部監査契約に基づく監査
①　包括外部監査契約の締結
- 包括外部監査契約とは、都道府県、政令で定める市又は契約に基づく監査を受けることを条例により定めた市町村が、第2条第14項（住民の福祉の増進に努めるとともに、最少の経費で最大の効果

挙げるべき原則）及び第 15 項（組織及び運営の合理化に努めるべき原則）の規定の趣旨を達成するため、前出（1）イの者の監査を受けるとともに監査の結果に関する報告の提出を受けることを内容とする契約であって、毎会計年度、当該監査を行う者と締結するものをいう。
- 包括外部監査対象団体の長は、毎会計年度、当該会計年度に係る包括外部監査契約を、速やかに、一の者と締結しなければならない。この場合においては、あらかじめ監査委員の意見を聴くとともに、議会の議決を経なければならない。
- 包括外部監査対象団体は、連続して 4 回、同一の者と包括外部監査契約を締結してはならない。

② 包括外部監査契約に基づく監査
- 包括外部監査人は、第 2 条第 14 項及び第 15 項の規定の趣旨を達成するため必要と認める特定の事件（テーマ）について、財務監査を行う。これは、毎会計年度 1 回以上行わなければならないものとする。
- 包括外部監査人は、監査委員と協議して、関係人の出頭等を求めることができる。
- 包括外部監査人は、包括外部監査契約の期間内に監査の結果に関する報告を決定し、議会、長及び監査委員並びに関係のある委員会又は委員に提出しなければならない。
- 監査委員は、包括外部監査人の監査の結果に関する報告を公表しなければならない。
- 監査の結果に関する報告の提出を受けた議会、長又は関係のある委員会若しくは委員が、当該監査の結果に基づき、又は当該監査の結果を参考として措置を講じたときは、監査委員に通知し、監査委員はその旨を公表しなければならない（監査委員の監査についても同様、後述）。

ウ 個別外部監査契約に基づく監査
① 個別外部監査契約の締結
- 個別外部監査契約とは、次の各号に掲げる普通地方公共団体が、当

該各号に掲げる請求又は要求があった場合において、当該請求又は要求に係る事項について ア ②の者の監査を受けるとともに監査の結果に関する報告の提出を受けることを内容とする契約であって、当該監査を行う者と締結するものをいう。

1 第75条第1項の請求（選挙権を有する者からの事務監査請求）に係る監査について監査委員の監査に代えて契約に基づく監査によることができることを条例により定める普通地方公共団体

2 第98条第2項の請求（議会からの監査の請求）に係る監査について監査委員の監査に代えて契約に基づく監査によることができることを条例により定める普通地方公共団体

3 第199条第6項の要求（長からの監査の要求）に係る監査について監査委員の監査に代えて契約に基づく監査によることができることを条例により定める普通地方公共団体

4 第199条第7項の要求（長からの財政援助団体等の監査の要求）に係る監査について監査委員の監査に代えて契約に基づく監査によることができることを条例により定める普通地方公共団体

5 第242条第1項の請求（住民からの監査の請求）に係る監査について監査委員の監査に代えて契約に基づく監査によることができることを条例により定める普通地方公共団体

② 個別外部監査契約に基づく監査
・個別外部監査契約の締結手続、個別外部監査人の権限、義務等は、包括外部監査契約の締結手続、包括外部監査人の権限、義務等に準じる。
・住民監査請求の場合には、住民訴訟につながること等にかんがみ、特別の規定を置く。

平成11年改正 平成11年の改正は地方分権に伴い機関委任事務の廃止や主務大臣、都道府県知事の要求監査は削除された。

平成14年改正 平成14年の改正は住民監査請求監査において、監査委員の暫定的停止勧告の制度を設けたことと（法242条3項）、住民訴訟において被告が長の場合には代表監査委員が当該普通地方公共団体を代表するという改正である（法242条の3第5項）。

平成15年改正 平成15年に地方独立行政法人法が成立したことにより、平成16年4月から新たに監査委員の財政援助団体等監査の対象に、出資団体として地方独立行政法人が含まれることになった。

なお、一定規模以上の地方独立行政法人については、外部監査として会計監査人の監査が義務付けられている。

また、従来の公の施設の管理委託制度から法第244条の2第3項の指定管理者制度への転換が図られたことに伴い、改正地方自治法施行後3年以内（平成18年9月2日まで）に公の施設に関する条例を改正し、改正後の法第244条の2の規定による指定管理者の監査が導入された。

平成18年改正 識見監査委員について、条例でその定数を増加することができるように改正された。

平成19年改正 平成19年の財政健全化法の制定に伴い、まえがきで述べたように7種の監査、審査、調査が新設された。

第3項　監査委員制度

1　概説

監査委員とは、地方公共団体（財産区及び地方開発事業団を除く。）が、必ず設置しなければならない執行機関の一つで、その地位は、いわゆる行政委員会としての性格を有し、地方公共団体の財務に関する事務の執行及び地方公共団体の経営にかかる事業の管理並びに地方公共団体の事務又は長等執行機関の権限に属する事務（政令で定めるものを除く。）の執行の監査を、基本的な職務とする地方公共団体の独任制の執行機関である。

(1) 監査委員は、地方公共団体の必置執行機関である。

一般に、地方公共団体には、その執行機関として、長のほかに、法律の定めるところにより、委員会又は委員を置くことができる（法138条の4

第1項）が、地方自治法は、都道府県及び市町村のすべてを通じて、必ず、設置されなければならない長以外の執行機関として、教育委員会、選挙管理委員会及び人事委員会（人事委員会を置かない普通地方公共団体にあっては、公平委員会）のほか、監査委員の4種の執行機関を規定している（法180条の5第1項）。

監査委員は、選挙管理委員会とともに、他の特別な法律によらずに、直接地方自治法の規定により、その制度のしくみ及び権能等について定められている（法195条以下）。

監査委員は、従来、都道府県にあっては必置機関、市町村にあっては任意設置機関であったのを、昭和38年の改正において、全地方公共団体を通じて必置とされたのである。これは、それ以前の監査委員を置かない市町村においては、通常、監査が全く行われず、また、直接請求があった場合の監査、出納検査、決算審査及び住民の請求にかかる監査については、市町村長が監査委員の職務を行うものとされていたのであるが、このような自己監査は監査論でいう監査とは認められず、その客観性と信憑性の保証を欠き、監査の意義を失わしめているとの批判、指摘が多かったので、市町村についても必置とすることとされたのである。

(2)監査委員は、いわゆる行政委員会の一種であり、独任制の機関である。

地方自治法は、地方公共団体の執行機関について、旧制度のごとく、長に執行権限を集中することなく、長のほかに、執行機関として委員会及び委員を認めて、執行権を分散行使するいわゆる行政委員会の制度を採用している。

この制度は、沿革的には、アメリカにおいて行われている行政委員会の制度に範を採ったもので、一定の行政権限の他に準立法的権限及び準司法的権限を併せ有する独立的な合議制の行政機関であり、戦後の占領下の行政改革に際し、広くわが国にも導入されたものである。

監査委員も、この行政委員会の一種にほかならない。すなわち、その権限の行使につき、上級機関の指揮命令は、受けず、長から独立してその職権を行使するものである。

ただ、他の行政委員会とは異なり、監査委員は、合議制ではなく、他の

執行機関による行政の正否を監査するという任務であるところから、監査そのものは、委員単独でも行いうるものとして、監査の能率を期するため、独任制の機関として、構成されているところに、監査委員制度の大きな特色がある。

しかし、監査委員が監査の結果に関する報告又は監査の結果に基づく意見を決定するときは、監査委員の定数が2人以上であるときは、その合議によることになっている（法75条3項・4項、199条9項・11項、233条4項、241条6項、242条8項、243条の2第5項）。

また、監査委員は、実働機関であって、その補助職員が単独で、監査を行うことはできないしくみになっている。国の会計検査院の検査官は、実働機関ではなく、事務総局による検査を、検査官会議において、最終的に決定する判断機関になっている。監査委員が独任制の実働機関であるところから、東京都をはじめ大きな地方公共団体にあっては、わずか4人の監査委員をもってして、実働機関としての役目を果たすことは、ほとんど不可能に近い。また、小規模の地方公共団体においても非常勤の監査委員制度では監査論でいう「監査」を実施することは困難である。そこで、実際には、前記の会計検査院方式で行わざるをえない。すなわち、補助職員の監査の結果を、監査委員が最終的に決定し、監査委員の名と責任において報告し、公表するという方法である。このような実態が段々多くなると、現行の監査委員制度について、再検討することが必要となってくる。昭和38年の改正で監査委員事務局を設置することができることになり、従来にもまして監査委員が判断機関として機能することになったと考えられる。

行政委員会制度の特色の一つであるところの、委員会自身が単独で、規則等を制定するという準立法的権限については、法第138条の4第2項で、「普通地方公共団体の委員会は、法律の定めるところにより、法令又は普通地方公共団体の条例若しくは規則に違反しない限りにおいて、その権限に属する事務に関し、規則その他の規程を定めることができる。」と規定しており、これらの委員会が規則その他の規程を制定し得るためには、「法律の定めるところ」によらなければならないのであるが、委員について規定されていないのは、委員として地方公共団体に設置されるものとしては

監査委員のみであり、監査委員については、法律において特にその規則その他の規程の制定権を認めた規定はなく、また、その職務権限等からして、特に規定する必要がないと解されたためであろう。

　しかし、このことは、監査委員の所掌事務に関して、内規、要領等のような何らかの定めをすることまでをも禁じているのではなく、監査委員は、必要に応じて、これらの定めをすることができるのである。

　(3) 監査委員は、地方公共団体の財務に関する事務の執行及び地方公共団体の経営にかかる事業の管理並びに地方公共団体の事務又は長等執行機関の権限に属する事務（政令で定めるものを除く。）の執行を監査することを基本的な職務とする。

2　監査委員の義務

　地方公共団体の執行機関の遵守すべき一般的な義務について、地方自治法は、その第138条の2で、「普通地方公共団体の執行機関は、当該普通地方公共団体の条例、予算その他の議会の議決に基づく事務及び法令、規則その他の規程に基づく当該普通地方公共団体の事務を、自らの判断と責任において、誠実に管理し及び執行する義務を負う。」と規定している。監査委員は、執行機関の一つであるから当然に、この規定の適用を受けるわけである。

　監査委員は、議会又は長その他の執行機関及び外部の圧力等により干渉を受けることなく、また、特定の者や集団に、特定の利益又は不利益を与えるようなことなく、法令及び条例、規則に忠実に従い、自らの判断と責任に基づいて、誠実かつ厳正に、その職務を遂行すべき基本的な義務を有するのである。

　地方自治行政が、常に、公正かつ能率的に運営されているということが、地方自治を真に花開かしめるための必要な条件の一つであることを思えば、監査委員に課せられた義務は、まことに重いといわざるをえないであろう。

3　監査委員の組織の原則

　監査委員は、その職務の性質上、長から独立した機関として構成されているが、地方公共団体の中の執行機関の一つであることに変わりはない。地方公共団体の各執行機関は、それぞれ分立し、その執行する分野は、各々別個であるが、これを地方公共団体全体としてみた場合は、それぞれの執行機関の作用も同一の地方公共団体の作用であり、執行の対象となるものも同一範囲の住民であって、執行機関の分立が、行政における民主化の確保又は、行政執行上の便宜とかのためである以上、最終的には、同一地方公共団体の執行機関の作用として矛盾、不統一を来たさないよう、有機的、総合的に調和あるものでなくてはならない。

　監査委員の組織は、当該地方公共団体の長の「所轄の下に」構成される（法138条の3第1項）。所轄とは、通常、二つの機関において、一方が上級の機関であることを認めながらも、他方は相当程度に当該上級機関から独立した機関であるという意味である。したがって、監査委員は、長と全く対等の関係にあるのではない。

　しかし、地方自治法における「所轄」の意義は、所轄機関が被所轄機関を指揮命令する権限を有するということでは決してない。それは、長以外の他の執行機関のすべてを総括する意味における地方公共団体の長とその他の執行機関との関係をあらわす意味が含まれており、すべての執行機関の総括代表者としての長の地位を示しているものとして理解するのが妥当である。

　監査委員の組織は、明確な範囲の所掌事務と権限を有する機関として、系統的に構成されなければならない。このことは当然のことであるが、場合によっては、その所掌事務や権限につき、疑義の生ずることもある。たとえば、長が行ういわゆる行政考査、能率考査と、監査委員の監査との関係である。かようなときは、地方公共団体の長に、疑義を調整する義務がある（法138条の3第3項）。具体的に、どういう調整方法をとるかは、各個の場合に、地方公共団体の長が判断すべきであるが、もし、その義務から執行機関の間に紛争があると認められるときは、自治紛争処理委員の

調停に付することもできる（法251条）。

　監査委員の組織が長の所轄の下にあることから、長は、監査委員の組織、事務局等に属する職員の定数又はこれらの職員の身分取扱いについて、監査委員に対して、必要な措置を講ずる勧告権を有している（法180条の4第1項）。長の持つこの総合調整権は、あくまでも、組織、職員の定数又は職員の身分取扱いに関する内部管理的な事務だけに及ぶものであり、監査委員が、法令に基づいて行使する権限の内容にまで立ち入り、これに干渉を加えるものではない。つまり、監査委員に対する長の総合調整権の意義は、監査委員の組織が、長部局その他の執行機関との間に権衡を失わないよう、又同一地方公共団体の執行機関は、すべて全体として、まとまりのある有機的総合的にあるために存するものである。

　監査委員は、事務局等の組織、事務局等に属する職員の実数又はこれらの職員の身分取扱いで、監査委員の権限に属する事項のうち政令で定めるものについて、監査委員の規則その他の規程を定め、又は変更しようとする場合においては、あらかじめ長に協議しなければならない（法180条の4第2項）。協議が整わないときは、規則その他の規程の制定又は変更はできない。

　政令で定める事項は、令第132条に定められている。
① 　局部若しくは課（これらに準ずる組織及び局部又は課の長と同等又はこれら以上の職を含む。）又は地方駐在機関（その下部機構を除く。）の新設（たんなる局部課の名称の変更は含まない。）に関する事項
② 　地方駐在機関別の職員の定数の配置の基準に関する事項
③ 　職員の採用及び昇任の基準に関する事項
④ 　昇給の基準並びに扶養手当、特殊勤務手当、時間外勤務手当、宿日直手当、夜間勤務手当、休日勤務手当、勤勉手当、期末特別手当及び旅費の支給の基準に関する事項
⑤ 　職員の意に反する休職の基準に関する事項
⑥ 　定年による退職の特例及び定年退職者の再任用の基準に関する事項
⑦ 　地方公務員法第35条の規定による職務専念義務の免除及び同法第38条第1項の規定による営利企業等の従事の許可の基準に関する事項

4　監査委員の権限に属しない事項

　監査委員は、独立の職務権限を有するものであるが、議決機関あるいは広く住民一般との関係において、執行権限の統一ある行使を期し、地方公共団体の財政運営の一元的処理を図り、もって地方自治体の一体性を確保する見地から、地方自治法は、監査委員その他の委員会の権限につき制限を課している（法180条の6）。「普通地方公共団体の委員会又は委員は、左に掲げる権限を有しない。但し、法律に特別の定があるものは、この限りでない。」
① 　普通地方公共団体の予算を調整し、及びこれを執行すること
② 　普通地方公共団体の議会の議決を経べき事件につきその議案を提出すること
③ 　地方税を賦課徴収し、分担金若しくは加入金を徴収し、又は過料を科すること
④ 　普通地方公共団体の決算を議会の認定に付すること

　例外措置を定めている法律は、現在ないので、監査委員は、同条所定の事項につき権限を一切有していない。ただ、法第180条の2の規定により、地方公共団体の長は、その権限に属する事務の一部を、監査委員に委任し、又は補助執行せしめることができるので、法第180条の6第1号中「予算を執行すること」の一部を、地方公共団体の統轄代表者としての長の地位と執行機能の一体性とを損わず、かつ、事務の能率的遂行の確保という条件下において、監査委員が執行することが適切な場合もあろう。たとえば、監査委員の事務処理に要する経費に係る予算（一定範囲のもの）について、支出負担行為をし、その支出を出納長又は収入役に命令することなどである（昭38・12・19通知）。

　使用料、手数料の徴収は、法第180条の2により、長から委任された場合、監査委員はできることになる。

5　特別地方公共団体の監査

(1) 特別区

　特別区は、東京都に包括された区で、大都市の行政の一体性を確保する見地から、一般の市とはやや異なった目的、構成、権能を有する特別な地方公共団体である。特別区は、その公共事務、法令により市に属する事務及び行政事務を処理しうる一般的な権能をもつものである。ただし、法律により市に属する事務であっても、都が処理するものとされたものに限り、それは都の事務とされている。

　特別区には、原則として、地方自治法第2編中の市に関する規定が適用されるので、当然、監査委員が設置されることとされ、その権能や義務も、おおむね市に設置される監査委員と同じである（法283条）。

(2) 地方公共団体の組合

　地方公共団体の組合は、2以上の地方公共団体をその構成員とし、組合規約で定める事務を共同処理することを目的とする特別地方公共団体であり、一部事務組合、広域連合のほかに、町村のみに特有の全部事務組合及び役場事務組合がある。

　このうち、一部事務組合の監査委員は普通地方公共団体と同様義務設置であり、その定数、選任の方法及び任期に関する事項並びに事務局及び職員の設置等に関する事項は、法第287条第1項により、当該組合の規約に定めることになっている（昭41・1・13行実）。このように、一部事務組合の監査委員は、当該組合に必ず設置されなければならないものであるから、その組合を構成する市町村等の監査委員が、組合の事務につき、単独で、又は合同して監査することはできない（昭32・10・22行実）。しかし、組合規約の定めるところにより、一部事務組合を構成する市町村の監査委員が、当該一部事務組合の監査委員を兼ねることは、差し支えない（昭30・4・11行実）。

　また、広域連合の監査委員も一部事務組合と同様に必置と解され、組織、権限、選任方法等は、法291条の4第1項により、当該広域連合の規約で

定めることとなっている。

　組合監査委員の監査権の範囲については、法律又はこれに基づく政令に特別の定めがないので、普通地方公共団体の監査委員のそれと同様である（法292条）。全部事務組合及び役場事務組合の監査委員については、総合規約で定める必要はなく（法291条の14第2項、291条の15第1項）、法第292条の規定により、町村の規定が準用されるので監査委員は必置機関となり、職務権限その他については町村に置かれる監査委員と同様である。

　なお、地方公共団体の組合の構成員は、組合を組織する地方公共団体自体であって、住民は、直接の構成員ではない。しかし、住民が組合の自治権に服し、各種の権利を有し、義務を負う関係は、一般の地方公共団体と同様であるから、仮に一部事務組合について「住民」という観念が認められないとしても、法第242条の「住民」を当該組合を構成する団体の住民と読み替えて準用することは不可能でないものと解され、事務組合を構成する地方公共団体の住民は、当該組合の監査委員に対して住民監査請求をすることができる（昭45・7・14行実）。

(3) 財産区

　財産区は、市町村及び特別区の一部で一定の財産を有し、又は公の施設を設け、その管理及び処分を目的とする特別地方公共団体である。沿革的にその存在を認められたものと市町村の廃置分合又は境界変更の際の財産処分の協議によって設けられたものとがあるが、財産又は公の施設の管理及び処分以外に公法上の行為能力又は行政上の権能は、有していない特殊な性格を有する地方公共団体である。

　財産区は、地方公共団体として、自らその財産又は公の施設の管理及び処分又は廃止を行うが、そのために固有の執行機関を有せず、議決機関も原則として置かず、財産区のある市町村又は特別区の議会及び長が財産区の議決機関及び執行機関として財産区の権能を行うことを建前とし、ただ、必要があるときは、財産区の監査も、財産区の議会又は総会を設置し、財産区管理会を設置することができるものとされている。

　したがって財産区の監査も、財産区所在の市町村の監査委員が行う（昭

29・3・9行実)。

　また、財産区に対する監査委員の監査の範囲は、財産区の事務の全般に及ぶものであり、監査の結果議会への報告又は決算の認定は、当該財産区の議会へのみ行えばよい（昭39・9・29行実）。

　なお、財産区に財産区管理会が設置されているとき、財産区管理会は、当該財産区の事務の処理について、監査することができる（法296条の3第3項）。これは財産区管理会の性格が、財産区審議機関であるとともに市町村等の関係機関に対する財産区の住民代表としての監視機関でもあることに由来するものといえる。監査の時期及び方法は、なんら限定されていないから、随時又は定期に、書面及び実地について監査することができる。ただ監査の重複を避けるため、財産区管理会の監査と監査委員のそれとの間に有機的な連絡を保持して、相互に資料の提供とその他の技術的援助をすることが望ましいと思われる。

　財産区に対する監査の特殊な制度として、都道府県知事監査権がある（法296条の6第1項）。この制度は、財産区の事務処理が財産区所在の市町村等の執行機関に委ねられているので、特別にその事務処理の公正に確保する必要性に基づくものであり、したがって、監査の及ぶ範囲は、財産区の事務全般にわたるものである。財産区の管理についての住民監査請求は当該財産区所在の地方公共団体の住民がすることができる（昭27・11・4行実）。

(4) 地方開発事業団

　地方開発事業団は、2以上の普通地方公共団体により設置され、一定の地域の総合的な開発計画に基づく建設事業を、普通地方公共団体から委託を受けて、総合的に実地する権能を有する特別地方公共団体である。

　事業団の事務の監査は、当該事業団の監事がこれを行う（法304条6項）。また、監事は設置団体の長から、監査の請求があったときは、その要求に係る事項について監査しなければならない（同条7項）。

　事業団の事務の監査とは、常時、事業団の事務の管理執行及び事業団の職務に関する事務の執行を監査することであって、単に出納その他の会計事務に止まらず、事業団の事務が合理的かつ能率的に執行されているかど

うかという観点から、いわゆる能率監査を行うことはもとより可能である。むしろ、このような能率監査を通じて、事業団の事務の合理的かつ能率的な執行を確保することが監事の本来の機能というべきである。

監事が行う事業団の事務の監査は、その時期及び方法を問わず、いつでも監査を行うことができ、書面監査又は実地監査のいずれの方法によるのも自由である。一般的には、あらかじめ、一定の期日を定めて行う定期監査と期日を定めずに行う随時監査とに分けて行い、書面監査と実地監査の方法を併用して行うのが通例である。

監事の職務権限を具体的に列挙すれば、基本的な職務権限たる事業団の事務の監査のほか、①設置団体の長の要求による監査（法304条7項）、②決算審査（法312条2項）、③例月現金出納検査（法235条の2第1項、314条1項、令220条1項）、④出納取扱金融機関が取扱う公金の収納等の監査（法235条の2第2項、314条1項、令220条1項）、⑤設置団体の住民の監査請求に基づく監査（法242条、314条1項、令220条1項）、⑥職員の公法上の賠償責任に関する監査（法243条の2、314条1項、令220条1項）がある。

監事は、上記の各監査のうち、事務の監査及び設置団体の長の要求による監査の結果に関する報告を、事業団の理事長及び設置団体の長に提出し、かつ、これを公表することになっている（法315条1項）。その他の場合は、各関係条文の規定するところにより行うこととなるが、重要な案件について、法第315条第1項の定める手続に準じ、報告等を行うことを妨げるものでなく、また、むしろそうすることが必要な場合もある。

監事は、これらの権限の執行に当たり、自己若しくは父母、祖父母、配偶者、子、孫若しくは兄弟姉妹の一身上に関する事件又は事故若しくはこれらの者の従事する業務に直接の利害関係ある事件については、監査の執行上除斥される（法199条の2、304条9項）。

6　監査委員の定数

監査委員の定数については、都道府県及び人口25万人以上の市は4人、その他の市は条例の定めるところにより3人又は2人とし、町村は2人で

ある（法195条2項）。ただし、識見の監査委員については、平成18年の地方自治法の改正により、条例でその定数を増加することができるようになった。なお、条例については、監査委員条例準則により、「本市（町村）の監査委員の定数は、〇人とする」と規定されることになるが、法第202条の規定に基づく監査委員に関する必要事項を定めた条例とあわせ1本の条例として制定されることになろう。また、小規模の町村については、監査委員設置に関する経費、監査委員に有識者を得られるかどうか等の問題が存する場合もありえようが、場合によっては法第252条の7の規定による監査委員の共同設置などが考えられてよいであろう。

7　監査委員の選任

(1) 選任の手続

　監査委員は、普通地方公共団体の長が、議会の同意を得て、人格が高潔で、普通地方公共団体の財務管理、事業の経営管理その他行政運営に関し優れた識見を有する者（これを「識見を有する者」という。）及び議員のうちから選任する（法196条1項前段）。また、議員のうちから選任される監査委員の数は、監査委員の定数が4人のときは2人又は1人、3人以内のときは1人とするものとされている（同後段）。

　選任方法については、従前、長が議会の同意を得て議員及び学識経験者の中から同数ずつ選任するものとされていたのであるが、昭和38年法改正により、学識経験者の幅を「財務管理又は事業の経営管理について専門の知識又は経験を有する者」に限定することとされ、監査の専門的執行を確保するため議員と学識経験者の同数選任方式を改め、議員から選任する監査委員の数は、監査委員の定数が4人のときは2人又は1人、3人以内のときは1人とされた。

　さらに、平成3年の改正により監査委員の職務権限の拡充が行われたことに伴い、議員以外の者から選任される監査委員（従前の「知識経験を有する者」から選任される監査委員）の資格要件について、人格が高潔で、地方公共団体の財務管理、事業の経営管理その他行政運営に関し優れた識見を有する者でなければならないこととされた。

選任は議会の同意を要するものであり、同意を得ずして行った選任は、有効要件を欠くものとして無効とされる。「普通地方公共団体の財務管理、事業の経営管理その他行政運営に関し優れた識見を有する者」とは、法第199条第1項及び第2項に定める監査委員の職務権限に対応する資格要件であり、普通地方公共団体の財務管理、事業の経営管理に加え、その他一般行政事務についても専門、高度の学識や経験を有する者を意味する。「財務管理」とは、第9章に規定されているような財務（予算事務、会計事務、契約事務、財産管理事務等）に関しての管理職的な職務をいう（計算事務のごとき単なる現業的な事務のみでは財務管理とはいえない。）ものであるが、単に地方公共団体の財務に限らず、国又は私企業の財務であっても差しつかえない。また、「事業の経営管理」とは、法第199条第1項の「普通地方公共団体の経営に係る事業の管理」とおおむね同様であり、平成11年改正前の法第2条第3項第3号に例示する企業、あるいは地公企法第2条第1項又は第2項にいう企業よりも範囲は広く、森林、牧野、市場の経営等の収益事業を行うことも含まれるが、授産施設、養老施設の経営等の収益性のないものを除いた業務の運営全般を意味し、ここでいう「事業」も、単に地方公共団体の経営する事業に限らず、広く企業的な事業を指し、そのような企業の業務の運営全般を意味するものである。このように「識見を有する者」について特別の資格要件を定めているのは、専門家による監査の趣旨を表したものであるが、識見を有するものは必ずしも当該地方公共団体の住民であることを必要としないことはいうまでもない。したがって、広く人材を求めるべきものである考えられる。

　議員から選任される監査委員の数は、監査委員の定員4人のときは2人又は1人、3人以内のときは1人とするものとされているが、都道府県及び、人口25万人以上の市においては、議員のうちから選任する監査委員の数を2人又は1人と定める必要があるが、これは法第202条に規定する監査委員に関する条例の中で、「議員のうちから選任する監査委員の数は○人とする」と規定しておくのが妥当である。なお、議員として選任された者のほか、識見を有する者としてさらに議員の身分を有する者を選任することは立法趣旨に反するものであるといえよう。

　識見を有する者から選任される監査委員の数が3人である普通地方公共

団体にあっては、少なくともその2人以上、2人である普通地方公共団体にあっては少なくともそのうち1人以上は当該普通地方公共団体の常勤の職員（法第196条第4項に規定する監査委員を除くものとし、法附則第8条の規定により官吏とされる職員及び警察法第56条第1項に規定する地方警務官を含む。）でなかった者でなければならないものとされている（法196条2項、令140条の3）。

　これは、監査委員の独立性を確保するため、外部からの監査委員を選任し、当該普通地方公共団体の職員であった者の監査委員への就任を制限するものであるが、識見を有する者をすべて職員であった者以外から選任することは、人材確保等の観点から現実的でないため、平成9年の改正により、職員であった者から選任される識見を有する者の監査委員は、1人を限度とすることとされた。

　監査委員は、地方公共団体の常勤の職員と兼ねることができない（法196条3項）が、「常勤の職員」とは、地方公務員法第3条第3項第2号及び同項第3号にいう「非常勤」に対応する観念で、常時勤務する職員を指し、常時勤務する者であれば、一般職たると、特別職たるとを問わない。弁護士は、知識経験を有する者（現行法では、識見を有する者）の中から選任する監査委員を兼ねることができる（昭22・8・1行実）とされており、現実においてもそのような事例も多いであろう。弁護士法によれば、弁護士は、常時勤務を要しない公務員となることはできる（弁護士法30条1項但書）こととされているにすぎないので、法第196条第4項及び第5項との関係においては、弁護士が監査委員を兼ねることができない場合があることも想像されるところである。また、学識経験者（現行法では、識見を有する者）としてすでに選任されている監査委員がその後議員になったような場合は、いずれかの職を辞すべきものとされている（昭和30・11・2行実）。

　識見を有する者のうちから選任される監査委員は、これを常勤とすることができる（法196条4項）がこれは特別規定である。すなわち、法第180条の5第5項の規定により、委員会の委員又は委員は、法律に特別の定めがあるものを除き非常勤とされているが、法第196条第4項により、識見を有する者の中から選任される監査委員は、常勤とすることができる。事務量の多寡等の基準により、常勤とする場合においては、法第202条に

規定する監査委員に関する条例の中で「地方自治法第196条第4項の規定により、識見を有する者のうちから選任する監査委員は常勤とする」と規定すべきであろう。なお、非常勤監査委員であった者を、常勤監査委員設置に関する改正条例の施行によって、常勤とする場合においては常勤監査委員としての任期は、最初に選任された日から起算しての残任期間であるとされている（昭30・1・6行実）。

都道府県及び人口25万以上の市にあっては、識見を有する者のうちから選任される監査委員のうち少なくとも1人以上は、常勤としなければならないものとされている（法196条5項、令140条の4）。

これは、行政の公正と能率の確保のための監査機能の充実強化のためには、監査委員の職務権限の拡大等のみならず、監査の実施体制の整備が緊要であることにかんがみ、監査委員の常勤化により、継続的な監査体制を確保するため、平成3年の改正で加えられたものである。都道府県及び人口25万以上の市にあっては、常勤化が義務付けられているが、これらの団体に限られたのは、地方公共団体の規模はまちまちであって、これに応じて監査の事務量も大小さまざまであるので、一律に常勤化を義務付けることは必要でもないし、現実的でもないことを考慮したものであり、また、政令で定める市を人口25万以上の市としたのは、法第195条第2項に基づき監査委員の定数が4人（したがって識見を有する者のうちから選任される監査委員の数が3人又は2人である団体ということになる。）とされる市が人口25万以上と定められていることとの均衡を考慮したものである。都道府県及び人口25万以上の市においては、識見を有する者から選任される監査委員の数は3人又は2人となるが、このうちの常勤とする者の数は、法第202条に規定する監査委員に関する条例中に明記すべきである。

監査委員の選任は任期満了前に行うことはできない（昭24・8・19行実）が監査委員選任に対する議会の同意を、監査委員の任期満了前にあらかじめ得ておくことは差しつかえない（昭26・11・9行実）と解されている。とりわけ議員の中から選任される監査委員の選任については、あらかじめ、議長を通じて適任者の推薦を求める等、事前に議会と十分に連絡しておくことが適当であろう。また監査委員を選任する場合、令第1条第1項の規定による長の職務執行者がこれを選任すべきものではないとされて

いる（昭42・1・10行実）。

　監査委員4人、3人又は2人の選任について、議会の同意を求める議案を長が議会に提案した場合、議会がその中の特定の者については同意を与え、他の者については同意を与えないような場合はどのように考えればよいであろうか。監査委員1人ずつの同意を求めるため4個、3個又は2個の議案を提案しない限り、議案は一体となしているものと考えるべきものであるから、大体議会が、1個の議案の中のある部分については同意を与えないということはあり得ないともいえるようであるが、議案の形式が1個であっても、本来の議会の同意は、議案の内容たる個々の監査委員に選任されるべき者について行われるべきものと解すべきであるから、もしそのような事態に立ち至ったならば、当該議案が同意を与えられた部分と与えられなかった部分とに分かれているものと観念して取り扱ってよいものと思われる。

(2) 選任上の留意事項
ア　欠格事項

　公職選挙法第11条第1項の規定に該当する者、すなわち成年被後見人、禁錮以上の刑に処せられその執行を終わるまでの者、禁錮以上の刑に処せられその執行を受けることがなくなるまでの者（刑の執行猶予中の者を除く。）、公職にある間に犯した刑法第197条（収賄、受託収賄及び事前収賄）、第197条の2（第3者供賄）、第197条の3（加重収賄及び事後収賄）又は第197条の4（あっせん収賄）の罪又は公職にある者等のあっせん行為による利得等の処罰に関する法律第1条の罪により刑に処せられ、その執行を終わり若しくはその執行の免除を受けた者でその執行を終わり若しくはその執行の免除を受けた日から5年を経過しないもの又はその刑の執行猶予中の者、法律で定めるところにより行われる選挙、投票及び国民審査に関する犯罪により禁錮以上の刑に処せられその刑の執行猶予中の者は、監査委員になれない（法201条、164条）。

イ　就職禁止

　普通地方公共団体の長又は副知事若しくは副市町村長と親子、夫婦又は

兄弟姉妹の関係にある者は、監査委員となることができない（法198条の2第1項）。これは監査の厳正公平な執行を確保するために昭和31年の法律改正により新しく規定されたものである。監査委員は、前述する関係が生じたときは、その職を失うこととなる（同条第2項）。「親子、夫婦又は兄弟姉妹の関係」とは、民法上の親子、夫婦又は兄弟姉妹を意味するものであり、「親子」には実親子、養親と養子が含まれるが、継親子、姻族関係の親子（夫と妻の父母、妻と夫の父母）は含まれず、「兄弟姉妹」には、養子と養親の子は含まれるが、継子と継父又は継母の子は含まれない。同様のことが会計管理者とも生ずるが、この場合については会計管理者に関する法第169条に規定されており、このような関係が生じた時には会計管理者が職を失うこととなるので、この関係にある者を監査委員に選任することは、会計管理者を退任させることを前提としてでなければできないこととなる。

　ウ　兼職禁止
　監査委員は、衆議院議員又は参議院議員と兼ねることができない（法201条、141条1項）。議員は広い意味での団体の職員であるが、常勤ではなく、他の職業によって生計を営むのが通常であるが、その職務を完全に果たすために妨げとなるような職を兼ねることは禁止されるものである。また、監査委員は、検察官、警察官若しくは収税官吏又は普通地方公共団体における公安委員会の委員と兼ねることもできない（法201条、166条1項）。なお地方公共団体の常勤の職員と兼ねることができないことは前に述べたところである。

　エ　兼業禁止
　監査委員は、その職務に関しての請負関係を禁止されている（法180条の5第6項）。
　すなわち、①当該地方公共団体に対する個人請負の禁止であり、当該地方公共団体に対しその職務に関し請負をする者及びその支配人を兼ねることを禁止され、②当該地方公共団体が経費を負担する事業について、その機関に対する個人請負の禁止であり、当該地方公共団体が経費を負担する

事業につき、その団体の長、委員会若しくは委員、又はこれらの委任を受けた者に対して、その職務に関し請負をする者及びその支配人を兼ねることを禁止され、③当該地方公共団体又は当該地方公共団体において経費を負担する事業につきその機関に対し請負をすることが主たる業務である法人の役員を兼ねることの禁止であり、主として同一の行為をする法人（当該普通地方公共団体が出資している法人で令第133条で定めるものを除く。）の無限責任社員、取締役、監査役若しくはこれらに準ずべき者、支配人、清算人を兼ねることを禁止されている。

　この場合、「請負」の意義については、当事者の一方がある仕事を完成し、相手方がその仕事の結果に対して報酬を与えるという民法所定の請負のみならず、いやしくも営業として、地方公共団体に対して物件、労力などを供給することを目的としてなされる契約もすべて含むものと解され、広く業務として行われる経済的ないし営利的な取引契約をすべて含むと解するのが最も妥当である（昭32・12・3最判）とされ、「当該普通地方公共団体において経費を負担する事業」とは、その事業自体、たとえば、機関委任の国の事務で当該普通地方公共団体の事業ではないが、その経費は当該普通地方公共団体が負担するところのものをいい、「経費の負担」には、全額国庫負担のごとき場合でも当該普通地方公共団体の予算に計上され、その経済に属するものは事柄の性質上含まれるものと解されている（昭31・11・28行実）。また、「主として同一の行為をする法人」というのは、当該普通地方公共団体に対する請負又は当該普通地方公共団体において経費を負担する事業につき、その団体の長若しくはその団体の長の委任を受けた者に対する請負が、当該法人の主要部分を占め、当該請負の重要度が長（監査委員）の職務執行の公正、適正を損なうおそれが類型的に高いと認められる程度に至っている場合の当該法人の意であり（昭22・12・28行実、昭62・10・20最判）、「これらに準ずべき者」とは、法人の無限責任社員、取締役若しくは監査役と同等程度の執行力と責任とを当該法人に対して有する者の意である（昭31・10・22行実）。

　この請負禁止の内容は、法第142条に規定する長の兼業禁止とほぼ同じであるが、監査委員については、「その職務に関し」請負を禁止されていることが異なっており、監査委員は、「その職務」が当該団体の全体に及

ぶため、広く請負が禁止されることとなる。

　また、請負禁止規定に該当するかどうかを決定する責任者は、法律に特別の定めがあるものを除き、委員会の委員及び監査委員の選任権者となっており（法180条の5第7項）、監査委員については法律に特別の定めがないので、選任権者たる地方公共団体の長が決定することとなる。

　なお、平成3年の改正により、普通地方公共団体の長と同様、「主として同一の行為をする法人」に関し、地方公共団体が出資している法人で政令で定めるものを除くこととし、当該普通地方公共団体が資本金、基本金その他これらに準ずるものの2分の1以上を出資している法人（令133条）については、主として当該地方公共団体に対して請負をする法人の取締役等を兼ねることができない旨の兼業禁止規定の適用が除外されている。これは、地方公共団体と請負関係にある法人の中には、地方公共団体が主体となって設立し、本来その地方公共団体が直接行うことも考えられる事業を代わりに行っているという性格を持つものもあり、このような法人については、むしろ当該法人の外部に対する信用を高め、あるいは当該法人に対し地方公共団体の意思をより良く反映させる観点から適用除外が認められたものである。この場合の「出資」は、株式会社又は有限会社でいう資本金の出資のほか、民法法人でいう寄附財産等出捐も含まれる。

8　監査委員の任期

　監査委員の任期は、識見を有する者のうちから選任される者にあっては4年とし、議員のうちから選任される者にあっては議員の任期によるが、任期が満了しても後任者が選任されるまでの間は、その職務を行うことができる（法197条）。

　従前、監査委員の任期は、昭和22年の法制定当初は2年とされていたが、昭和31年の改正により、監査機能の適切な行使を期する趣旨から、知識経験を有する者（現在は識見を有する者）のうちから選任される者にあっては3年とし、議会の議員のうちから選任される者にあっては議員の任期によることとされ、両者の間にアンバランスがあったが、さらに、昭和49年の法改正により改められたものである。改正の趣旨は、最近におけ

る地方公共団体の状況をみると、行政内容の複雑化と多様化やコンピューターその他情報管理技術の導入等に伴い、監査機能の内容も専門化、高度化が要求されるようになり、監査技術の熟練度がますます必要とされている。また、国の会計検査官の例や地方公共団体の他の行政委員会の委員の場合と比較しても特に知識経験（現在は識見を有する）委員の任期を3年と短く定めておくことの合理性もないので、これを議員から選出される委員に合わせ4年に改められることとされたものである。

　任期の起算点は選任の日であることはいうまでもないことであるが、形式的にこれを明確にするため長が辞令を発する必要があると考えられる。法第197条ただし書の規定は、識見を有する者選出の者及び議員選出の者それぞれについていずれかの委員の4年の任期が満了した場合において、監査機能の停滞を防止するため設けられたものであるが、これについては次の諸点に注意を要する。①議員選出の監査委員については、議会の構成が一新されるような場合、すなわち、議員の総辞職又は議会の解散若しくは議会の解散請求の成立等の事由により、当該議員を含めてすべての議員の任期が、その4年の期間の満了を待たずして終了した場合にはただし書の規定の適用がある。②これに反して、当該議員に対する解職請求の成立、除名、議員の辞職等の場合にはただし書の適用はないと解すべきである。③同様に、議員選任の監査委員及び識見を有する者たる監査委員のいずれを問わず、これらの者が辞職し又はこれらの者について、長又は副知事若しくは副市町村長と親族関係が生じた場合（法198条の2）、法第197条の2の規定により罷免された場合にはただし書の適用がない。この場合に「その職務を行う」とは、すでに監査委員としての身分は失ってはいるが、その職務権限はすべて行使し得るとするものである。したがって、監査委員としての身分上の規律には服さないから、任命権者である長は懲戒処分を行うことはできない。また、職務を行った場合においては、条例に別段の定めがあるときを除き、監査委員の報酬及び費用弁償の例に準じて報酬等を支給すべきものである。職務を執行する場合においては、監査委員職務執行者何某と表示することが適当である（昭26・4・16行実）。なお、職務執行者の職務執行の範囲は、特に限定されず、監査委員のすべての職務につき、その執行が可能であると解されるが、ただその効果が重大なも

のについては配慮を要するであろう。

9　監査委員の服務上の義務

　監査委員は、その職務を遂行するに当たっては、常に公正不偏の態度を保持して、監査をしなければならず（法198条の3第1項）、職務上知り得た秘密を漏らしてはならないこととされている（同条第2項）。

　監査委員の服務については、従前、法附則第5条及び附則第9条に基づき、都道府県の監査委員の場合には、東京都職員服務規律又は道府県職員服務規律の例によることとされ、市町村の監査委員の場合には、同じく市町村職員服務規律の例によることとされ、いずれの場合も法令・命令服従義務、信用失墜行為の禁止、守秘義務等が課されていたが、平成3年の改正により法本則において規定されたものである。

　監査委員は、いわゆる行政監査を含む広範な職務権限を与えられており、場合によっては地方公共団体の長をはじめ執行機関と相対立する関係に立つことも少なくない。したがって、その職務を遂行するに当たっては、地方公共団体の長からの独立性が確保され、常に公正不偏な立場で職務を執行することが強く要請されているものであり、この監査委員の「公正不偏」という服務の根本基準を規定し、併せて各種の委員会の委員に共通な守秘義務について規定されたものである。

　この場合、「秘密」とは、一般に了知されていない事実であって、それを漏らすことにより、特定の法益を侵害するものをいうとされ、特定の法益には公的なものだけでなく、私的なものも含まれるが、いかなるものが本条の秘密に該当するかについては、個々の事実に即して判断するほかないものである。国家公務員法第100条第1項の秘密について、「同条項にいう『秘密』であるためには、国家機関が単にある事項につき形式的に秘扱の指定をしただけでは足りず、『秘密』とは、非公知の事項であって、実質的にもそれを秘密として保護するに値すると認められるものをいうと解すべき」とする最高裁判決（昭52・12・19）があるので参考となろう。「職務上知り得た秘密」とは、監査委員が職務の執行に関連して知り得た秘密のすべてを指し、職務に直接関係する秘密はもちろん、職務外の秘密であっ

ても職務の遂行に関連して知り得たものも含まれる。「漏らす」とは、秘密である事実を一般に知らしめること又は知らしめるおそれのある行為をすることをいい、文書であると口頭であるとを問わず、また作為であると不作為（漏洩の黙認等）であるとを問わない。さらに、相手方が不特定な数である場合はもちろん、特定の人に対する場合も、さらに伝達され広く流布されるおそれがあるので漏らしたことになる。また、議員のうちから選任された監査委員が、監査委員としての職務上知り得た秘密に属する事項について、議員として本会議で明らかにし、質問するなどの活動を行うことは、本条の規定に抵触するものと解される。

守秘義務に違反した場合の罰則については、従前と同様に設けられていないが、現職の監査委員が守秘義務に違反すれば、職務上の義務違反として罷免事由になり得ることはいうまでもない。

10　監査委員の退職等

監査委員は、その任期満了により身分を失うほか、以下の場合において退職又は失職（離職）することとされている。

(1) 退職

監査委員は、当該地方公共団体の長の承認を得て、いつでも自発的に退職することができる（法198条）。

この場合、長に対する退職の申出により、直ちに退職の効果が発生するものではなく、必ず長の承認が必要であり、承認を得ないで勤務を怠ることは職務上の義務違反となり、法第197条の2の規定に基づく罷免を受けることがある。しかし、長においては、特別の事由がない限り、承認を与えることを拒むことはできないし、承認をした場合には辞職の辞令を交付すべきであろう。また、一度退職の承認があった以上は、監査委員は、その辞表を撤回することができないことは当然である。

(2) 失職（離職）

監査委員が、前述の退職による以外に、その任期満了前に職を失う場合

としては次の場合がある。

　ア　直接請求による場合

　選挙権を有する者がその総数の3分の1以上の者の連署をもって、その代表者から、地方公共団体の長に対して、監査委員の解職の請求をし、地方公共団体の長がこれを議会に付議した場合において、当該地方公共団体の議会の議員の3分の2以上の者が出席し、その4分の3以上の者の同意があったときは、監査委員は、その職を失う（法86条、87条、令121条）。副知事、副市町村長、会計管理者、選挙管理委員、公安委員についても、この解職請求の規定により職を失うこととされているが、この場合の解職請求の手続きは、条例の制定又は改廃、その他の直接請求の手続きと全く同様である。

　なお、この解職請求は、当該監査委員の就職の日から6ヶ月間及び前回の解職請求に係る議会の議決の日から6ヶ月間は、請求することができないとされている（法88条2項）。

　イ　欠格条項に該当するに至った場合

　公職選挙法第11条第1項の規定に該当する者は、監査委員となることができない（法201条、164条1項）が、これはまた監査委員たる職を継続する要件でもあるので、選任当時において適法に選任された者が、その就職後これに該当するに至った場合は、法律上当然にその職を失う（法201条、164条2項）。

　公職選挙法第11条第1項に掲げる欠格条項とは次のとおりである。

① 成年被後見人
② 禁錮以上の刑に処せられその執行を終わるまでの者
③ 禁錮以上の刑に処せられその執行を受けることがなくなるまでの者（刑の執行猶予中の者を除く。）
④ 公職にある間に犯した刑法第197条（収賄、受託収賄及び事前収賄）、第197条の2（第3者供賄）、第197条の3（加重収賄及び事後収賄）又は第197条の4（あっせん収賄）の罪又は、公職にある者等のあっせん行為による利得等の処罰に関する法律第1条の罪により刑に処せ

られ、その執行を終わり若しくはその執行の免除を受けた者でその執行を終わり若しくはその執行の免除を受けた日から5年を経過しないもの又はその刑の執行猶予中の者
⑤　法律で定めるところにより行われる選挙、投票及び国民審査に関する犯罪により禁錮以上の刑に処せられその刑の執行猶予中の者

これらに該当する者は、職務遂行上、重大な障害のあるものとして取り扱われるのであり、この欠格条項に該当するに至った場合は、当該監査委員は、任命権者たる長の処分を待つことなく、裁判所の宣告又は判決により法律上当然に失職するものである。

ウ　親族の就職禁止規定による失職

厳正公平な監査機能を確保する見地から、普通地方公共団体の長又は副知事若しくは副市町村長と親子、夫婦又は兄弟姉妹の関係にある者は、監査委員となることができない（法198条の2第1項）が、委員に就任後、このような関係が生じたときは、法律上当然に失職する（法198条の2第2項）。

エ　兼職禁止規定による離職

監査委員が兼職を禁止されている職に就くためには、監査委員の職を離れなければならない。監査委員が兼職を禁止されている職としては次の者がある。
①　地方公共団体の常勤の職員（法196条3項）
②　国会議員（法201条、法141条1項）
③　検察官、警察官若しくは収税官吏又は普通地方公共団体の公安委員会の委員（法201条、法166条1項）

(3) 兼業禁止規定による失職

監査委員は、その職務に関し、当該普通地方公共団体又はその機関と請負関係に立ち又は主として請負関係に立つ法人の主要役員となることが禁止されており（法180条の5第6項）、このような関係に該当したときは、失職する（法180条の5第7項）。そのような関係に該当するかどうかの

決定は、当該地方公共団体の長が行い（法180条の5第7項）、長の決定のあるまでは、監査委員は、当然にはその職を失うものではないと解すべきである。

(4) 罷免

　監査委員が心身の故障のために職務の遂行に堪えないと認めるとき、又は監査委員に職務上の義務違反その他監査委員たるに適しない非行があると認めるときは、地方公共団体の長は、議会の同意を得て、罷免することができるものとされ（法197条の2第1項前段）、議会が同意を行うに当たっては、常任委員会又は特別委員会において公聴会を開かなければならないこととされている（同条第1項後段）。一方、監査委員は、これによる場合を除くほか、その意に反して罷免されることがないものである（同条第2項）。

　特別職である監査委員は、従前、その服務、懲戒等に関しては、地方公務員法の適用はなく、法附則第5条及び第9条の規定に基づき同法施行規程の定めるところによっていた。すなわち、監査委員は、①職務上の義務に違反し又は職務を怠ったとき、②職務の内外を問わず公職上の信用を失うべき行為があったときは、その軽重に応じて免職されることがあり、免職にかかる懲戒処分は、当該普通地方公共団体の長が、都道府県職員委員会、又は市町村（特別区）吏員懲戒審査委員会の議決を経て、これを行うこととされていた。

　そこで、平成3年の法改正により、監査委員の罷免について、教育委員会、人事委員会、公平委員会等と同様、心身の故障又は委員たるに適しない非行がある場合に長が議会の同意を得て罷免できることとされたものである。

　罷免は、一般職の職員の分限免職及び懲戒免職に相当するものであるが（地方公務員法28条1項、29条1項）、監査委員は任命権者である地方公共団体の長と相対立する関係に立つこともあり得ることから、地方公共団体の長が恣意的に監査委員を罷免することを防止するため、罷免事由を特定するとともに、議会の委員会において公聴会を開き、かつ、議会の同意を経るという慎重な手続を必要としている。公聴会の開催は、特別委員会を設置して付託するか、既存の常任委員会に付託するかは、議会の自主

的運営に委ねられているが、公聴会を開かないで行った罷免の同意は、重大な法的手続きを欠き無効になるものと解される。

「心身の故障」とは、病気その他の精神的、肉体的な故障であり、その程度が「職務の遂行に堪えない」程度に長期的あるいは重大なものである場合に罷免事由となる。その判断は第一次的には地方公共団体の長が行うものであるが、医師の診断等に基づいて行うことが適当であろう。また、「職務上の義務違反」とは、正当な理由なく職務を遂行しない場合や職務上知り得た秘密を漏らした場合（法198条の3）などが該当しよう。「その他監査委員たるに適しない非行」とは、職務上の義務違反以外の社会的非難に値する行為であり、破廉恥罪を犯したことなど公私の別なくその責任を追及される場合が該当すると考えられる。いかなる場合に罷免するかどうかは、地方公共団体の長及び議会の判断によることとなるが、一般職の職員などの懲戒処分には軽重の異なる処分があるのに対し、監査委員の場合には罷免しかなく、法律上その他の処分を行うことはできないことを考慮すれば、慎重な判断が求められよう。

11　事務引継

　監査委員の更迭があった場合においては、前任者は、退職の日から都道府県にあっては30日以内、市町村にあっては20日以内にその担任する事務を後任者に引き継がなければならない（法201条、159条、令141条、123条1項）。特別の事情によりその担任する事務を後任者に引き継ぎができないときは、監査委員の1人にこれを引き継がなければならない。この場合においては、その監査委員の1人は、後任者に引き継ぐことができるようになったときは、直ちにこれを後任者に引き継がなければならない（令123条2項）。

　市町村の廃置分合があった場合において、消滅した市町村の監査委員であった者は、その担任する事務を、当該地域が新たに属した市町村の監査委員に引き継がなければならない（令130条1項）。正当な事由がなくて事務の引き継ぎを拒んだ者に対しては都道府県知事は、10万円以下の過料を科することができる（令131条）。その他、市町村の監査委員の事務

引継に関し必要な事項は、都道府県知事がこれを定める（令132条）。
〈事務手続〉
　事務引継の場合においては、前任の監査委員は、書類、帳簿等を調製し、処分未了若しくは未着手の事項又は将来企画すべき事項については、その処理の順序及び方法並びにこれに対する意見を記載しなければならない（令124条）。
　事務引継に必要な書類、帳簿等は、現に調製してある目録又は台帳等により引き継ぎをする時の現在を確認することができる場合においては、その目録又は台帳等をもって代えることができることとなっている（令128条）。

12　代表監査委員

(1)　設置

　監査委員は、その定数が4人又は3人の場合にあっては識見を有する者のうちから選任される監査委員の1人を、2人の場合にあっては識見を有する者のうちから選任される監査委員を代表監査委員としなければならない（法199条の3第1項）と規定されているが、これは代表監査委員の制度を定めたもので、昭和38年の法改正により新設されたものである。すなわち、監査委員は独任制の執行機関であって、各監査委員が独立して職務を行うことを建前とされているが、職員の任免及び庶務事項については監査委員の定数が2人以上である場合においても、1人の委員が他の委員を代表する立場において職務を行うことが適当であるので、代表監査委員の制度が設けられたのである。代表監査委員は、選挙管理委員会の場合の委員長とは異なり、一種の内部管理機関にすぎず、職員の任免その他内部管理事務については、監査委員を代表する立場で事務を行うが、監査委員の本来の職務権限についてまでも対外的に監査委員を代表する性格を有するものではない。
　監査委員は、その定数が2人以上の場合にあっては、必ず代表監査委員を選任することを必要とし、代表監査委員はその性格上識見を有する者たる委員のうちから選任することとされている。監査委員の定数が2人の場

合にあっては、識見を有する者たる委員は常に1人であるので、当該監査委員を代表監査委員とすればよいことになる。これに対し、監査委員の定数が4人又は3人の場合にあっては、識見を有する者たる委員は3人又は2人であるので、そのうち1人を選定することが必要であるが、その選定方法については、監査委員の合議による方法あるいは監査委員全員による互選の方法が考えられる。なお、代表監査委員は、実際上は法第196条第4項の規定による常勤の監査委員である場合が多いであろうが、法律上は必ずしも常勤の監査委員であることを必要としない。

(2) 職務権限

代表監査委員の主な職務権限は、補助職員の任免（法200条5項）であるが、そのほか、代表監査委員は監査委員に関する庶務を処理するものとされる（法199条の3第2項）。監査委員に冠する「庶務」とはいわゆる内部管理事務を指すもので、たとえば、職員の出張命令、普通地方公共団体の長に対する予算要求書の提出、普通地方公共団体の長から委任を受けて行う監査委員に関する予算の執行、一般文書事務等が含まれる。

(3) 代理

代表監査委員に事故があるときまたは代表監査委員が欠けたときの職務代理は、監査委員の定数が2人の場合にあっては、当然に他の監査委員すなわち議員選出の監査委員がこれを行うことになるが、定数が4人又は3人の場合にあっては、代理すべき監査委員の指定は、他の識見を有する者たる委員を第一次的に指定し、識見を有する者たる委員がすべて事故があり又は欠けたときは議員選出の委員とすべきである。またその指定はあらかじめ行っておくのが適当である（法199条の3第3項）。

なお、代表監査委員はその権限に属する事務の一部を事務局長及び書記に委任しまたは臨時に代理させることができる（法201条、153条1項）。

(4) 訴訟の提起

平成14年改正法は、住民監査請求監査について監査委員に暫定的停止勧告の規定（法242条3項）と、新たに代表監査委員の訴訟提起の規定を

設置した。

法第242条の2第1項第4号本文の規定による訴訟について、普通地方公共団体の執行機関又は職員に損害賠償又は不当利得返還の請求を命ずる判決が確定した場合において、当該普通地方公共団体がその長に対し当該損害賠償又は不当利得返還の請求を目的とする訴訟を提起するときは、当該訴訟については、代表監査委員が当該普通地方公共団体を代表する（法242条の3第5項）。

平成14年地方自治法の一部改正に伴う新しい住民訴訟の流れを示すと、次頁のとおりである。

■表1-3 改正前の四号訴訟と改正後の住民訴訟の対応関係

		改正前の四号訴訟	改正後の住民訴訟
対当該職員		損害賠償の請求	新4号訴訟 損害賠償の請求を求める請求又は賠償命令を求める請求
		不当利得返還の請求	新4号訴訟 不当利得返還の請求を求める請求
対当該行為の相手方		法律関係不存在確認の請求	1号訴訟で対応（差止め請求）
		損害賠償の請求	新4号訴訟 損害賠償の請求を求める請求又は賠償命令を求める請求
		不当利得返還の請求	新4号訴訟 不当利得返還の請求を求める請求
		原状回復の請求	3号訴訟で対応（怠る事実の違法確認）
		妨害排除の請求	3号訴訟で対応（怠る事実の違法確認）
対当該怠る事実の相手方		法律関係不存在確認の請求	1号訴訟で対応（差止め請求）
		損害賠償の請求	新4号訴訟 損害賠償の請求を求める請求又は賠償命令を求める請求
		不当利得返還の請求	新4号訴訟 不当利得返還の請求を求める請求
		原状回復の請求	3号訴訟で対応（怠る事実の違法確認）
		妨害排除の請求	3号訴訟で対応（怠る事実の違法確認）

第1章　監査委員による監査　59

■図1-1　平成14年地方自治法の一部改正に伴う新しい住民訴訟の流れ

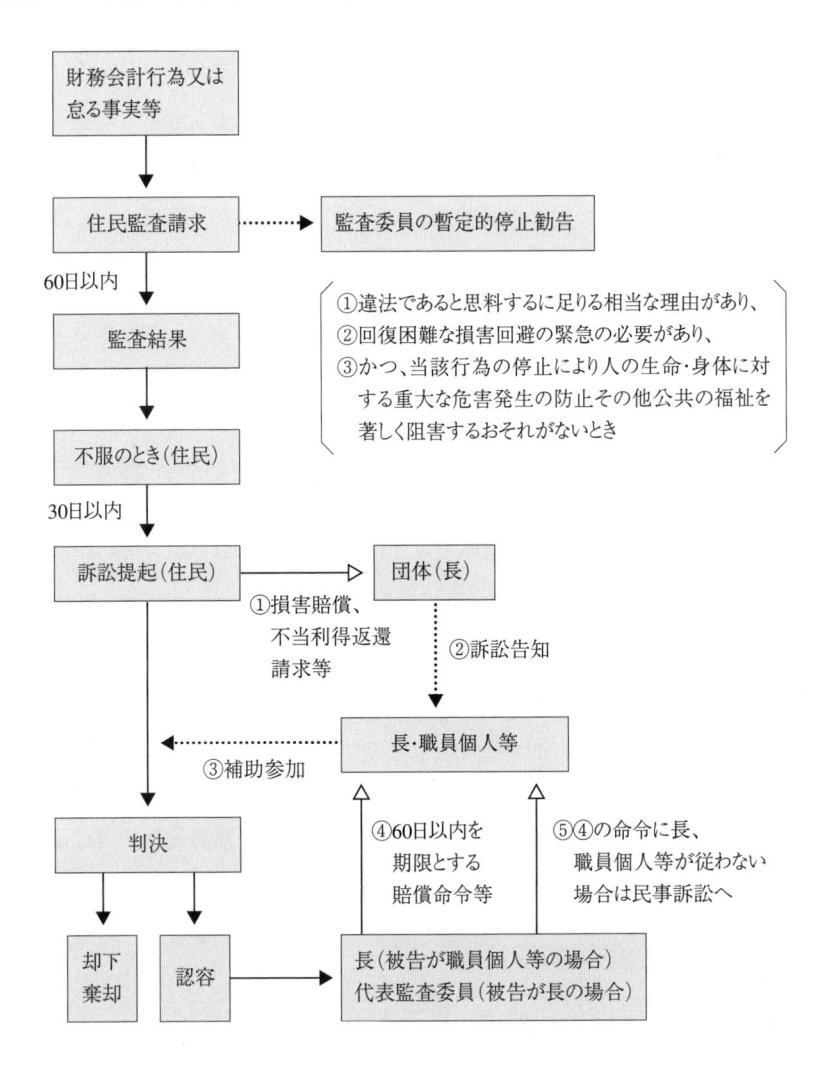

```
      ┌─────────────┐
      │ 財務会計行為又は │
      │ 怠る事実等      │
      └──────┬──────┘
             ↓
      ┌─────────────┐ ……→ ┌──────────────────┐
      │ 住民監査請求    │      │ 監査委員の暫定的停止勧告 │
      └──────┬──────┘      └──────────────────┘
    60日以内 ↓
      ┌─────────────┐        ⎰①違法であると思料するに足りる相当な理由があり、
      │ 監査結果       │        ⎱②回復困難な損害回避の緊急の必要があり、
      └──────┬──────┘         ③かつ、当該行為の停止により人の生命・身体に対
             ↓                 する重大な危害発生の防止その他公共の福祉を
      ┌─────────────┐           著しく阻害するおそれがないとき
      │ 不服のとき(住民) │
      └──────┬──────┘
    30日以内 ↓
      ┌─────────────┐ ─────→ ┌──────────┐
      │ 訴訟提起(住民)  │          │ 団体(長)   │
      └──────┬──────┘          └─────┬────┘
            │  ①損害賠償、            ┊ ②訴訟告知
            │   不当利得返還           ┊
            │   請求等                 ↓
            │←┈┈┈┈┈┈┈┈┈┈  ┌──────────────┐
            │   ③補助参加          │ 長・職員個人等    │
            ↓                       └──────────────┘
      ┌─────────┐                    △              △
      │ 判決    │              ④60日以内を      ⑤④の命令に長、
      └──┬──┬──┘               期限とする        職員個人等が従わない
         ↓  ↓                    賠償命令等        場合は民事訴訟へ
      ┌────┐ ┌────┐              ┌────────────────────────┐
      │却下 │ │認容│ ─────────→ │長(被告が職員個人等の場合)        │
      │棄却 │ │    │              │代表監査委員(被告が長の場合)      │
      └────┘ └────┘              └────────────────────────┘
```

13　具体的な監査の仕方

(1)　年間監査計画の作成

　地方公共団体の行政の公正と効率の確保という監査目的を達成するためには、監査自体も効率的に実施しなければならないことはすでに述べた。そのためには、あらかじめ年度内において監査委員が実施するすべての経常的な監査の実施時期を予定しておくことが必要であり、これが「年間監査計画」といわれるものである。

　この年間監査計画は、複雑多岐にわたる職務権限のうち、毎年必ず経常的に実施しなければならない基本的なもの、すなわち、定期監査、例月現金出納検査及び決算審査（地方公営企業の決算を含む。）及び財政健全化審査について作成する。そしてこうした基本的な監査、検査、審査の年間計画の作成は、他の各種の監査をも想定して、監査全体が有機的に結び付くように、最も効率的に運営されるようにその日程を定めなければならない。

ア　年間監査計画の作成手順

　年間監査計画の作成は、法令等によって義務付けられているものではなく、単なる内部計画であるので公表の必要はない。したがって、その作成は年度開始前、または年度当初に監査委員の協議によって定めれば足りるものである。そして、この計画は当然のこととして、年度途中において、計画外の監査の必要性が生じたとき、または当該計画の進捗状況により計画の修正の必要が生じることがある。

イ　年間監査計画作成の注意事項

　年間監査計画を作成する上で注意しなければならないことは、①各種の監査、検査の運営に当たり、いかにすれば全体として有機的な連係のとれた効率的な監査の実施が可能であるかということである。たとえば、定期監査等の結果は必然的に決算審査と関連するものであるから、定期監査の実施に当たっては、決算審査の補充的な役割をもあわせて考慮し、決算審査に当たっては、その結果をも参考にすることにより、短期間に効率的な

審査をすることができるであろう。また、個々の出納手続の適否の審査は、出納検査にゆずって、定期監査においては、各種の事務事業全体としての予算の執行、財産管理等の効率性の見地に重点を置く方法もその一例である。このほか計画の作成に当たっては、②当該地方公共団体の事務処理状況及びその繁閑、監査結果の報告の時期、監査事務を担当する人員等各般の事情をも考慮すべきであろう。

決算審査	経営健全化審査	摘　　要	決算審査	財政健全化審査	摘　　要
水道事業会計	水道事業会計	（6〜8月）公営企業会計経営健全化審査	一般会計及特別会計	普通会計	（9〜11月）普通会計財政健全化審査

　ウ　年間監査計画の作成例
　①　年間監査計画の例
平成○年度監査計画

事項＼月	定期監査	例月現金出納検査	決算審査	経営健全化審査	摘　　要
4月		○			
5月	税務課、何支所、何出張所、厚生課（何保育所何々）水道事業何々課、何々	○	水道事業会計		（6月〜8月）公営企業会計決算審査
6月		○			
7月		○			
8月		○			
9月		○	一般会計及特別会計		（9月〜11月）会計管理者所属会計決算審査
10月		○			
11月		○			
12月		○			
1月		○			
2月		○			
3月		○			

② 年間監査計画の例

平成〇年度監査計画

月＼事項	定期監査	例月現金出納検査	決算審査	財政(経営)健全化審査	摘要
4月		○			
5月	○	○			
6月		○	○		公営企業会計
7月		○	○		〃
8月		○	○		〃
9月	○	○	○		会計管理者所属会計
10月		○	○		〃
11月		○	○		〃
12月		○			
1月		○			
2月		○			
3月		○			

(2) 個別監査計画の作成

　年間監査計画を作成した後は、個々の監査種別ごとにその実施計画を作成する必要がある。これは、年間監査計画の作成目的と同様に、限られた人員と時間のもとに効果ある監査を実施するために不可欠の条件であり、そのため合理的な計画を作成し、当該監査を周到な準備をもって重点的に実施していかなければならない、この場合、例月現金出納検査のごときは、年間を通じて作成し、定期監査については、対象部課、事業ごとに作成する方法もあろう。

　ア　監査計画に定めるべき事項
　監査計画に盛り込むべき項目とその内容は、おおむね次のとおりである。
Ⅰ　監査の基本方針
　これは、監査するに当たって、何を重点に監査していくかの基本方針を定めるものである。今日のように監査の範囲が広範にわたり、限られた人

員と時間のもとに監査をする場合は、直接請求に基づく監査等のような特定のものは別にして、これを全般的、網羅的に監査していたのでは広く浅い結果となることは否定できない。したがって、監査を効率的に実施するためには、重点事項を定め、これについて徹底的に究明し、その重点を逐次変更していくこととした方が事務全般の適正化、効率化を期待できる。

　この重点事項の選定の方法としては、①着眼点による方法（たとえば予算執行の計画化、財産管理の効率化等）、②対象事務又は予算の費目による方法（たとえば基金管理事務、保育所事務、人件費、消防費等）、③対象組織による方法（たとえば税務課、教育委員会等）がある。

　このような重点事項の選定に当たっては、当該団体における行政の重点、国又は都道府県の政策の重点その他社会経済事情等を総合的に勘案の上、以前の監査における監査の重点等をも参考にして決定すべきであろう。一例をとれば、着眼点による選定の方法を採用した場合、最初は、法令違反はないか、計算に違算はないか、書類帳簿は整備されているか等の事項に重点をおき、これらの点が改善合理化された後で、逐次予算執行の適正化、効率化、財産の総合的効率の運営等に重点を移していく方法が考えられる。

Ⅱ　監査の対象及び場所

　これは監査の基本方針を決定した後は、監査の対象とする事務、事業を具体的に選定するとともに、その事務、事業の執行に直接間接に関与する課、出先機関、公の施設等を実地監査場所として選定するものである。

　監査の対象をいかに選定するかは、直接請求に基づく監査のように、法律上一定しているものは別として、定期監査等においては、監査計画上最も重要な部分である。

　また、実地監査の場所は、監査の対象となる事務に関与している課・出先機関の中から最も適当と認められる場所を必要最少限度において選定する。

Ⅲ　監査日程

　これは監査の実施に当たってその日程を定めるものであり、その日程事項は次のとおりである。

　　ⅰ　準備日程――①監査期日の通知の時期、②監査資料の提出を求める場合はその日時及び提出期限、③監査実施要領書（後述）の作成期間その他の準備期間

ⅱ　実地監査（往査）日程
　　ⅲ　監査結果報告日程
Ⅳ　監査資料
　これは監査実施に当たり、あらかじめ提出を求める資料の内容、様式等を定めるものである。
Ⅴ　監査実施の方法
　これは監査実施要領書の作成その他監査の準備、実地監査の方法、監査技術の選択と適用等について必要事項を定めるものである。
Ⅵ　事務分担
　これは監査の実施に当たっての監査委員間及び補助職員間の事務分担を明らかにしておくものである。
Ⅶ　監査結果報告に関する事項
　これは監査結果報告書の取りまとめ要領その他監査結果の報告につき必要事項を定めるものである。

［監査計画の例］
　監査計画の様式及び内容は、当該監査の種類、基本方針、監査範囲等により一律には定められないが、定期監査を例にとり参考までにその一例を掲げる。

　　　　　　　　　平成○年度定期監査実施計画（案）

　1　基本方針
　　平成○年度監査計画に基き、本市（町村）事務の全般にわたり監査を行い、事務処理の適正合理化を図ることを目的とするが、今回の定期監査においては（収入事務の適正化、特に租税その他の収入の確保のための措置が適切であるかどうか）（何々）を明らかにすることに重点をおくものとする。

　2　実施要領
　(1)　監査の対象
　　　本市（町村）事務の全部

(2) 監査の着眼点
① 歳入に関する計画、予算、生産消費その他各種の統計等と対比し収入実情の低調なものはないか。
② 予算の執行は計画的に行われているか。
③ 何々

3 監査日程及び実地監査場所

期　日	事　項	場　所	期　日	事　項	場　所
月　　日	監査資料提出要求		月　　日	同	何々
月　　日	監査資料提出期限		月　　日	同	何々課
月　　日	実施監査期日通知		月　　日	同	何々
月　　日から月　　日まで	監査実施要領書作成		月　　日	同	何々
			月　　日	同	何々
月　　日	実地監査	税務課	月　　日	監査結果報告	
月　　日	同	何支所、何出張所、厚生課、何保育所			

4 監査資料
提出を求める監査資料は別に定める。

5 実地監査方法
(1) （今回の重点的監査対象である歳入関係事務については）監査の基本方針及び着眼点に基き、監査実施要領書を作成するものとする。
(2) 実地監査は、提出資料に基き、財務事務処理の組織より逐次担当職員に質問し、諸帳簿、証拠書類を照合検査するものとするが、特に、歳入事務については、監査実施要領書に記載した事項につき実地に検証確認し、事務が監査の着眼点に照し適切であるかどうかの結論を導くために必要な資料を得るように努めるものとする。

6 事務分担

7 監査の結果に関する報告

担当事項	監査委員	補助職員	摘要	担当事項	監査委員	補助職員	摘要
総務課	甲	A		土木課	乙	B	
税務課	甲	A		甲支所	甲	A	
厚生課	乙	B		乙保育所	乙	B	
産業課	乙	B					

　監査の結果に関する報告は、各書記においてとりまとめ、整理の上、監査結果報告書（案）を作成し、○月○日までに委員に提出する。

(3) 監査の準備

　監査計画に基づいて、具体的な監査の準備を行うことになるが、それはおおむね次のとおりである。

　ア　監査の実施に必要な知識の修得

　監査委員等が必要とする知識はすでにふれたとおり極めて広範にわたり、これが涵養は一朝一夕にできるものではない。また、すべての監査委員等があらゆる点についての基礎的知識をもち得るものでないことはいうまでもない。しかし、当該監査を実施しようとする場合は、少なくとも必要最低限度の基礎的知識の準備が必要であり、これなくしては効果的な監査を行うことは不可能といっても過言ではない。

　こうした観点からみて、監査の実施上必要と思われる主な基礎的知識は次のとおりである。

① 法令に関する知識（地方自治法その他当該監査に関する各種法令の知識）
② 財政に関する知識（当該団体の財政事情をはじめ、地方財政全般、国家財政の状況に関する知識）
③ 予算その他会計事務に関する知識（地方公営企業を含めた財務事務に関する正確な知識）

④　社会経済情勢に関する知識（物価、賃金等の社会経済情勢及びこれらの統計に関する知識）
⑤　技術に関する知識（土木、建築等に関する用語の意味、常識的な知識）
⑥　監査要領、監査例に関する知識（監査の手続その他監査の要領に関する知識並びに過去の監査あるいは国その他の監査の実施ないしその実例すなわち監査例に関する知識）

　イ　監査資料
　監査の実施に先立って、監査対象事務がどのような形で処理されているかを把握しておくことが必要であり、このためには、監査対象事務についての議会の審議状況、予算その他の議案の内容、これら事業の執行状況等の資料を必要に応じて提出を求め、あらかじめ検討しておかなければならない。
　資料の提出を求める方法には、一定の様式を定めておいて毎年定期的に提出を求めるような方法もあるが、一般的には監査のつどあらかじめ一定期間をおいて提出を求めることが適当であろう。
　提出を求める資料の内容及び様式を決定するに当たっては、監査の基本方針及び監査の対象となる事務事業の性質に応じて、その実態を適確に把握しうるように考慮されなければならないが、少なくとも、その要求内容は必要最少限度に限るべきであって、いやしくも膨大な資料を要求することにより、担当部門の事務処理に支障をきたすようなことがないように厳に注意すべきであろう。

[監査資料の様式（参考）]
　監査に際し監査資料の提出を求める方法には、一般的に監査対象事務全般についての資料を求める方法、個々に必要な事項についての資料を求める方法、その両者の混合方式等いろいろ考えられるが、ここに掲げる例は、定期監査に際し、事務全般についての資料の提出を依頼する場合の一例である。

監査資料の提出依頼書の例

```
何第   号
平成   年   月   日
                    何市（町村）監査委員   氏   名   印
何市（町村）長   氏   名  殿

  定期監査資料の提出について（依頼）

 近く平成   年度定期監査を実施する予定ですので、別紙様式により資料を調製のうえ、   月   日までに御提出下さるようお願いします。
```

（別紙）監査資料様式

```
  平成   年度
       定期監査資料
                        課  名


1 事務の概要
  （注） 1  主な事務、事業につき、その計画と実施状況の概要を適宜の様
            式により記載すること。
        2  事務、事業に関係のある統計その他の資料を別紙として添付す
            ること。

2 事務分掌に関する調
                          （平成   年   月   日現在）
```

課（係 名）	分 担 事 務	課（係）員

3 職員に関する調

1 職員数

（平成　年　月　日現在）

	事務吏員	技術吏員		計	備　考
定　員					
現員 何課(係)					
現員 計					
比較増減					

（注）備考欄には休職者、長期療養者等につき記載すること。

2 職員名簿

課(係名)	職名	氏名	級号	年齢	最終学歴	採用年月日	現在事務従事年数

4 予算執行状況に関する調

(1) 歳入

（平成　年　月　日現在）

事業名	予算科目	予算現額	調定額	収入済額	進捗率	摘　要

(2) 歳出

（平成　年　月　日現在）

事業名	予算科目	予算額	予算決定後増加額	流用増減額	執行済額	進捗率	摘　要

5 財産に関する調

(1) 土地及びその附属物

1 市町村有地

(平成　年　月　日現在)

種　類	面　積	所 在 地	取得価額 (評価額)	取得年月	区　分	用　途

(注) 1. 種類は、山林、宅地、立木等の種類とする。
　　 2. 区分は、基金、行政財産、普通財産等の区分とする。
　　 3. 用途には、住民の利用状況等も含む。

2 借用地

(平成　年　月　日現在)

種　類	面　積	所在地	所有者	借用料	借用年月	借用期間	用　途

(2) 建物その他の工作物

1 市町村有物

(平成　年　月　日現在)

種　類	構　造	坪　数	所在地	取得価格 (評価額)	取得年月	区　分	用　途

2 借用物

(平成　年　月　日現在)

種　類	構　造	坪　数	所在地	借用地	借用料	借用年月	借用期間	用　途

(3) その他の動産

　1　市町村有物　　　　　　　　　　　　　（平成　　年　　月　　日現在）

種　類	取得価格 （評価額）	取得年月	区　分	用　途

　2　借用物　　　　　　　　　　　　　　　（平成　　年　　月　　日現在）

種　類	借用地	借用料	借用年月	借用期間	用　途

(4) 有価証券その他の財産権

種　類	金額（価格）	保　管　状　況

6　備品に関する調　　　　　　　　　　　　（平成　　年　　月　　日現在）

種　類	平成年月日 現在の数量	平成年月日 現在の数量	増　減	備　考

7　書類帳簿目録

名　称	年度別	冊　数	内　容	保管者

ウ　監査実施要領の作成

　監査を効率的に執行するには、監査実施の手続きが定型化されていることが望まれる。もちろん、監査の対象たる事務の複雑性、多様性を考えれば、一概に手続きを固定するより、弾力性を持たせて対応していく方がより良い効果を挙げ得るであろうが、何らの計画性もなく、行き当たりばったりの計画だけでは十分能率的な監査結果を期待することはできない。

　こうしたことから、具体的な監査の実施に先立って、「監査実施要領書（又は手続書）」を作成することが望ましい。監査実施要領書は、具体的な監査対象について、監査の着眼点に基づく具体的な監査の手続きを定めるものであり、実地監査事務の具体的な指針及び監査の結果報告の取りまとめの基本となるべきものである。したがって、監査を実施する場合は監査実施要領書により、監査すべき重点をあらかじめ理論的に順序よく配置していれば、実地監査に当たって陥りやすい、また、同一事項についての重複した質問や調査、さらに必要事項についての監査の不足分や脱漏を防ぎ、さらには数人協同して同一又は関連事項を監査する場合に的確に事務を分担せしめ責任を明らかにすることができる等、監査事務の合理的かつ能率的な実施を期待できる。

　監査実施要領書にあらかじめ記載すべき事項及び記載要領等はおおむね次のとおりである。

① 　監査対象
② 　監査場所
③ 　監査の着眼点（監査計画の基本方針ないし着眼点に基づき、必要であれば適宜変更し、あるいは細分の上、質問の形式により記載する。）
④ 　監査の手続き（監査の実施に当たって、着眼点を明らかにしていくための具体的な手続きであって、採用されるべき計算帳簿と証拠書類、帳簿間等の突合、公有財産、物品等の実地調査、質問等の具体的手続きを記入する。）
⑤ 　備考（事前に提出を求める資料、準備させる書類帳簿、証拠書類、その他監査実施上の注意事項等を記載する。）

　以上の「監査の実施要領書の例」を示せば、次のようなものである。

[監査実施要領書様式の例]

　この様式においては、監査実施要領書に基づき監査を実施し、その過程において、監査の結果の欄に記入していくようにされているので、監査結果報告原案の役割をも兼ねているが、あるいは監査の結果は別紙とし、その他実施の結果にかんがみ、より適当な様式の検討が望ましい。なお、数人で同一の監査対象の監査を行う場合には、実施要領書において担当者を明らかにしておく必要がある。

■平成〇年度定期監査実施要領書

監　査　月　日	月　　　日
監　査　項　目	固定資産税
監　査　場　所	税務課

着　眼　点	実　施　手　続	監査の結果
1　台帳、証憑書類は整備され、その記帳整理状況は適当であるか。	1　固定資産課税台帳、地積図、土地使用図、土壌分類図、家屋見取図、固定資産売買記録その他の資料の整備状況 2　何々	
2　賦課もれのもの、誤って賦課したもの等はないか。	1　台帳、歳入徴収簿等の照合 2　不動産取得税との照合 3　登記通知との照合 4　何々	
3　実地調査はなされているか。	1　課税を保留しているもの 2　未申告のもの 3　納税通知書返戻のもの 4　何々	
4　非課税、減免等の取扱は、法令に従い適切になされているか。	1　非課税の範囲の調査 2　減免の申請書及び事由を証すべき書類 3　減免措置 4　何々	
5　賦課の更正、取消は適正になされているか。	1　課税台帳縦覧以後における価格等の決定修正等 2　固定資産の価格等の修正に基く賦課額の更生措置 3　異議申立の処理 4　何々	
6　何々	1　何々 2　何々	

（備考）　1　事前に提出を求める資料　　　　市（町村）税の各税目別賦課および徴収実績
　　　　　2　準備させる書類帳簿証憑書類　　何々
　　　　　3　監査実施上の注意事項　　　　　何々

エ　実施監査の通知

監査の実施に当たっては、原則として事前通知の建前をとり、できるだけ余裕をもった期間をおいて通知することが必要である。なんとなれば、監査は、当該事務について十分納得のいく説明を聞くことなしに目的を達成することは困難であり、十分相手方をして監査を受ける態勢を整えさせておくという配慮が必要だからである。もっとも、監査、検査の目的によっては、抜打ち的な監査等を行う必要もあるが、これはあくまで例外的なものであって、みだりに行うべきものではない。

［実地監査通知の例］

```
何第　号
　　平成　　年　　月　　日
　　　　　　　　　　何市（町村）監査委員　　氏　　　名　　印
何市（町村）長　　氏　　名　殿

　　　定期監査資料の提出について（通知）
平成　　年度　　月定期監査を次の日程により実施するため通知します。

　総　務　課　　　　　　月　　　日
　税　務　課　　　　　　月　　　日
　何　　　々　　　　　　月　　　日
```

(4) 監査の方法

ア　書面監査と実地監査

書面監査とは、監査を受ける側から提出される書類を審査することにより行う監査をいい、形式監査又は間接監査ともいわれている。この方法は、あらかじめ必要な書類を提出せしめることにより、短期間に能率的に監査対象全般にわたり検討できる反面、書類のみでは判明しない点、不十分な点が多く、重要な事項については次に述べる実地監査の裏付けが必要となろう。

これに対し、実地監査は、直接監査を行う課等において質問をし、帳簿書類等を検閲し、さらに必要に応じて倉庫、工事現場等に出向いて監査を行うものである。したがって、書面監査のように全般的な監査には不向きであって、その対象、場所及び手続きについては、当該監査の方針ないし重点にかんがみ、重点的に選択する必要があるといえる。

　したがって、実際に監査を執行するためには、この書面監査と実地監査の特質を考慮して、これをいかに組み合わせていくかが最も重要な問題である。一般的には、まず書面監査によって、提出された書類に基づいて監査対象の全般にわたる検討を行い、これによっては、不明な点、又は監査の重要事項等については実地監査による追求を行うということとなるであろう。

　実地監査の手続きは、あらかじめ先に述べた監査実施要領に記載しておくべきであり、これに基づいて、その手続きの順序に従って逐次実施すべきである（たとえ、監査実施要領が作成されていなくとも、監査は当然に系統的に秩序正しく行われるべきであり、同じことを繰り返したり、監査の順序が前後したために能率の低下をきたしたりすることのないよう、何らかの形においてあらかじめ計画され、準備されねばならないことはいうまでもない）。そして実地監査の実施に当たっては、常に監査委員相互で連絡協議をし、監査意見が独断に陥り、あるいは、偏らないように注意すべきである。また、その指摘事項が偶然に発見された誤謬の集積にすぎない結果にならないように、監査の過程において発見された誤謬が偶発的なものか、事務処理機構あるいは、方法に起因するものか等に留意し、その軽重を判断して、監査の方向を常に検討し、監査の基本方針に従って体系的な監査意見を形成するように努力していくべきである。

　なお、付言すれば、監査実施要領に記載された順序はあくまでその予定であって、実施の過程において、相手方の準備の都合、判明した事実等に対応して、適宜修正していく必要があることはいうまでもない。

　イ　縦の監査と横の監査

　縦の監査とは計数監査というべきものであり、事務処理の順序に従って行う調査である。これは、日計、月計、年計を順に追って検算し、証拠書

類の金額と支払金額とを対照し、あるいは物品購入契約書、納入数量、支払金額とを対照するごときものである。

これに対して、横の監査とは帳簿書類の記載内容の他の対象物との対比においてその当否を検討する方法をいい、たとえば、物品購入契約の単価の当否を時価との対比において検討し物品購入数量の適否をその物品の多少、将来の使用見込量との対比において検討する等のことである。

このように、縦の監査は、いわば形式的機械的な監査であり、これによって発見できる事実は、誤記や計算違いと軽微な事実であることが多いが、この縦の監査によって発見された誤りの原因を追究することにより、会計事務手続の不備、その他重要な問題の発見ができることもあり、監査の最も基本手続として重要なものである。

(5) 監査の諸手法

監査委員が実際に監査を行う場合の手法としては、いろいろ考えられようが、一般的な手法として、次のようなものを挙げることができよう。

ア 計算突合
合計額、差額等を自ら計算し、計算に誤りがないかどうかを点検する。

イ 帳簿・証拠書類等の突合
各種の帳簿と各種の証拠書類、伝票、会議録、契約書その他取引に基づいて作成される書類等との突合、各種の帳簿相互間の突合を行う。

ウ 実査
現金、公有財産、物品等につき、みずから倉庫その他保管現場において調査する。

エ 確認
市町村の契約の相手方等につき、事実を確認する。その方法としては、文書による回答を求め、必要があれば出頭を求め、調査をし、帳簿、書類その他の記録の提出を求める。

オ 質問
責任者、事務担当者等に質問をし、説明を求め、場合によっては書類による回答を求める。

これらの諸手法は、監査の実施に当たって、適宜選択されるものであるが個々の監査にどの手法を用いるかの基準は結論的にいえば当該監査の結果報告において意見を表明するに必要な事実を明らかにし、かつ、その意見の裏付けとするに足りる根拠を確保できるものを選択すること、に尽きるであろう。なんとなれば、監査は、単にある手法によって何らかの事実を発見し、これを羅列すれば足りるものではなく、繰り返し述べている監査目的（行政運営の公正と効率の確保）に合致した意見表明を行わねばならず、これがための裏付けの根拠を明確に把握しなければならないからである。したがって、具体的な監査の対象、目的に則して、これに最も適した手法を選択しなければならないものである。この場合、いうまでもないことであるが、ある監査対象にある一つの手法を用いれば足りるとするものではなく、当然に、監査対象、監査の進捗状況により適宜組み合わせて用いられなければ十分な監査はできない。
　次に、この監査手法の選択に当たって一般的に注意すべき事項として、次のようなものをあげることができる。
　① 　監査事項の重要性及び誤謬発生の程度
　これは、当該監査の重点事項、前回の監査の結果あるいは他の地方公共団体等の監査例等からして、官公庁会計の性質上誤謬発生の危険の頻度の高い事項等に係る監査に当たっては、より慎重な証拠力の強い監査手法、すなわち、帳簿間の突合より帳簿と証憑書類との突合、さらには実地監査というようなより証拠力の強い証拠が得られる監査手法を選択すべきであろう。
　② 　内部統制組織の信頼性
　これは、監査を受ける側の内部統制の組織及びその運営状況をよく調査し、その信頼性を判断して、これに応じた手法を選択すべきであるというものである。これは、内部監査あるいは内部けん制組織が確立され、的確に運用されている場合には、適宜監査を省略することができるからである。内部統制組織の信頼性を判断するためには、その組織ないし運用に関する規程を理解し、責任者、事務担当者等につきその運用の状況の説明を求め、みずから試査を行い実際上有効適切に運用されているかどうか調査する等の方法による。

③ 監査の費用対効果

これは、その監査の結果期待できる効果とその監査実施に要する費用及びその監査のための事務の阻害の程度等を総合的に勘案して選択しなければならないということである。すなわち、偶発的な、当該団体の事務処理の合理化にはあまり効果のない事項の監査に、多大な日数と費用を費やし、事務を阻害する等のことは厳に慎まなければならないものである。

④ 精査と試査

監査手法の適用に当たっては、原則として精査によらず試査による。精査とは会計記録の一切についてこれを検査することをいい、試査とはその一部を適当に選択し、その結果をもって他の部分の可否を推定することをいう。この場合、どこまで試査するべきかの範囲は、内部統制組織の信頼性の程度により決定すべきであろう。すなわち信頼性が高い場合は、その試査の範囲を縮小し、逆の場合は拡大しなければならない。

(6) 監査委員の協議

監査委員は、合議制の機関ではなく、各監査委員は各々独立してその職務を行う権限を有している。しかし、監査の機能の円滑なる運営を期していくためには、監査の実施計画、方法等について、各監査委員は協議により統一的に職務を遂行していくことが必要であり、これは法律上、監査委員という一つの機関として職務を執行していくためにも不可欠なことである。

協議の方法については、別段制限はなく、要は監査委員全員の意見の一致があれば足りるものである。そして、協議によって定まった事項については、全監査委員の連名で意思表示を行い、あるいは意見を公表することになろう。

協議事項についても別段の制限はないが、監査計画、監査の着眼点、監査資料、監査の方法、事務分担等監査の準備から実施に関する一切の事項がその対象となる。さらには監査の実施の過程において生じた問題についても適宜協議する必要があろう。

要は、監査委員が協議によって、相互に意見を調整し、充分な連絡の上に能率的、円滑な監査を実施することにあるのであって、特に監査期日の

通知、監査資料の要求等は監査委員という一つの機関として統一的に行われなければならないものである。

　また、監査に関する合議制について、従前は、住民監査請求に基づく監査及び勧告の決定（法242条8項）並びに職員の賠償責任の有無、賠償額の決定及びその免除に関する意見の決定（法243条の2第5項）についてのみ監査委員の合議が必要とされていたところであるが、監査の慎重な実施を期するとともに、監査の社会的信頼を確保するため、平成3年の法改正でその拡大が図られ、直接請求監査（法75条）、議会要求監査（法98条2項）、財務監査（法199条4項・5項）、事務監査（法199条2項）、長の要求による監査（法199条6項）、財政援助団体及び出資団体の監査（法199条7項）及び決算の審査（法233条）についても、監査の結果に関する報告又は監査の結果に基づく意見を決定するときは、監査委員の定数が2人以上である場合においてはその合議によるものとされた（法75条3項・4項、199条9項・11項、233条4項、241条6項）。

　なお、法第235条の2第1項のいわゆる例月現金出納検査及び同条第2項の指定金融機関の監査について、その結果に関する報告を決定する場合には、これらの検査又は監査がいずれも技術的、客観的になされるものであって、合議によって結論を出さなければならない事項とは考えられないことから、従前どおり、合議によらないものとされているが、監査委員間の協議によりその意見が決定されるべきである。これは、監査の結果についての意見を十分に交換することにより生じやすい偏見や独断を防ぎ、また、監査を担当する監査委員の異なることにより意見がくい違うという点も防止でき、行政の合理化、能率化を図ることを任務とする監査の目的からも望ましい結果が期待できるからである。したがって、各監査委員が別個の事務を分担して監査を執行した場合においても、その監査結果の意見の決定に当たっては、協議によるべきであろう。

　協議によっても監査委員間の意見の調整ができない場合も考えられようが、監査というものの本来的性質が客観的な基準を尺度として事務執行の適否を判断すべきものであるところから、その立場により、また、人により見解を異にすべき性質のものではなく、充分に協議を重ねて必ず共通の意見を形成するように努めるべきであるといえよう。

(7) 監査事務の分担

監査委員が監査を執行する方法には、①各監査委員がすべて共同して実施する方法と、②各監査委員が単独で事務を分担して実施する方法、さらには③基本的事項については共同して実施した後、細部の事務については分担し、あるいは、課の実地監査は共同して実施した後、支所、出張所その他の出先機関は分担して実施する方法等がある。

実際の監査に当たって、どのような方法を採用するかは、効率的な監査の執行という観点から、監査の対象事務の範囲、監査の実施場所、監査に要する時間、補助職員等を総合的に勘案して決定すべきである。

ア　事務分担の方法

監査事務の分担方法には、①年間を通じて分担しておく方法と、②個々の監査のつど分担を決定する方法とがあるが、少なくとも個々の監査の実施に当たってはその分担を監査計画に明確に決定しておく必要がある（監査計画の項参照）。

この分担方法は、さらに①監査対象組織ごとに分担する方法（たとえば課、係、支所、出張所、学校等）、②監査対象事務ごとに分担する方法（たとえば予算費目、契約事務、物品会計事務、財産管理事務等）、③監査の着眼点ごとに分担する方法（たとえば法令違反の有無、計数の誤り、事務能率、内部けん制組織の整備状況等）等がある。

イ　事務分担の問題点

監査を効率的に執行していくためには、何らかの方法により、監査委員ごとに事務を分担することが望ましいがこれには、次のような幾つかの問題点があることに留意しなければならない。

たとえば、①監査対象組織ごとに分担する方法をとった場合は、事務的には非常に能率的だが各監査委員の能力がほぼ同一でなければ、担当者による監査結果に差異を生ずるおそれがあること、②監査対象事務ごとに分担する方法をとった場合は、当該事務手続に精通する利点はあるが、各事務間の関連を明らかにすることが困難であること。さらには③監査委員の補助機関たる書記その他の職員をどのように分担事務に従事させるか検討

すべきことなどである。
　また、数人によって同一対象の共同監査を行う場合は、事前によほど十分にその分担方法について協議しておかないと、監査の実施に当たり、同一のことを重複して調査したり、重要な事項を誰も監査しなかったりするような事態を生じ、あるいは、監査の結果全体が当初の意図に添わないといった場合も予想されよう。したがって、監査の実施前において、①監査の目的ないし重点事項、②分担事務の範囲、③他の者の分担事務との関連等につき明確に定め、各監査委員はこれを十分に認識しておく必要がある。このためには、前述した「監査実施要領」の作成が有効である。

(8) 関係人の出頭、資料の提出等の要求

　法第199条第8項は「監査委員は、監査のため必要があると認めるときは、関係人の出頭を求め、若しくは関係人について調査し、若しくは関係人に対し帳簿、書類その他の記録の提出を求め、又は学識経験を有する者等から意見を聴くことができる。」と規定している。これは、監査委員が監査の実施に当たって地方公共団体の職員の説明又は地方公共団体の帳簿書類につき調査した事実を裏付け、あるいはそれのみをもっては判明しない事実を明らかにするために、必要な事実を確認するための手段について規定したものである。ここでいう「関係人」とは議会が事務の調査のため、出頭及び証言並びに記録の提出を求める、法第100条にいう「関係人」と同様の範囲にある者をいうと解されており、具体的には監査の対象たる工事の請負契約の相手方、物品の納入者、補助金等の交付を受けた者等で、当該監査の対象事項に関係がある限り、当該地方公共団体の住民であると否とを問わないものである。

　ア　要求の方法

　この出頭を求め、調査し、資料の提出を求める方法に特別の制限はない。したがって、文書によるも、口頭によるも、又、役所に来てもらうのも、本人の住居、勤務先に出向くものでも差しつかえない。しかし、これらの要求は、監査の一環として監査委員に認められた権限であり、関係人はこれに応ずる義務があるが、たとえ関係人がこれに応ぜず、出頭等を拒否し

た場合であっても、法第100条で認められているようなこれを強制する制裁措置については何らの法的規定はなく、できないものである。したがって、住居等に立ち入る場合等は、当然に本人の同意が必要である。このため、通常は、出頭等を要求する場合は、要求の内容を明らかにした文書により、依頼することが適当であろう。又はこの場合の文書は、監査委員の連名によるものでも、個々の監査委員名（一般的には協議によって定められる。）でも差しつかえない。

このように、監査執行に当たっての当該諸要求は、当該監査に協力を求めるという観点からの規定であり、実際にこれを求める場合は、監査実施上必要最小限度のものに限るべきであり、さしたる必要性もないのに、単に漫然と要求するようなことは厳に慎むべきものであろう。又、極力、関係人に迷惑のかからぬよう日時、場所等を選定し、事前に本人に確かめる配慮が必要である。

　イ　説明聴取の方法

関係人の出頭を求めた場合の、質問、説明を求める方法についても特段の規定はない。したがって法第100条に認められている「証人の宣誓」証の請求権のようなものはなく、関係人にあらかじめ宣誓を求めるようなことはすべきではない。ここでの説明の聴取は、その陳述の内容について監査委員が適宜記録の上、監査の結果について利用し、その信頼度、正確度等については、監査委員が判断の上、適宜取捨選択すれば足りるものである。したがって、関係人に対し、その陳述の内容を記録の上、虚偽の陳述でない旨の確認及び署名押印を求めるような扱いをすべきではない。これは、当該団体の監査について、関係人にその協力を求めるためのものであるところから当然のことで、むしろ、質問の方法等については、礼を失しないように注意すべきものである。

　ウ　実費の弁償

法第207条は「普通地方公共団体は、条例の定めるところにより、……、第199条第8項の規定により出頭した関係人……の要した実費を弁償しなければならない。」と規定している。この「実費の弁償」とは、実

際に要した経費の意味であり、費用の弁償よりやや厳格な意味であるが、定額でも差しつかえないとされている（昭22・8・8通達）。

したがって、実費弁償については、条例事項になっているところから、具体的には、実費弁償に関する条例を直接請求の署名の効力を決定する場合における関係人の出頭及び証言（法74条の3第3項）、議会が事務の調査のため関係人の出頭及び証言（法100条1項）を求める場合等とあわせて、その相互間の均衡をも考えて規定しておくことが適当である。

関係人の出頭要求書	関係人の資料提出要求書
何第　　号 　平成　　年　　月　　日 　　何市（町村）監査委員　氏　　名　㊞ 氏　　名殿 　　　出頭依頼について 　平成　　年　　月定期監査実施にあたり何々学校建設工事の請負契約に関し御説明願いたい事項がありますから、御多用中恐縮ですが、次のとおり御出頭願います。 1　日　　時　　何月何日午前10時 2　場　　所　　何市役所監査委員室	何第　　号 　平成　　年　　月　　日 　　何市（町村）監査委員　氏　　名　㊞ 氏　　名殿 　　　資料の提出依頼について 　平成　　年　　月定期監査実施のため必要がありますから、恐縮ですが、　　月　　日までに、次の資料を御提出下さるよう願います。 なお、御提出いただきました資料につきましては、至急調査の上、遅くとも、　　月　　日までに御返却いたす予定であるので申し添えます。 1　何々 2　何々

(9) 監査の結果に関する報告の提出及び公表

監査委員は監査が終了すると、次はその報告を議会、長、関係のある委員会等に提出し、あるいは住民に公表することになる。

法第199条第9項は「監査委員は、監査の結果に関する報告を決定し、これを普通地方公共団体の議会及び長並びに関係のある教育委員会、選挙管理委員会、人事委員会若しくは公平委員会、公安委員会、労働委員会、

農業委員会その他法律に基づく委員会又は委員に提出し、かつ、これを公表しなければならない。」と規定している。
　このように、法律上監査、検査等の結果に関する報告の提出または公表が義務付けられているものは表1-4のとおりである。
　しかし、法律上提出又は公表の義務を課していると否とにかかわらず、監査又は検査の報告については、関係機関に提出の上、当該地方公共団体の事務処理の改善合理化の資料として十分活用されることを期待し、あるいは適宜一般住民に公表することにより、住民の行政への関心を高め、あるいはこれを批判するための資料を提出することが適当である。
　すなわち、監査は、地方公共団体の行政の適正合理化を図るための客観的な資料を提供することが目的であって、その内容は客観的な妥当性のゆえにこれに基づく長その他の機関の措置、議会の行政執行の監視作用、住民の行政批判をうながし行政の公正と効率を確保するという効果を期待しようとするものである。

　　ア　提出又は公表の方法
　監査の結果に関する報告の提出又は公表の方法については、法律上特別の定めはないが、公表の方法については、法第202条に基づく監査の執行に関する条例により規定しておくことが適当であるとされている。
　監査の結果に関する報告の提出は、監査報告書という形で文書で行うべきであるが、口頭で補足説明をすることが適当な場合もあろう。又、議会に対しては、議長に文書で提出すればよいが、法第121条の規定により、説明のため議長から出席を求められたときは、議場に出席して、報告の内容を説明しなければならない（昭25・5・16行実）。
　監査の結果に関する報告の提出又は公表は、法律上義務がない場合であっても、監査委員において適当と認めるときは、適宜行って差しつかえないものであり、たとえば、当該団体が補助金その他の財政的援助を与えている団体の監査を行った場合に、その結果を相手方に通知するごときはむしろ当然のことといえよう。また、条例で定める公表の方法によるほか、適宜の方法を併用し、あるいはその内容をさらに平易に説明した資料を配付する等、監査の結果に関する報告の内容を十分に住民一般に周知せしめ、

■表1-4 監査結果の報告公表一覧表

種　　類	関係条文	報　　　　告				その他
		議会	長	関係委員会	公表	
1　監査						
1　定期監査	法199④、⑨	○	○	○	○	
2　随時監査	法199⑤、⑨	○	○	○	○	
3　直接請求に基づく監査	法75③ 令99、98	○	○	○	告示および公表	請求代表者に通知
4　当該普通地方公共団体の長の要求に基づく監査	法199⑥、⑨	○	○	○	○	
2　特別の監査および検査						
1　例月現金出納検査	法235の2①、③	○	○			
2　補助団体等の監査	法199⑦、⑨	○	○	○	○	
3　決算の審査	法233②		○			
4　住民の請求に基づく監査	法242③、④				○	請求人に対する通知、議会、長その他の執行機関または職員に勧告
5　公金の賠償責任に関する監査または意見陳述	法243の2③、④		○			
6　指定金融機関等の監査	法235の2②、③	○	○			
7　地方公営企業の決算の審査	地公企法30②		○			

納得させるような方法も考慮すべきであろう。

　イ　監査の結果に関する報告の提出又は公表の時期
　監査の結果に関する報告の提出又は公表の時期についても、法律上定められていないので適宜行って差しつかえないが、なるべく早期に時期を失せずに行うのが効果的であり、このため努力工夫が必要であるといえよう。又、必要があれば、監査の執行に関する条例に、これを定めておくことも考えられよう。ただ、監査結果の公表は、早くとも所定機関に対する提出と同時になすべきものと解されている（昭32・4・17行実）。

　ウ　監査結果の公表の限界
　監査の結果については、これをすべて公開してもよいという訳ではなく、これには当然限界があるものである。すなわち、監査によって知り得た事項には自ら一般に公表すべきものとそうではないものとがあるのであって、職務上知り得た秘密を洩らすようなことがあってはならない（法198条の3第2項）。たとえば、補助団体等の監査をする場合には、その秘密の保持に特に意を用いるべきである。

　エ　監査報告書の作成要領
　①　まず実地監査の実施の過程においては、監査実施要領書の該当欄あるいは適宜の用紙に事実のありのままを詳細に記述しておき、監査終了後なるべく早い時期に提出された資料、実地監査の結果等を総合的に調整の上、監査報告書をとりまとめることである。
　②　監査が相当長期にわたるような場合は、全部が完了したのち、監査報告書を作成すると日時を要する上、監査の印象も薄れてくるので、一部門・監査、たとえば一つの課の実地監査の終了後引き続き監査報告書を作成するような監査日程を組み、逐次監査の結果に関する報告の提出及び公表を実施するといった方法も一考であろう。
　③　監査結果報告書案のとりまとめに、補助職員が当たることが多いであろうが、その場合は、十分監査委員の意向をくんで、作成することはもちろんのこと、当該監査を担当した監査委員が2人以上あるときは当該職

員は特にその相互間の連絡調整には注意すべきである。報告書案については、監査委員の協議により、十分検討し、意見調整の上、正規の報告書として提出及び公表の手続きをとることになる。

④　報告書は単に個々の指摘事項の羅列に止まることなく、体系的な監査意見を明らかにするように努力すべきものであり、又、あくまで憶測は避け、事実をありのままに記述し、その事実に関する表現については誤解を招くようなことのないよう留意すべきである。

⑤　監査報告書案が作成された場合、これを直ちに提出、公表することも差しつかえないが、その前に監査をした課、出先機関等の長及び職員に対し講評を行う方法もある。この場合、その講評に納得がいかない点があれば、異議もあろうし、その他いろいろ意見や弁明もあるであろうから、それらの意見を十分聞いた上で採用すべきは採用して、報告書案の修正をし、これを報告書と決定の上提出又は公表を行うことである。この方法は、その活用の方法いかんによっては、監査の実施に当たり陥りやすい独断や偏見あるいは見落し等を防ぐ上で非常に有効であり、又、監査を受ける側に対しても監査の結果を納得せしめ、その結果に基づく事務処理の改善合理化に協力せしめたるにも効果がある。

(10)　地方公共団体の組織及び運営の合理化に資するための意見

法第199条第10項は「監査委員は、監査の結果に基づいて必要があると認めるときは、当該普通地方公共団体の組織及び運営の合理化に資するため、前項の規定による監査の結果に関する報告に添えてその意見を提出することができる。」と規定している。

監査委員は、監査に当たって、当該団体の事務処理が「最少の経費で最大の効果を挙げているか」「組織及び運営の合理化が図られているかどうか」に特に意を用いなければならないとされていることから（法199条3項）、監査を通じて効率的な行政の水準を維持し、これを高める見地から、これに関する見解を明らかにすることが監査委員の職責とされている。こうした観点から当該規定は監査委員が、監査の結果を通じて、当該団体の組織及び運営の改善合理化に関し意見があれば、その監査の結果に関する報告に添えてその意見書を関係機関に提出できるものとしたものである。

この意見書は、監査の結果に関する報告とはその性質を異にするものであり、必ずしも監査対象内の事項に限られるべきものではないと解されており（昭27・8行実）、たとえば、時間外勤務手当の監査した結果、部課により事務の繁忙、職員の配置等に著しい不均衡を発見した場合には、部課の組織の再編成又は職員の適正かつ合理的な配置に関する意見を提出したり、財産条例に不備な点があって事務処理に非能率を生じているような場合には条例の改正に関する意見を提出することなどがそれである。ただし、監査委員は行政監査を行うこともできるのであるから、必要があると認められるときは、これに関する行政監査を行い、その結果を報告として提出することも可能である。

　意見の提出方法については、別段の定めはないが、議会、長等の関係機関に申し述べれば足りるものであるが、一般的には「意見書」として文書によるのが適当であろう、この場合、監査の結果に関する報告と同様に、

■組織及び運営の合理化に資するための意見の提出の書式

（定期監査報告に添えて提出する場合）（参考）　　　　　　　（意見書）

（定期監査報告に添えて提出する場合）	（意見書）
何第　　号 　平成　　年　　月　　日 　　　　何市（町村）監査委員　氏　　名 　　　　同　　　　　　　　　氏　　名　㊞ 何市（町村）長　氏　　名殿 　　平成　　年度定期監査の結果に関する報告について（提出） 　　地方自治法第199条第9項の規定により、平成　　年度定期監査の結果に関する報告を別冊のとおり提出します。 　　なお、同条第10項の規定により、別紙のとおり意見を提出します。	意　見　書 　公の施設の設置及びその管理に関する事項については地方自治法第244条の2第1項の規定により条例で規定するとされているが、本市においては未だ制定をされていない。本市の公の施設に関する事務の適正合理化を図るためには、同条例を早急に制定することが必要と考える。 平成　　年　　月　　日 　　何市（町村）監査委員　氏　　名 　　同　　　　　　　　　氏　　名　㊞

これについて議会から説明を求められれば、会議に出席して説明する義務がある。しかし、一般住民に公表する義務はないが、場合によってはその意見提出の目的を達成するために一般住民にも公表した方がよいこともあり、この場合は公表をしても差しつかえないものである。

ただし、この意見は、監査の結果に関する報告に盛り込まれた意見と異なり、原則的には、監査委員の主観的な一つの意見に止まり、かならずしも全面的に妥当するとは限らない場合もありうるので、長等の関係各機関はその適否及び取扱いについては慎重に検討すべきであろう。また、長等の関係機関は法的には何ら当該意見に拘束されるものではない。

第4項　監査委員の職務権限

1　住民の直接請求に基づく監査

(監査の請求とその処置)
第75条　選挙権を有する者（道の方面公安委員会については、当該方面公安委員会の管理する方面本部の管轄区域内において選挙権を有する者）は、政令の定めるところにより、その総数の50分の1以上の者の連署をもつて、その代表者から、普通地方公共団体の監査委員に対し、当該普通地方公共団体の事務の執行に関し、監査の請求をすることができる。
②　前項の請求があつたときは、監査委員は、直ちに請求の要旨を公表しなければならない。
③　監査委員は、第1項の請求に係る事項につき監査し、監査の結果に関する報告を決定し、これを同項の代表者に送付し、かつ、公表するとともに、これを当該普通地方公共団体の議会及び長並びに関係のある教育委員会、選挙管理委員会、人事委員会若しくは公平委員会、公安委員会、労働委員会、農業委員会その他法律に基づく委員会又は委員に提出しなければならない。

> ④　前項の規定による監査の結果に関する報告の決定は、監査委員の合議によるものとする。
> ⑤　第74条第5項の規定は、第1項の選挙権を有する者及びその総数の50分の1の数について、同条第6項から第8項まで及び第74条の2から前条までの規定は第1項の規定による請求者の署名について準用する。

(1) 意義及び目的

　地方自治は住民自治の理念に基づき行政を行うことを本旨とすることはいうまでもないが、現実には行政の複雑性、専門性あるいは運用上の困難性等から、直接民主主義制度を採用することは不可能であり、代表制民主主義制度が採用されざるをえない。しかし、代表制民主主義制度は時に住民の意思と遊離し、代表者の恣意、専断を招くこともあり、その結果、種々の弊害、欠陥の生ずることも考えられる。かくて間接民主制のもとで、住民の直接的な意思により通常は選挙権の行使以上に出ない欠陥、弊害の是正、除去を図ろうとすることから直接請求制度が導入されたものである。直接請求制度とは要するに住民が直接自己の意思に基づき一定の行為をなし、法律上これに一定の効果を賦与する制度であるが、法第75条に規定される監査の請求権「事務監査請求」もこの直接請求制度の一類型として存するものである。

　直接請求監査に類似するものとして、法第242条に規定されている、いわゆる「住民監査請求」がある。いずれも監査委員の監査を請求するという点では類似しているが、両者は、その趣旨、目的を異にしている。すなわち、請求の対象となる事項も、広く地方公共団体の事務又はその機関の事務の全般についてさらにこの請求に選挙権を有する多数の住民の参加を要件としていることも住民参政を直接の目的としていることを示すものである。

　これに対し、住民監査請求は直接には住民の直接参政を目的とするということよりも、地方財政の運営における腐敗を防止することが目的であるから、その請求権は、選挙権の有無にかかわらず、一般に住民に与えられる反面、要求の対象は財務行為に限られ、裁判所の介入によってその効果を確実にし得るという差異がある。

(2) 請求の対象範囲

　監査請求の対象は、条文では「当該普通地方公共団体の事務」とされているが、要するに、その範囲は、①当該普通地方公共団体の事務、②当該普通地方公共団体の執行機関の権限に属する事務の二分野についてである。したがって、それはおよそ当該普通地方公共団体又はその機関において処理している一切の事務と解して差しつかえないと考えられる。

　事務監査請求権は条例の制定又は改廃の請求権並びに議会の解散又は議員、長等の解職の請求権とともに、主権者たる住民の基本的な直接参政の権利であるから、その及び得べき範囲も議会及び執行機関の担当処理する一切の事務に及び、その処理の公明適正を期せしめる保障とするの意にほかならないというべきである。

　ア　当該普通地方公共団体の事務の監査

　法律は、「当該普通地方公共団体の事務の執行」と規定しており、広く当該普通地方公共団体の事務の執行全般に及ぶものであることが明らかにされている。換言すればそれは、法第2条第2項の自治事務及び法定受託事務の全部にわたるのである。

　イ　当該普通地方公共団体の執行機関の権限に属する事務の監査

　当該普通地方公共団体自体の事務の管理及び執行に関する事項については、既に包括的に規定をしているのであるから平成11年改正前の法律が「当該普通地方公共団体の長及び教育委員会、選挙管理委員会、人事委員会若しくは公平委員会、公安委員会、地方労働委員会、農業委員会その他法令に基く委員会又は委員の権限に属する事務」と規定していたのは、これらの執行機関が管理、執行することとせられている法律又はこれに基づく法令の定めるところによる国、他の地方公共団体その他公共団体の事務いわゆる「機関委任事務」に関してであることは明らかである。その管理及び執行の如何が住民の生活に至大な影響を及ぼすものであるため、執行の実態を明らかならしめるため監査請求の対象として認められたものというべきである。なお、具体的には別表第3及び第4に列記する事務がすべて対象となる。

「その他法令又は条例に基く委員会又は委員」のうちには、独立の執行機関のみが含まれると解すべきで、審議会、調査会等の附属機関は含まれない。これらの機関は、管理及び執行を行うものではないからであるが、また、その担任事務については、その執行機関について監査することをもって足りる。現法令に基づく委員会又は委員のうちには、収用委員会、海区漁業調整委員会、内水面漁場管理委員会、固定資産評価審査委員会（地方税法423条）及び監査委員が挙げられるであろう（法180条の5）。

ウ　事務監査請求の範囲についての若干の注意事項

Ⅰ　監査は、関係事項の処理、執行の事実について調査しその当不当の判定を行うことであるから、単なる事実の公開、羅列に止まるごとき請求をその内容とする監査請求は許されないものと解する。したがって、単なる税額の公開請求等は、受理すべきでない（昭24・2・21行実）。また、その対象はある程度特定されていることを要し、かつ、又、ある程度具体的でなければならない。

Ⅱ　過年度の事務、事業についての監査請求があり、たとえそれが決算についての議会の認定を経たものであっても、原則として、改めて監査をしなければならないが、関係事項については、先に行った監査委員の監査の結果と同一であれば、その報告を送付し、かつ公表することは差しつかえないとされている（昭26・5・24行実）。

Ⅲ　事務監査請求書中の請求の要旨の記載事項に事実と相違する点があっても、これを補正させることはできない。このような場合は、監査の結果、事実を明らかにすれば足りる（昭34・4・17行実）からである。

Ⅳ　事務監査請求にかかる事件が裁判所に係属中であっても、この事件について監査の請求があったときは、監査委員は、独自の立場でこれを監査すべきである（昭29・4・21行実）。両者は、その目的、機能を異にしているからである。

(3)　請求の手続き

監査請求は、選挙権を有する者が、その総数の50分の1以上の者の連署をもって、その代表者から、監査委員に対して行う（法75条1項）。た

だし、道の方面公安委員会の権限に属する事務の執行に関する監査の請求は、当該方面公安委員会の管理する方面本部の管轄区域内において選挙権を有する者に限られている（警察法46条）。

　署名収集の手続きについては、請求代表者の証明、署名捺印を求める手続き、署名簿の審査等、すべて条例の制定改廃を請求する場合の手続きが準用されている（法75条5項、令99条）がその概略は次のとおりである。

　ア　請求代表者は、請求の要旨その他必要な事項を記載した監査請求書を添え、監査委員に対して、文書をもって請求代表者証明書の交付を申請する。監査委員は請求代表者証明書を交付したときは、その旨を告示する（令99条、91条）。

　イ　選挙権を有する者に対する署名捺印は、監査委員が請求代表者証明書を交付した旨の告示をした日から都道府県にあっては2ヶ月以内、市町村にあっては1ヶ月以内でなければ、これを求めることはできない（令99条、92条4項）。

　ウ　署名簿の審査、異議の申出等（法75条5項、74条の2、令99条参照）。

　エ　本請求書が提出されると、監査委員は、これを受理するかどうかを決定する。監査委員は、監査請求が所定の期間内に提出され、適法な様式を備えており、署名簿の数が法定数に達していると認めたときは、これを受理し、直ちにその旨を請求代表者に通知するとともに、代表者の住所氏名及び請求の要旨を告示し、かつ、公衆の見やすいその他の方法により公表しなければならない（法75条2項、令99条、98条1項）。

　オ　請求の相手方たる監査委員は、地方公共団体の機関としての監査委員であって、個々の監査委員何某に対して請求をなすべきものではない。したがって、監査委員の監査も特定の何某委員の監査として行うべきものではなく、監査委員全員によって処理されるべきものである（昭26・7・30行実）。

（4）監査の実施

　監査委員は、監査請求を受理したならば、直ちに、請求に係る事項について調査を行わなければならない（法75条3項）。

　監査を行うべき期限については、別段の制限はないが、なるべく速やか

に行うべきものであることはいうまでもない。ただし、かりに監査請求書に何日以内に監査をするよう期限が指定されていても、もとより拘束されるものではない（昭28・6・26行実）。また、請求代表者から監査に立ち合わせるよう要求があっても、これに応ずる必要はない（昭25・10・19行実）。監査の方法については、特別の規定はない。通常の監査と同様、監査計画を作成し、監査の目的を達するために必要な限度において、関係者から調書その他の資料を提出させ、関係者に説明を求め、あるいは現場の検証を行う等の方法をとる。

また、監査請求に基づく監査は、特定の監査委員の監査と解すべきものではないから、1人の監査委員が出張その他の事故がある場合に当該監査委員宛に請求がなされていても、その帰任回復を待たなければ監査をなし得ないというものではない（昭26・8・1行実）。もっとも、かかる場合には、請求書の補正をなさしめた上で受理すべきもの（令99条、97条2項）であろうし、そもそも当初の代表者証明書交付申請の際に、訂正させるべきものと考える（昭26・7・30行実）。なお、監査請求書中の請求の要旨の記載事項に事実と相違する点があるときには、これを補正させることはできない。このような場合は、監査の結果、事実を明らかにすれば足りる（昭34・4・17行実）ものである。監査請求に係る事件が裁判所に係属中であっても、この事件について監査の請求があったときは、監査委員は、独自の立場で監査をすべきことはいうまでもない（昭29・4・21行実）。合併前受理された監査請求については、合併後、監査委員がこれを引き続き監査を行うべきである（昭31・5・24行実）。

(5) 監査結果の措置

監査が終了したときは、監査委員は、監査の結果に関する報告を決定し、これを請求代表者に送付するとともに公表する。同時に、これを当該普通地方公共団体の議会及び長並びにそれぞれ監査の対象となつた関係執行機関に提出することとされている（法75条3項）。さらに政令において、都道府県にあっては総務大臣、市町村にあっては都道府県知事に報告することとされている（令99条、98条2項）。この場合いかなる機関の権限に属する事務監査であつても、議会と長とにその結果に関する報告を提出す

るものと解される。
　なお、監査結果の公表については、その実施した監査の内容大要を示し、その結果の法的ないし事実上の適不適について公表すれば足りるものとされている（昭28・7・1行実）。

(6) 監査の結果に対する訴訟
　住民の直接請求に基づく監査の場合は、法第242条の規定による住民監査請求に基づく監査の場合とは異なり、監査結果に対して訴訟はできないものと解される。なお、監査結果に関する報告の送付、公表、提出を求める訴え（判決による通知等をするように命ずる給付判決を求める訴え）は不適法であるとされている（昭28・5・4京都地裁）。

2　議会の請求に基づく監査

（検査及び監査の請求）
第98条　（①　略）
②　議会は、監査委員に対し、当該普通地方公共団体の事務（自治事務にあつては労働委員会及び収用委員会の権限に属する事務で政令で定めるものを除き、法定受託事務にあつては国の安全を害するおそれがあることその他の事由により本項の監査の対象とすることが適当でないものとして政令で定めるものを除く。）に関する監査を求め、監査の結果に関する報告を請求することができる。この場合における監査の実施については、第199条第2項後段の規定を準用する。

---

(1) 意義及び目的
　普通地方公共団体の議会は、当該普通地方公共団体の事務及び執行機関の権限に属する事務（政令で定めるものを除く。）に関する書類及び計算書を検閲し、又は執行機関の報告を請求してこれらの事務の管理、議決の執行及び出納を検査することができる。
　しかしながら、議会の検査権は、書類等を検閲し又は普通地方公共団体の長その他執行機関から報告を徴する等書面により行うべきものであっ

て、実地について事務の検査をすることは許されないと解されている。実地検査の必要があるときには、監査委員に対して事務監査を請求して行うことになる。

　このように、議会が、監査委員に対し、当該普通地方公共団体の事務及び執行機関の権限に属する事務（政令で定めるものを除く。）に関する監査を求め、監査の結果に関する報告を請求することができるとされているのは、議会の書面検査を監査委員の実地監査によって補足するとともに、議会活動の円滑な運営と公共団体の事務の公正な執行を期したものである。

(2) 監査の対象範囲

　議会の請求監査の対象となる事務は、法第98条第2項で前述のように規定されている。平成3年の法改正前は機関委任事務については、議会の検査権や監査請求権は及ばないものとされていたが、国等から地方公共団体の執行機関に委任された事務とはいえ、その事務処理如何は地域住民の利害に密接に関連し、その管理・執行は地方公共団体の組織、人員により、地方公共団体の支弁する経費をもって行われるものであることから、地方公共団体が民意を反映しつつその適正な執行を確保していくことができるよう、平成3年に議会の権限の拡充が図られたものである。

　しかしながら、機関委任事務については、事務の性質上、議会の検査及び監査の請求の対象としないことが適当であるものも存するため、①当該検査（監査）に際して開示することにより国の安全を害するおそれがある事項に関する事務（当該国の安全を害するおそれがある部分に限る。）、②当該検査（監査）に際して開示することにより個人の秘密を害することとなる事項に関する事務（当該個人の秘密を害することとなる部分に限る。）及び③労働組合法の規定による労働争議のあっせん、調停及び仲裁その他労働委員会の権限に属する事務並びに土地収用法の規定による収用に関する裁決その他収用委員会の権限に属する事務について、政令でその対象から除外されている（令121条の3）。

　また、議会の検査権及び監査請求権は、令第121条の3に定める事務以外のすべての事務に及ぶものであるが、機関委任事務を定めた個別法の規

定に基づいて執行機関が資料等の内容の開示を拒みうる場合もあり得ること、及び国の機関委任事務についての議会の検査及び監査請求は、法令及び事務自体の政策的当否や主務大臣の指揮監督の内容の当否について行うものではないことに留意する必要がある。

議会の監査請求と法第199条第6項の規定の普通地方公共団体の長の監査要求とは、表裏をなすものであると解されている。

普通地方公共団体が補助金、交付金、貸付金、損失補償、利子補給その他の財政的援助を与えることは、法第98条第2項の地方公共団体の事務に該当するから、財政援助を受けているものの出納その他の事務で当該財政援助に係るものを監査請求することができると解される。

なおこの場合、当該財政援助等が、所期の目的に沿って使用されているか否かを明らかにすることは当該普通地方公共団体の事務に関する監査と解されるので、この限りにおいて、議会が財政援助団体の出納その他の事務の監査を請求することができるのである。したがって、議会が、普通地方公共団体の事務を離れて、財政援助団体の事務そのものの監査を請求することはできない（昭27・7・22行実）。

(3) 監査の実施

議会の要求に基づく監査であっても、監査委員独自の権限により監査を行うことになる。したがって、ここで行われる監査についても他の監査と異なるところがない。

(4) 監査結果の措置

議会の要求に基づき監査を行った結果については、監査の結果に関する報告を議会に提出しなければならないが、文書をもって議長に行うことになる。また、監査の結果に関する報告については、議会に提出するほか、特に規定されてはいないが、法第199条第9項の規定に基づき、提出し、かつ、公表するのが妥当である。

3　請願の措置としての監査

> （採択請願の処置）
> 第125条　普通地方公共団体の議会は、その採択した請願で当該普通地方公共団体の長、教育委員会、選挙管理委員会、人事委員会若しくは公平委員会、公安委員会、労働委員会、農業委員会又は監査委員その他法律に基づく委員会又は委員において措置することが適当と認めるものは、これらの者にこれを送付し、かつ、その請願の処理の経過及び結果の報告を請求することができる。

　議会から、議会の採択した請願の送付を受けた場合、監査委員は誠意をもってその処理に当たらなければならないことはいうまでもないが、必ずそのとおりの措置をしなければならないというものではなく、慎重検討の上当該請願の趣旨に沿い難いというものについては、その理由を付して議会に報告することが適当であろう。

　なお、監査の対象範囲は、請願内容のうち監査委員において監査することにより措置することが適当と認められるものである。

4　定期監査

> （職務権限）
> 第199条　監査委員は、普通地方公共団体の財務に関する事務の執行及び普通地方公共団体の経営に係る事業の管理を監査する。
> ②　略
> ③　監査委員は、第1項又は前項の規定による監査をするに当たつては、当該普通地方公共団体の財務に関する事務の執行及び当該普通地方公共団体の経営に係る事業の管理又は同項に規定する事務の執行が第2条第14項及び第15項の規定の趣旨にのつとつてなされているかどうかに、特に、意を用いなければならない。
> ④　監査委員は、毎会計年度少くとも一回以上期日を定めて第1項の規定

による監査をしなければならない。
(⑤～⑦　略)
⑧　監査委員は、監査のため必要があると認めるときは、関係人の出頭を求め、若しくは関係人について調査し、若しくは関係人に対し帳簿、書類その他の記録の提出を求め、又は学識経験を有する者等から意見を聴くことができる。
⑨　監査委員は、監査の結果に関する報告を決定し、これを普通地方公共団体の議会及び長並びに関係のある教育委員会、選挙管理委員会、人事委員会若しくは公平委員会、公安委員会、労働委員会、農業委員会その他法律に基づく委員会又は委員に提出し、かつ、これを公表しなければならない。
⑩　監査委員は、監査の結果に基づいて必要があると認めるときは、当該普通地方公共団体の組織及び運営の合理化に資するため、前項の規定による監査の結果に関する報告に添えて意見を提出することができる。
⑪　第9項の規定による監査の結果に関する報告の決定又は前項の規定による意見の決定は、監査委員の合議によるものとする。
⑫　監査委員から監査の結果に関する報告の提出があつた場合において、当該監査の結果に関する報告の提出を受けた普通地方公共団体の議会、長、教育委員会、選挙管理委員会、人事委員会若しくは公平委員会、公安委員会、労働委員会、農業委員会その他法律に基づく委員会又は委員は、当該監査の結果に基づき、又は当該監査の結果を参考として措置を講じたときは、その旨を監査委員に通知するものとする。この場合においては、監査委員は、当該通知に係る事項を公表しなければならない。

(1)　意義及び目的

　監査委員は、法第199条第1項の規定に基づき、普通地方公共団体の財務に関する事務の執行及び経営に係る事業の管理につき監査する。本規定による監査は、監査委員の基本的な職務権限であって、この監査は、さらに「定期監査」と「随時監査」に区分されている。
　定期監査は、毎会計年度少なくとも一回以上期日を定めて行われるものであって、監査委員の職務のうち最も代表的なものであるといえよう。
　定期監査の実施に当たっては、当該普通地方公共団体の財務に関する事

務の執行及び経営に係る事業の管理が、住民の福祉の増進に努めるとともに最少経費による最大効果が図られているか、団体の組織、運営の合理化と規模の適正化が図られているかに、特に留意しなければならないとされている（法199条3項）。したがって、監査の結果については、客観的で公正な評価に基づき、住民の立場に立った行政運営の指導に重点を置くものでなければならない。監査の過程においては、非違をただし不正を摘発する必要が生じてくることはあろうが、これらは第二義的な問題であって、監査の本来の目的は、地方公共団体の行政運営及び財政運営が公正で合理的かつ効率的に行われることを確保することに寄与するものでなければならない。

(2) 対象範囲

　定期監査として監査委員が監査することができる対象範囲は、「当該普通地方公共団体の財務に関する事務の執行」及び「当該普通地方公共団体の経営に係る事業の管理」である（法199条1項）。改正前の規定では、「出納その他の事務の執行」という表現になっていたが、監査対象の明確化を図る見地から昭和38年の改正により、このように改められたものである。

　ア　「財務に関する事務の執行」については、昭和38年の行政課長通知によると、「予算の執行、収入、支出、契約、現金及び有価証券の出納保管、財産管理等の事務の執行を包含するものである。」とされている。すなわち法第2編第9章中に規定されている財務に関する事務をすべて対象とするが、執行以前の予算の編成事務、予算の議会における審議等は含まないことは当然であろう。

　このように定期監査の対象が「財務に関する事務の執行」に限定されているため、当該事務自体が効率的に行われているかどうかという観点からする、いわゆる「行政監査又は能率監査」は許されないものと解されている（昭25・12・8行実）。この点に関しては、直接請求に基づく監査（法75条1項）、議会の請求に基づく監査（法98条2項）及び一般行政事務の監査（法199条2項）はその対象が当該地方公共団体の事務のすべて（直接請求に基づく監査以外は、自治事務及び法定受託事務のうち政令で定め

るものを除く。）に及ぶものであって、定期監査と大きな差異がある。

　しかしながら当該事務が、財務の事務の執行そのものでなくても、財務の事務執行に関連するものであれば、その限りにおいて監査できるものと解すべきものである。このことは、「職員の出勤状況の監査」（昭28・4・13行実）、「職員の特別昇給に対する監査の範囲」（昭43・11・7行実）において、それが各々出納又は人件費の予算の執行に関するものである限り可能であるとされていることからもうかがわれるところである。さらに、条例又は規則についても、条例又は規則そのものの監査は否定されている（昭26・9・21行実）。もっとも、監査の結果、法第199条第10項の規定により、当該普通地方公共団体の組織及び運営の合理化に資するため条例の改廃について意見を提出することができることはいうまでもない（昭27・12・25行実）。

　以上、法第199条第1項の規定にいう「財務に関する事務の執行」の解釈・内容について行政監査との関係を中心に具体的に説明してきたが、これを要約すれば、監査対象として長の行政施策の在り方を直接的に論ずることはできないが、それが財務の事務に関連するものであれば監査の対象となると解すべきものであるということになる。もっとも、これをもって、すべての事務を財務の事務に関連せしめて結果的に行政監査を行うごときは、監査権の範囲からの逸脱であるといわざるを得ないが、このような必要があると認めるときは、同条第2項の規定に基づき、一般行政事務の監査（いわゆる行政監査）を行うこととすべきである。

　また、監査は、すでに執行されたものにつき、その合法性又は妥当性を監査することを本質としているから、事業の実施計画の策定に関与し又は収支命令発出の際にこれを審査する等のいわゆる事前監査は、法の予想しているところではない。条例又は規則そのものを監査の対象とすることはできないとするのも、同様の理由による。

　イ　「経営に係る事業の管理」とは、広く当該業務の運営全般を指すとするのが通説である。したがって、当該普通地方公共団体の経営に係る事業の管理であれば、単にその財務に関する事務ばかりでなく、当該業務が合理的かつ能率的に経営されているかどうかという観点から監査を行うこ

ともももちろんできるものと解すべきことになろう。ここでいう「事業」とは、平成11年法改正前の法第2条第3項第3号に例示する企業、あるいは地公企法第2条第1項又は第2項にいう企業よりも範囲は広く、森林、牧野、市場の経営等の収益事業を行うということも包含されるが、授産施設、養老施設の経営等の収益性の加わらないものは含まれないとするのが通説である。「収益性」の有無に関しては、論議の存するところであり、収益事業として改正前の法第2条第3項第3号に列挙されているが、「収益性」の定義について明確に統一されたものはない。現実に利益が発生しているものをいうのか、収支相償うものも含むのか等、あるいはその目的が収益の発生する可能性を有する程度のことを前提としていれば足りるのか等、いくつかのケースが想定されるが、どの見解をとるかによって、監査運営上もおのずから影響を受けることとなろう。授産施設、養老施設等の経営の場合は別として、今日の監査機能の果たす役割から考えて、公共性あるいは福祉性の極めて強度のものを除き、これをおおむね「収益性のある」事業と解し監査の対象に含ませるべきであろう。

　ウ　定期監査の対象は、当該普通地方公共団体の事務にかかるものに限られるため、平成11年法改正前のいわゆる機関委任事務は監査の対象となり得ないとされていたが、いわゆる機関委任事業の処理に要する経費は、原則として当該普通地方公共団体の歳入歳出予算に編入され、会計が行われるものであるから、当該予算の執行にかかる会計事務に関連するものである限り、それは当該普通地方公共団体の事務であり、これについて監査はなし得るものである（昭24・1・10行実）。

　従前の機関委任事務に関してと同様に、一部事務組合の処理する事務についても、当該事務はもはや組合を構成する地方公共団体の事務でないから、当然には、構成地方公共団体の監査委員が監査することができないことはいうまでもない（昭27・6・10行実）。ただし、組合規約に特別の定めをすれば、構成地方公共団体の監査委員を組合の監査委員に充てることも、これらの監査委員が組合の事務について監査するものとすることもできるとされている（昭30・4・11行実）。

　また、特定の事務を他の普通地方公共団体又はその機関に委任をし、又

は法第252条の14の規定により委託をしたような場合においては、当該事務はもはや当該普通地方公共団体の事務ではないから、監査の対象とならないことは当然である。たとえ、当該普通地方公共団体の職員が役員となり事務を執行する旨規定されている事務であっても、当該普通地方公共団体の事務とされていない限りは監査の対象とはならない。たとえば、地方職員共済組合〔現行は地方公務員等共済組合〕に関する事務のごときものである（昭27・4・10行実）。P・T・Aなどについても同様であるが、当該団体が、法第199条第7項の財政援助団体に該当する場合は、同項の規定による監査をすることができる。

　財産区の財産の管理状況については、その財産区所在の市町村の監査委員が監査を行う（昭27・11・4行実）。町村合併の結果、数多くの財産区が設置され、財産区については別に都道府県知事に監査権が附与されている（法296条の6第1項）が、当該普通地方公共団体の監査委員が監査をする場合においては、財産区運営の基本原則である財産区住民の福祉の増進と財産区所在の市町村の一体性の確保（法296条の5第1項）とに特に留意すべきものである。

　エ　当該普通地方公共団体の事務に関しては、①議会の事務部局についても、財務に関する事務は監査することができることはいうまでもない。②警察事務に関しては、実際上法律に拘束されている部分が多く、監査の対象となる余地は少ないと思われる（昭24・1・10行実）が、財産運営の財政的見地から監査は当然になし得るところである。たとえば、犯罪捜査事務自体についてその適否を監査することはできないが、捜査費用の使途、経理手続等は監査の対象となる。③教育委員会、選挙管理委員会、農業委員会等の職務権限とされている事項についても、財務運営の見地から監査権限を行使することができることはいうまでもない。これらの機関の権限に属する国の事務の管理執行については、管理執行に要する経費が当該普通地方公共団体の予算から支出されている場合には、出納に関連する限り、監査することができることはすでに述べたとおりである。法第252条の2の規定に基づく協議会の事務は、各関係普通地方公共団体の事務であるから、各関係普通地方公共団体の監査委員はこれを監査することができる。

法第252条の7の規定に基づき共同設置された機関又は職員は、各関係普通地方公共団体の共通の機関又は職員であるが、これらにかかる通常の監査については、規約で定める関係普通地方公共団体の監査委員のみが監査するとする特例がある（法252条の11第4項）。④県と市が共同して博覧会を開催する等2以上の普通地方公共団体が共同して事業を行うような場合においては、各々の地方公共団体が独自に監査機能を行使し得ることはいうまでもなく、また、各普通地方公共団体の監査委員が事実上合同して監査することも妨げない。しかし、それは事実上の問題にすぎないから、監査結果の報告や公表は、各地方公共団体の監査委員が独自で行うことはもちろんである（昭28・5・28行実）。

オ　監査対象に関して「年度範囲」の問題がある。現在、普通地方公共団体においては一監査箇所について一会計年度内に1回ないし2回の出納監査を実施しているが、前年度の事務事業を現年度に監査することがある。この際、現金、有価証券または物品の保管状況等現年度の監査時点に実査する以外に方法がないものについて、これを前年度の事務に関する監査の復命事項として報告することが可能かということである。監査時点における保管事務は、現年度の事務であり、前年度の事務に関する監査を発動しているからには、これを復命し、報告するには、現年度の事務に関する監査を発動してからでなければならないとする意見が支配的のようである。であるからといって、調査し、不正や過誤を発見した場合にこれを放置することは、監査職務上容認されるべきではないであろう。そこでその救済策が必要であるが、二つの方法が考えられる。

第1は、現年度の監査結果ではあっても、これを前年度末の時点に遡及して推定した形とすることである。第1の見解にあっては前年度の事務上のミス等によるものか、現年度の事務上のミス等によるものか、その原因が時期的には不明であっても、住民に事実を証明し、その原因を追及する姿勢こそ監査職分として第一義的なものであるとする立場である。ただし、これには現年度になってからの事務上のミス等に起因したものであるということが明白であっては、論理的には反論を生むおそれがある。第2は、随時監査を発動することである。第2の見解では、現年度の監査の場合で

あっても監査執行上支障はなくなる。現金、物品以外にも、批判すべきことは即時に復命できるような弾力的な運営は担保されていなければならない。

(3) 監査の方法

定期監査は、あらかじめ期日を定めて行うものであるが、その方法は、書面監査、実地監査のいずれを問わない。

監査実施上、監査委員は、法第199条第8項の規定により、必要あると認めるときは、関係人の出頭を求め、若しくは関係人について調査し、又は関係人に対し帳簿、書類その他の記録の提出を求めることができる。

監査委員の権能を強化するため、昭和31年の改正によって加えられた規定である。①「関係人」とは、必ずしも当該普通地方公共団体の住民に限らないものとされている。②監査委員から出頭を求められ、あるいは記録等の提出を求められた場合、関係人はこれに応ずる法律上の義務があることは当然であるが、応じない場合においてこれを強制することはできない（昭31・10・3行実）。法第100条に定める議会の調査権とはその点において異なる。

監査委員は、独任制の執行機関であるから、その職務権限の行使が、合議制の下に行われることを法は要求していない。したがって、知識経験者たる監査委員が任命されていなくても、議員である委員のみで監査事務を行えることはいうまでもない（昭26・10・10行実）が、監査の結果に関する報告の決定は、監査委員の定数が2人以上である場合においては、その合議によるものとされている（法199条11項）。

監査の実施に当たっては、通常次のような手続きが必要と思われる。

ア　年度計画

まず年度あるいは年間の監査基本方針を樹立することである。これは、他の監査、審査、検査等を時期的に適正に配分し、監査の効果的な執行を確保しようとする期間計画も含むものであるが、さらに特定の事務事業あるいは監査手続を取り上げて、監査の重点を置こうという姿勢を示すことに意義がある。今日の行政は、時勢に敏感な反応が、また社会的にも要請

されているところである。そうであるとすれば、行政の執行機関についての監査も、時機をとらえた的確なものでなければならないであろう。たとえば、不正が続発するならば、住民の負託に応えるためにも、これが防止に努めるための監査を実施するのが当然と考えられるであろう。現在の膨大化した行政の量と複雑化した行政の質に対処するには、各地方公共団体の現監査体制は、十分に整備されているといえない面もあるが、こうした現況に対応して監査を漫然と実施することを防ぐ意味からも、事前に監査計画を樹立し焦点をある程度絞ることが肝要であることは疑いないであろう。

イ　個別計画

Ⅰ　基本方針の策定のみならず、個々具体的な監査についても個別的な実施計画を作成することは、監査の充実を期す上で一考する価値があるものと考えられる。

Ⅱ　次に、監査日程表を含む監査実施通知については、「定例監査の期日は、条例で一定しておくのが適当である」とする行政実例（昭23・9・29）もあるので、条例で規定している団体はともかく、他の団体については、この実例の趣旨からして通知を行う必要があろう。さらに、法第199条第5項の「随時監査」と区分し、また、監査する相手方の協力を得て円滑な執行を確保するためからも通知は望ましいものといってよいであろう。

Ⅲ　実施する個所の選定については、常に完全実施が好ましいことであるが、今日ほど組織の膨大化する時期に、これのみに留意することが果たして効果的な監査といいうるかは疑問がある。実施する個所の事務事業の適時制、重要性、危険性等を十分斟酌した上で決定すべきであって、単に順番性のみを基礎とした選定は、かえって監査効果を減殺する場合も生じることにもなりかねない。もちろん、実施率の向上を看過してもよいということではないが、前述の方向で努めることによってより大きな効果を期待しようとするものである。そのためにある程度の実施基準、たとえば、実施予定回数（回／年）について、財政規模や事務事業量等からする段階を設定することも一つの方法であろう。

ウ　監査実施基準

　監査を実際に着手する際に、監査基準あるいは監査手続の作成、整備は、今後の監査の大きな課題ともなるものである。一般的ないし画一的な監査手続を一律に規定することにより監査の実効性が期待されるか否かについては、異論の生ずるところであるが、少なくともその基準を設定することは、監査を円滑で充実したものにすることを可能にするという意味で意義深いことといわざるをえないであろう。監査委員制度60年の経験則からしても、これまでの集積から分析を重ねれば、各団体に照応した基準の作成も可能であると考えられる。人事も流動的でしかも非専門的な現監査体制であって、従来のともすれば前近代的な職人的監査を今後において継続していくことは至難であり、今やその脱皮をせまられている時でもあると思われる。なお、本項に関しては、監査計画及び監査基準の項を参照されたい。

エ　実地監査

Ⅰ　実地監査を実施するための事前準備として、監査実施手続書の作成、監査参考資料の収集、具体的な監査日程表の作成、班編成等を行う必要がある。これらの事前準備は、最小限必要と思われるものについて実施すべきであろう。

Ⅱ　実地監査は、監査実施手続書に基づいて行うことが適当である。その際、基本的態度として公正な見地に立脚して個々の事実を究明することにより監査結論を導くことが要請される。

Ⅲ　実地監査実施については、①監査委員が実査を行う、②補助職員が予備的監査を行い、監査委員が本監査を行う、③補助職員が実査を行い、監査委員は監査結果を判断する、の3方法が考えられるが、①ないし②によっている団体が多いと思われる。監査結果は、復命あるいは講評となるのが一般的である。

(4)　**監査委員のとるべき措置**

ア　監査の結果に関する報告及び公表

Ⅰ　監査委員は、法第199条第9項の規定により、監査の結果に関する報

告を決定し、これを普通地方公共団体の議会及び長並びに関係のある行政委員会等に提出し、かつ、これを公表しなければならない。ここに議会とは、機関のことであり、会議を意味するものではなく、したがって、「議会に報告」とは、議会の代表者たる議長に監査結果を文書で提出することをいう。議会の要求があれば、議会の会議において、監査委員が口頭で報告することは差しつかえない（昭25・5・16行実）。

Ⅱ　報告の形式は、別に定められていないので、提出議案のような形式すなわち議会報告第何号何々として目録に記載して同目録とともに提出する必要はなく、議会開会前、議会事務局を通じて議長に報告書一通を提出すれば、議会に監査の結果に関する報告を提出したことになる（昭27・6・10行実）。一般的には、報告は財務監査報告書として、是正あるいは注意を要する事項を対象となる部課名等を明らかにして列記する形式がとられている。

　さらに留意すべき事項として、監査の実効性を確保する姿勢についてふれておく。指摘事項は、相手部局において検討、改善されるべきであり、監査委員としても、その結果について放置されてよいものではないであろう。こうした趣旨を確立することは監査委員制度存立の基盤を強化し、監査の実効性を確保するものにほかならない。そのために、①指摘に当たって、現象面にとらわれず、問題の本質を究明する態度で行う、②不経済額の算定について、不当とする事実の程度を明確にする、③指摘の事後処理として、それに対する措置てん末を徴し、未改善のものについて、その原因を追及する等各種の手段を講ずる必要があるであろう。その他、報告や公表の内容に具体性を持たせ、住民の代弁者として住民に対し実態を明らかにし、その批判を喚起することも考えられてよいことと思われる。

Ⅲ　次に、公表についてであるが、監査委員は、あくまで住民を代表して行政を看視するという職責機能を十分自覚すべきである。公表は、監査の結果に関する報告と同様、公正で的確な判断をもとにしたものでなければならず、また住民に周知徹底を図るために明解で具体性を持たせるべきであろう。また公表時期についても時宜を失したものであってはならず、迅速に処理することが望まれる。ただ、監査結果の公表は、早く

とも所定機関に対する監査の結果に関する報告の提出と同時になすべきものと解するとする行政実例（昭32・4・17）があり、提出と同時あるいは提出後速やかに公表すべきである。公表は、公報等に登載して行うべきである。

なお、監査委員は独任性の執行機関とされているが、法第199条第11項においては、「第9項の規定による監査の結果に関する報告の決定又は前項の規定による意見の決定は、監査委員の定数が2人以上である場合においては、その合議によるものとする。」と規定され、監査の結果に関する報告は、監査委員が合議により決定し、これを地方公共団体の議会及び長等に提出し、かつ、これを公表しなければならないこととされている。従前、監査委員の合議に関しては、住民監査請求に基づく監査及び勧告の決定（法242条8項）並びに職員の賠償責任の有無、賠償額の決定及びその免除に関する意見の決定（法243条の2第5項）についてだけ必要とされていたが、監査の慎重な実施を期するとともに、監査の社会的信頼を確保するため、平成3年の法改正でその拡大が図られたものである（法75条3項・4項、199条9項・11項、233条4項、241条6項）。

イ　意見の提出

監査委員は、法第199条第10項の規定により、監査の結果に基づいて必要あると認めるときは、当該普通地方公共団体の組織及び運営の合理化に資するため、監査の結果に関する報告に添えて意見を提出することができる。この意見は、必ずしも監査対象内に限られるべきものではないことに留意する必要がある。明らかに監査対象の範囲外にある事務について資料を必要とするときは、監査機能に内在している調査機能を発揮するものというべきであろう（昭27・8行実）。したがって、実情に即さない条例の改正又は廃止の意見を提出することも差しつかえないわけである（昭27・12・25行実）。

ただし、意見の提出範囲が、地方公共団体の組織及び運営の合理化に及ぶことをもってただちに監査範囲の拡大であると解釈することはできない。前述のごとく条例に対する監査の実施も、出納その他財政的見地から

行うことは可能であるが、条例自体に関し監査権は及ばないのである。

　意見は提出のみで公表の必要はない。また、この意見は、監査の結果に関する報告に必然的に加味されてきた組織運営に関する意見と区分されるものであり、監査の結果に関する報告に添えて提出するものである（昭27・10・6行実）とされている。たしかに、法第199条第9項の規定に基づく監査の結果に関する報告に必然的に含まれる意見は、監査の対象の範囲内に限られるものであり、組織及び運営の合理化に資するための意見は、必ずしも監査の対象の範囲内に限られるものではなく、監査の対象の範囲外にある事項についても提出しうるのであるが、前述「(2) 対象範囲」の項で述べたように、必ずしも実質的に両者は明確に区分しえない場合もあるので当初から監査委員が必要のある場合に調査権等に基づき意見を表明する場合を除き、公表の際に取扱いを異にする意図がない限り、特に区分して提出する必要はなく、報告内容に盛り込み、添付という形式をとらずともよいように思えるのである。

　本条第3項及び第10項は、昭和27年の改正により追加されたものである。これらの規定が新たに追加されたのではあるが、監査対象が拡張されたものとは解されない。直接の監査対象は本条第1項に明らかのように、財務に関する事務の執行及び事業の管理であり、監査をするに当たって、当該事務の執行が「最少の経費で最大の効果を発揮すべき原則」及び「組織及び運営を合理化すべき原則」に則ってなされているかどうかに配慮し、また、監査結果に基づいて必要な意見を提出することができることとされたことにより、財政的見地からする監査を通じて効率的な行政の水準を維持し、これを高めることに配意し、又はこれに関する見解を明らかにすることが監査委員の職責とされ、監査機能は、質的に深みを増したものと考えてよい。たとえば時間外勤務手当予算を各部課に平均的に配当しこれを支給している結果、常に多忙な部課においては、職員に時間外勤務命令を発していながら時間外手当を支給せず、他方、現実に時間外勤務をせずして時間外勤務手当を支給している部課があるという事実を発見したならば、監査委員はこれに関して監査を行うと同時に、職員の適正かつ合理的な配置に配意し、部課の組織替えについて意見書を提出するということになろう。

5　随時監査

> （職務権限）
> 第199条　監査委員は、普通地方公共団体の財務に関する事務の執行及び普通地方公共団体の経営に係る事業の管理を監査する。
> （②～④　略）
> ⑤　監査委員は、前項に定める場合のほか、必要があると認めるときは、いつでも第1項の規定による監査をすることができる。
> （⑥～⑫　略）

(1)　意義及び目的

　監査委員は法第199条第5項の規定により当該普通地方公共団体の財務に関する事務の執行及び経営に係る事業の管理について、必要があると認めるときは、いつでも監査をすることができるとされている。

　この監査は通常「随時監査」と呼ばれており、法第199条第4項の規定による「定期監査」と同一の法的根拠に立つものであって、監査の対象範囲も定期監査の場合と同様である。

　ただ、随時監査は、定期監査のごとく年間計画に基づき定期的に行うものでない点においてのみ異なるのであって、定期監査を補完する機能を担うものといえよう。

(2)　監査の方法

　随時監査は、監査委員の「必要性」の判断により、随時（適時）に実施されるものである。監査の必要性の判断は、監査委員の自由裁量に委ねられているとされているが、監査実施の決定は、その職責を自覚した公正な判断に基づくものであることが要請され、恣意的に行われてはならないことはいうまでもない。

　監査の必要性は、個々具体的事例に即して決定されるべきものであり、一般的な基準化を図ることは困難であるが、以下随時監査の実施が必要とされる場合の主要な条件について例示する。

ア　不正防止の見地から抜打ち的な監査を行う場合

　従前の「臨時出納検査」に類似した監査で、期日を定め、現金ないし特定の物品等に監査対象を限定して行うものである。長に対しては、事前に監査通知を行うが、その際実地監査する個所については通知せず抜打ち的に行う。この場合の監査は、それ自体、一定の効果は認められようが、いわゆる「指導監査」の立場からは、むしろ、慎重な運用を行うことが妥当であろう。

　イ　定期監査等の結果さらに監査をする必要があると認められる場合

　実地監査の結果、当該事業所等に不正ないし重大な誤謬が存し、かつ、その全体を調査するためには相当の日数を要する場合、追加補完して監査を実施する場合がある。

　ウ　随時的に行うことがより効果的な監査を期待できる場合

　たとえば、試行中の工事に関し監査を行う場合が該当する。工事監査については、工事完成後は破壊検査によらなければ十分な監査の効果を期待できないことに着目したもので、このような場合効果的であるといえよう。

　エ　投書等により監査する必要があると認められる場合

　投書の信憑性を事前に調査したうえ、必要と認められる場合に行うものである。

　オ　不正事件に関連して、監査をすることが必要と認められる場合

　カ　その他

　法第242条の住民監査請求に関連して、監査委員が特に必要と認めた場合等が考えられる。

(3)　監査手続等

　随時監査の監査手続や監査の結果に関する報告、公表等は定期監査の場合と同様であるので当該項目を参照すること。

6　行政監査

(職務権限)

第199条　(①　略)

②　監査委員は、前項に定めるもののほか、必要があると認めるときは、普通地方公共団体の事務（自治事務にあつては労働委員会及び収用委員会の権限に属する事務で政令で定めるものを除き、法廷受託事務にあつては国の安全を害するおそれがあることその他の事由により監査委員の監査の対象とすることが適当でないものとして政令で定めるものを除く。）の執行について監査をすることができる。この場合において、当該監査の実施に関し必要な事項は、政令で定める。

③　監査委員は、第1項又は前項の規定による監査をするに当たつては、当該普通地方公共団体の財務に関する事務の執行及び当該普通地方公共団体の経営に係る事業の管理又は同項に規定する事務の執行が第2条第14項及び第15項の規定の趣旨にのつとつてなされているかどうかに、特に、意を用いなければならない。

(④〜⑦　略)

⑧　監査委員は、監査のため必要があると認めるときは、関係人の出頭を求め、若しくは関係人について調査し、若しくは関係人に対し帳簿、書類その他の記録の提出を求め、又は学識経験を有する者等から意見を聴くことができる。

⑨　監査委員は、監査の結果に関する報告を決定し、これを普通地方公共団体の議会及び長並びに関係のある教育委員会、選挙管理委員会、人事委員会若しくは公平委員会、公安委員会、労働委員会、農業委員会その他法律に基づく委員会又は委員に提出し、かつ、これを公表しなければならない。

⑩　監査委員は、監査の結果に基づいて必要があると認めるときは、当該普通地方公共団体の組織及び運営の合理化に資するため、前項の規定による監査の結果に関する報告に添えてその意見を提出することができる。

⑪　第9項の規定による監査の結果に関する報告の決定又は前項の規定による意見の決定は、監査委員の合議によるものとする。

(⑫　略)

(1) 意義及び目的

監査委員は、必要があると認めるときは、普通地方公共団体の事務又は普通地方公共団体の長、委員会若しくは委員の権限に属する事務（令第140条の5で定めるものを除く。）の執行について監査をすることができる（法199条2項）。

従前、監査委員の行う一般監査は、法第199条第1項に規定するいわゆる財務監査に限られていたのであるが、平成3年の法改正により、同条第2項が追加され、当該普通地方公共団体の事務又は当該普通地方公共団体の長等の執行機関の権限に属する事務の執行、すなわち、平成11年法改正前の機関委任事務を含め一般行政事務についても監査（いわゆる「行政監査」という。）を行うことができることとされ、一般監査の範囲が拡大された。これは、近年、公正で能率的な行政の確保に対する住民の関心が一段と高まってきており、これに応えて監査委員による監査機能の充実強化を図るためには、財務監査に加え、組織、人員、事務処理方法その他行政運営全般についても必要に応じ監査を行う必要があること、及び機関委任事務の処理は、地方公共団体ないしは住民の利害に重大な関係があり、団体事務と同様にその事務処理の適正を確保する必要があるため、監査委員をしてこれを監査させることが適当であることなどの理由により監査委員の監査対象の拡大が図られたものである。

行政監査の実施に当たっては、当該普通地方公共団体の事務又は当該普通地方公共団体の長等の執行機関の権限に属する事務の執行が、法第2条第14項及び第15項の規定の趣旨に則って行われているか、すなわち、当該事務の処理に当たっては、住民の福祉の増進に努めるとともに、最小の経費で最大の効果を挙げるようにしているか、常に地方公共団体の組織及び運営の合理化に努めるとともに、その規模の適正化を図っているかに、特に留意しなければならないとされている（法199条3項）ほか、「事務の執行が法令の定めるところに従つて適正に行われているかどうかについて、適時に監査を行わなければならない。」とされ（法199条2項後段、令140条の6）、事務の執行が、法律及び政省令のほか、訓令、通達等（当該地方公共団体の条例、規則等も含む。）に従って適正に行われているかどうかについても監査しなければならないこと、及び監査の時期は時宜を

得ており、しかもその監査を受ける事務の執行にも支障を生じないよう配慮することなど、最も適切な時期に行うことが求められている。従って、監査の執行は、不正又は非違の摘発を旨とする点にあるのではなく、行政の適法性又は妥当性の保障にあるというべきものであり、いかにすれば、公正で合理的かつ効率的な地方公共団体の行政を確保することができるかということに最大の関心を払い、ときには監査の過程において、非違をただし、不正を摘発する必要が生じる場合もあると思われるが、それらは、いわば監査の副次的な目的であり、本来的には、行政運営の指導に重点を置いて行われるべきものである。

行政監査は、監査委員が「必要があると認めるとき」に実施するものであるが、「行政監査」とは、一般行政事務そのもの、すなわち部課等の組織、職員の配置、事務処理の手続き、行政の運営等につき、その適正及び効率性・能率性の確保等の観点から行う監査である。

(2) 対象範囲

行政監査として監査委員が監査することのできる対象範囲は、「普通地方公共団体の事務の執行」である（法199条2項前段）。

自治事務にあっては地方労働委員会及び収用委員会の権限に属する事務で政令で定めるものを除き、法定受託事務にあっては国の安全を害するおそれがあることその他の事由により監査委員の監査の対象とすることが適当でないものとして政令で定めるものを除き監査の対象となる。

平成11年法改正前の機関委任事務に係る行政監査の執行に当たっては、①当該監査に際して開示をすることにより国の安全を害するおそれがある事項に関する事務（当該国の安全を害するおそれがある部分に限る。）、②当該監査に際して開示することにより個人の秘密を害することとなる事項に関する事務（当該個人の秘密を害することとなる部分に限る。）、及び③労働組合法の規定による労働争議のあっせん、調停及び仲裁その他地方労働委員会の権限に属する事務並びに土地収用法の規定による収用に関する裁決その他収用委員会の権限に属する事務が、監査の対象となる事項から除外されており（法199条2項、令140条の5）、これらの事項以外のすべての事項については監査権限が及ぶこととなっていたが、実際には、監

査委任事務を定めた個別法に基づいて執行機関が資料等の内容開示を拒みうる場合もあり得たことに留意する必要がある。

　行政監査の対象は、従前の機関委任事務を含む一般行政事務にまで及ぶものであるが、条例そのものの監査はできないと解されている。

(3) 監査の方法

　行政監査は、監査委員が必要があると認めるときに行うものであるが、その方法は、書面監査、実地監査のいずれを問わない。

　また、監査のために必要があると認めるときは、監査委員は、関係人の出頭を求め、若しくは関係人について調査し、又は関係人に対し帳簿、書類その他の記録の提出を求めることができる（法199条8項）。

　監査委員が行政監査を行うに当たっては、当該事務の執行が、最小の経費で最大の効果を挙げるようにしているか（法2条14項）、組織及び運営の合理化に努めているか（法2条15項）といった点に、特に意を用いなければならないとされている（法199条3項）ほか、「事務の執行が法令の定めるところに従つて適正に行われているかどうかについて、適時に監査を行わなければならない。」とされている（法199条2項後段、令140条の6）。これは、事務の執行が、法律及び政省令のほか、訓令、通達等（当該地方公共団体の条例、規則等も含む。）に従って適正に行われているかどうかについても監査しなければならないこと、及び監査の時期は時宜を得ており、しかもその監査を受ける事務の執行にも支障を生じないよう配慮するなど、最も適切な時期としなければならないことを定めたものである。

　本来、監査委員による監査は、地方公共団体の長の政策そのものの適否を批判し、その是正を要請するものではなく、長の政策を遂行するための日々の行政執行が長の政策実現のために能率性、妥当性を有しているかどうかを監査し、その結果を長に報告し、長によってその是正が図られるようにするとともに、監査の結果を住民に公表し、住民の行政に対する監視を実効あらしめるためにあるものである。このことは、監査委員の監査の範囲が行政監査にまで拡大された場合であっても、行政監査も、最少の経費で最大の効果を挙げること並びに組織及び運営の合理化に努めることの

観点からなされるものである以上同様であり、執行機関の政策選択の適否や裁量行為の妥当性を批判する権限まで認めるものではないと解される。

　また、監査委員の監査は、あくまでも監査であって、いわゆる監督ではなく、地方公共団体の長その他の執行機関が国の機関として行う事務の執行が、法令又は主務大臣の通達等に従って適正かつ効率的に行われているか否かを監査するものである。すなわち、機関委任事務についての監査は、国の指揮監督権を前提とした上で、執行機関に代わって専門機関として監査を行うもので、国との関係においては、地方公共団体ないしは執行機関の自己監査に止まるものであること、一定の行政執行を前提として、事後的になされるものであること、事務自体の政策的当否を判断するものでないことに留意する必要がある。

　したがって、行政監査は、法令及び事務自体の政策的当否並びに主務大臣の指揮監督の内容の当否について行うものではないこと、及び「必要があると認めるとき」は監査をすることができるとされており、定期監査のようなものは想定されておらず、必要性の有無は監査委員の判断によるが、特定の部署あるいは特定の事項について、行政運営上特段の問題が生じた場合に限って監査を行うものとする趣旨ではないと考えられることに留意する必要がある。

　その他監査の実施方法等については、定期監査の項を参照されたい。

(4) 監査の結果に関する報告及び公表並びに意見の提出

　監査委員が監査を行った場合においては、監査の結果に関する報告を決定し、これを地方公共団体の議会、長その他の関係機関に提出し、かつ、これを公表しなければならない（法199条9項）。この公表は、公報等に掲載して行うべきであり、常にしなければならないことはいうまでもないが、報告の提出については、議会及び長並びに関係のある委員会又は委員に対する報告の提出は、常にこれを行うことを要する。議会に対する報告の提出は、議長に文書で提出すれば足りるが、議会から説明のための出席要求があるときは、議場において説明しなければならない。

　監査委員は、監査の結果に基づいて必要があると認めるときは、当該普通地方公共団体の組織及び運営の合理化に資するため、監査の結果に関す

る報告に添えて意見を提出することができる（法199条10項）。

　行政監査の対象は、従前の機関委任事務を含む一般行政事務にまで及ぶものであるが、条例そのものの監査はできないと解されているが、監査に当たり、現行条例が実情に即さないような場合には、その条例の改正又は廃止の意見を監査の結果に関する報告に添えて提出することは差しつかえないとされている。

　監査委員は実働機関であるとの理由から、他の行政委員会と異なり独任性の執行機関として構成されているが、監査の慎重な実施を期するとともに監査の社会的信頼を確保するため、監査の結果に関する報告の決定又は前項の規定による意見の決定は、監査委員の定数が二人以上である場合においては、その合議によるものとする、と規定され（法199条11項）、監査の結果に関する報告の決定及び意見の決定は、監査委員の合議によるものとされている。従前、監査委員の合議に関しては、住民監査請求に基づく監査及び勧告の決定（法242条8項）並びに職員の賠償責任の有無、賠償額の決定及びその免除に関する意見の決定（法243条の2第5項）についてだけ必要とされていたが、前述の理由により、平成3年の法改正でその拡大が図られたものである。

　その他監査の結果に関する報告の手続き等については、定期監査の項を参照されたい。

7　当該地方公共団体の長からの要求に基づく監査

（職務権限）

第199条　（①～⑤　略）

⑥　監査委員は、当該普通地方公共団体の長から当該普通地方公共団体の事務の執行に関し監査の要求があつたときは、その要求に係る事項について監査をしなければならない。

（⑦～⑫　略）

（1）意義及び目的

　当該地方公共団体の長からの要求に基づく監査は、監査委員の職権に基

づいて行う一般監査に対して他の要求を待って行う、特別監査といわれるものである。
　この監査は、当該地方公共団体の長が明らかにしたいと欲する事務を、長に代って行う監査である。同趣旨の監査には、法第98条第2項に基づく議会の請求に基づく監査がある。

(2) 監査の要件及びその範囲
　当該監査は、本来の監査委員の権限に基づいて行う一般監査と異なり、あくまでも監査を要求できる長の監査要求がなければならない。
　この監査の対象となる事務は、法第199条第1項に掲げる「財務に関する事務の執行」「事業の管理」はもとより当該普通地方公共団体の事務のみならず、当該普通地方公共団体の機関の権限に属する事務の執行の全般に及ぶものとされている。

(3) 監査手続及び監査の実施
　監査委員は長から監査要求を受けたときは、これを拒むことはできず、当該事項についてすみやかに監査をしなければならない。
　監査手続及びその実施については、すでに一般的な「監査委員の職務権限」の項でふれた手順に従って行うことになるが、要求を受けて行う監査であるという性質上、当該監査当たっては、長の「要求の趣旨」をよく理解し、これに沿った監査を行うべく、監査の手法等を選択し、要求された事務内容が十分明らかになるように監査しなければならない。

(4) 監査結果の報告等
　監査が終了し、その結果がまとまり次第すみやかに、長に対し監査の結果に関する報告を決定し、提出しなければならないが（法199条9項）、それは次のような文書で行うことが適当である。
　また監査委員は当然に、この監査結果に対して公表しなければならず、必要があると認めれば、意見書を提出することもできるものである。

［監査の結果に関する報告］

```
何第　　号
平成　　年　　月　　日
　　　　　　　　　何市（町村）監査委員　　氏　　　　名　㊞
　　　　　　　　　　　　　　同　　　　　　氏　　　　名

何市（町村）長　　　　　氏　　名　殿
何市（町村）議会議長　　氏　　名　殿

　事務監査の結果に関する報告について（提出）

　地方自治法第199条第9項の規定により、平成　　年　　月　　日付
何第　　号で要求のあった事務監査の結果に関する報告を、別紙のとお
り提出します。
```

（別紙）監査報告書（略）

8　財政援助団体の監査

```
（職務権限）
第199条　（①～⑥　略）
⑦　監査委員は、必要があると認めるとき、又は普通地方公共団体の長の
　要求があるときは、当該普通地方公共団体が補助金、交付金、負担金、
　貸付金、損失補償、利子補給その他の財政的援助を与えているものの出
　納その他の事務の執行で当該財政的援助に係るものを監査することがで
　きる。当該普通地方公共団体が出資しているもので政令で定めるもの、
　当該普通地方公共団体が借入金の元金又は利子の支払を保証しているも
　の、当該普通地方公共団体が受益権を有する信託で政令で定めるものの
　受託者及び当該普通地方公共団体が第244条の2第3項の規定に基づき
　公の施設の管理を行わせているものについても、また、同様とする。
（⑧～⑫　略）
```

(1) 意義及び目的

　地方自治行政の発展は、その副作用として各種団体等に対する公費による補助、負担その他の利益の供与が従前に比較して大きくなっている。その上公社等の公共的事業体が増加してきて、公費の出資も増大してきている。これらの補助金、負担金、出資金、利子補給等の意味は、簡単にいえば、住民の福祉を目標として公金を直接地方公共団体に使わせるよりも、被援助団体の手により弾力的な運用によって何倍にも生かして働かせようとすることにあるのであろう。

　財政援助団体の監査の目的は、被援助団体を通じて支出される公金が、目的どおり適正に運用されているかどうかを監査することにある。

　この監査は、定期監査並びに随時監査といかなる関係にあるかというと、法律上は一応両者とは関係なく、別個の監査である。それは、定期監査又は随時監査が、本来当該地方公共団体についての監査であり、地方公共団体内部の監査であるのに対し、財政援助団体に対する監査は、外部に対するそれであり、また、条文上「……監査することができる」と規定しており、したがって監査をしないことも予想されているという点が異なる。なお、この監査は、財政的援助に係るものについて行われるものであるから人的援助については、監査することはできない。

　法第199条第7項の「監査委員は、必要があると認めるとき、…………監査することができる。」という規定は監査委員泣かせの規定である。今から40年近く前のことであるが、ある財政援助団体の経理課長が3年間にわたって約400万円の公金を横領し、自殺するという不幸な事件が起こった。マスコミは監査委員の監査責任を追及した。財政援助団体の経理課長が3年間にわたって不正を働いているのに監査委員は、該出捐団体に監査を実施する必要性を認めなかったのか、ということである。監査事務局長は立往生をして答えられなかった。

　この事件があって監査委員は、監査の必要性があろうと無かろうと、出資、出捐、補助、貸付けの金額によって財政的援助団体を計画的に事務的に選定する基準を作成し、運用している。1年に1度、必ず監査する団体、2年に1度監査する団体、3年に1度監査する団体等の基準である。人口10万人未満の中小市町村においては、全財政援助団体を2年に1度監査

を実施するというルールを作成して、毎年度の監査計画に反映させることが実務的であると思う。

なお、平成15年地方自治法施行令改正により、出資法人に対する監査委員の監査（法199条7項）は、令第140条の7第1項によりその対象法人に地方公共団体が4分の1以上を出資している法人となっていたのを、次のように拡大された。

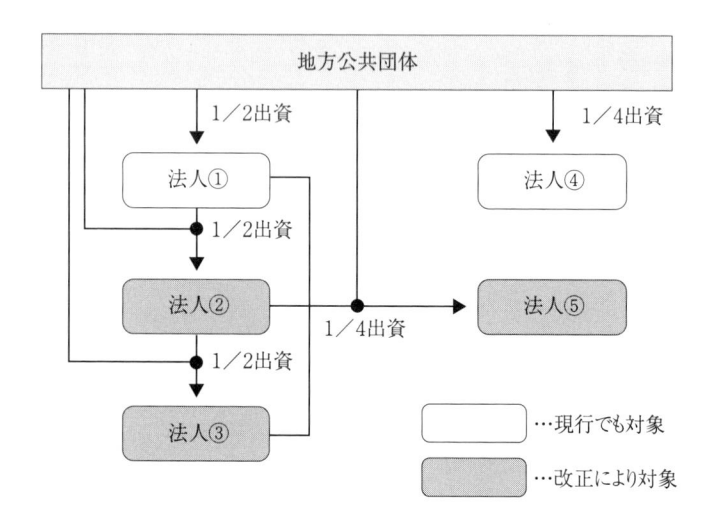

```
                    地方公共団体
         ┌─────────────┬─────────────┐
       1/2出資                    1/4出資
         ↓                         ↓
       法人①                     法人④
         │1/2出資
         ↓         1/4出資
       法人②  ──────────→  法人⑤
         │1/2出資
         ↓
       法人③

   □ …現行でも対象
   ■ …改正により対象
```

(2) 監査の要件

ア 監査請求者

普通地方公共団体の長が監査の請求を行う。その他監査委員が必要と認めたときに、監査することができる。

イ 監査の対象

監査の対象は、地方公共団体が補助金、交付金等の財政的援助を与えているものの出納その他の事務の執行で、当該財政的援助に係るもの並びに当該地方公共団体が出資しているもので政令で定めるもの、当該地方公共団体が借入金の元金又は利子の支払の保証しているもの、当該地方公共団体が受益権を有する信託で政令で定めるものの受託者及び当該地方公共団

体が法第244条の2第3項の規定に基づき公の施設の管理を行わせているもの（指定管理者）である。

補助金、交付金、負担金、貸付金、損失補償、利子補給その他これらに類するもので、名目又は形式のいかんを問わず、実質的に財政援助の内容を有している限り、監査の対象となる。

それは、法令上、当該補助金等の支出を義務付けられているかどうかを問わない（昭31・9・28行実）が、監査の要件は、「財政的援助」ということであるから、財政的援助の実質を有しない単なる会費的なものは対象にならない。実質を有するものは、たとえ歳計現金の預託でも対象となり得る（昭34・4・3行実）。モーターボート競走法の定めるところにより、モーターボート競走会に対して交付する交付金は、施行者である都道府県等が競走の実施を委任した場合にその対価として交付するものであり、その実質が財政的援助に係るものとは解されないとする行政実例がある（昭31・10・3行実）。

監査の対象は、財政的援助に係るもので、しかも出納その他出納に関連した事務の執行の範囲内に限られるから、当該財政的援助を受けているものの行う事業の事業計画の適否等で出納に関連しないものについては、直接にこれを監査の対象とすることはできない。なお、特定の団体の事業費のうち、特定の事項に要する経費（たとえば建物建築費）に限定して財政的援助が与えられている場合においては、当該団体の経常的運営費等他の経理状況については監査をすることができない（昭27・8・20行実）。

都道府県が市町村に財政的援助をしているような場合に、これに関して市町村を監査することは可能である。この監査の対象は、市町村行政事務の中の財政的援助にかかわるものの中の出納その他の事務の執行で当該財政的援助に係るものに限られることは言うまでもないが、監査の実施に当たっては、当該市町村の監査委員と都道府県の監査委員とは、適切な協力関係が確保されるよう運用されるべきである。

「負担金」という名称がついていても、自己が利益を受ける場合に、その受益相当部分を負担するようなものは、財政援助には該当しない。たとえば、県道の管理に要する経費の一部を受益市町村が負担するような場合である。

損失補償とは、特定の者が金融機関等から融資を受ける場合、その融資の全部又は一部が返済不能となって、当該金融機関等が損失を被ったときに、地方公共団体が、融資を受けた者に代わって、当該金融機関等に対してその損失を補償するといういわゆる損失補償契約が結ばれている場合をいう。特定の法令に損失補償の根拠があるものであろうと、事実上、損失補償契約が結ばれている場合であるとを問わない。いわゆる公法上の損失補償、すなわち、国又は地方公共団体等の公権力の主体が、その公権力の行使により特定の者に、財産上の損害を与えた場合にその損失をてん補すること（土地収用法に基づく土地の収用の場合の損失補償）は、財政的援助には該当しないから、監査の対象とはならない。

　「利子補給」とは、特定の者が金融機関等から借入金をする場合、地方公共団体が当該借入金の利子の全部又は一部を補給する契約を結んでいる場合をいう。この場合、当該金融機関等との間において利子補給をする旨の契約を締結するのが通常であるが、当該融資を受けた者に直接利子分だけを補給することもないではない。利子補給の契約も、損失補償契約と同じく、特定の法令に基づいて締結されたものと、しからざるもののすべてを含む。

　「普通地方公共団体が出資しているもので政令で定めるもの」とは、通常、普通地方公共団体が主として公益目的のために、私企業の株式を所有している場合等である。令第140条の7第1項で、当該普通地方公共団体が全資本金、基本金その他これらに準じるものの4分の1以上の出資を引き受けている法人であることが要件とされているから、法人に対しその資本金、基本金（寄附財産）等の相当部分を普通地方公共団体が出資している場合にのみ、監査の対象となるわけであるが、法人の中には、会社形態の法人のみならず、民法上の法人（社団法人、財団法人）も含む。

　出資団体に対する監査の対象は、経営全般に及ぶ。なお、複数の普通地方公共団体が出資しており、それぞれの出資金は4分の1に達しないが、合計額では4分の1以上になるとしても、当該団体の監査委員が当該法人の事務を監査することはできない（昭48・8・8実例）。

　「当該普通地方公共団体が借入金の元金又は利子を保証しているもの」とは、金融機関等から融資を受ける際、普通地方公共団体が、債務者のた

めに、当該金融機関等に対して、その債務又はこれから生ずる利子の弁済を保証するいわゆる債務保証契約が結ばれている場合をいう。ただし、普通地方公共団体は、総務大臣が指定する場合を除き、会社その他の法人に対して債務保証契約を締結することを禁止されている（法人に対する政府の財政援助の制限に関する法律第3条）から、普通地方公共団体が非法人に対して債務保証契約を結ぶ場合と総務大臣が指定する法人と債務保証契約を結ぶ場合とに限って、監査の対象となるわけである（なお、公有地の拡大の推進に関する法律に基づく土地開発公社等特別法により債務保証をすることが認められている法人がある）。

「当該普通地方公共団体が受益権を有する信託で政令で定めるものの受託者」とは、当該普通地方公共団体が受益権を有する不動産の信託の受託者をいう（令140条の7第2項）。普通地方公共団体は、法第238条の5第2項の規定に基づいて、その普通財産である土地（その土地の定着物を含む。）を信託することができるのであり、この場合には、当該普通地方公共団体が受益権を持つことになる。また、当該普通地方公共団体以外の者が設定した不動産の信託で、当該普通地方公共団体がその受益権を取得した場合も含まれると解される。これらの不動産の信託の受託者に対する監査は、信託財産が信託の目的に従って適正に管理処分がなされているか等の点について行うこととなる。たとえば、信託財産に係る売買、賃貸借、請負その他の契約は信託契約に従って適正に行われているかなどである。

「当該普通地方公共団体が第244条の2第3項の規定に基づき公の施設の管理を委託しているもの」とは、当該普通地方公共団体が、公の施設の設置目的を効果的に達成するため必要があると認めるときに、条例の定めるところにより、普通地方公共団体が出資している法人で政令で定めるもの又は公共団体若しくは公共的団体に当該公の施設の管理を委託している場合に該当する（法244条の2第3項）。これは、平成3年の法改正により新たに追加されたものである。

さらに、平成15年6月の改正法は、公の施設の管理について、指定管理者制度を導入した。この指定管理者制度の導入に伴い、「管理委託制度」から「指定管理者制度」への転換が図られることとなった。改正前の法第244条の2第3項の規定に基づき管理の委託を行っている公の施設につい

ては、改正法施行後3年以内に当該公の施設の管理に関する条例を改正し、改正後の法第244条の2の規定による指定等を行う必要がある。

指定管理者制度を導入した場合も監査権の及ぶ範囲は、当該委託に係る出納その他の事務の執行であり、指定管理者の経営全般にわたる出納事務等までが対象となるわけではない。公の施設の指定管理者に利用料金を収受させて（法244条の2第8項・第9項参照）委託料は支出しないこととしている場合であっても、同様の範囲で監査を行うことができるものである。

具体的には、公の施設の管理の業務に関し作成された事業報告書が対象になる。

財政援助団体等に対する監査は、慎重に運用されるべきものである。もとより、この監査は、公金の適正な支出を保証することなどを図るために設けられたのであるから、その必要がある限り、監査を行うにためらうべきではないが、財政援助を受けている者等は、それぞれ自主的に活動を営むものであり、また、なんらかの自己監査の機能を持っているのが普通であるからである。

(3) 指定管理者の監査

ア　指定管理者制度

平成15年の地方自治法の一部改正で導入された指定管理者制度（法244条の2第3項）は、従来の「管理委託制度」から「指定管理者制度」への転換が図られたもので、改正前の法第244条の第3項の規定に基づき管理の委託を行っている公の施設については、改正法施行後3年以内に当該公の施設の管理に関する条例を改正し、改正後の法第244条の2の規定による指定等を行う必要があり、導入された。

指定管理者制度は、市長側で次のような手続きを経て実施される。

① 指定管理者選定委員会の設置
② 指定管理者選定委員の就任委嘱
③ 指定管理者委員会の開催（3〜5回）
④ 指定管理者選定基準の作成
⑤ 指定管理者選定基準の評価項目、設問配点の設定

⑥　指定管理者の募集……提出を求めるもの
　　・法人の概要
　　・管理業務の実績
　　・事業計画書（5年間）
　　・財務諸表等（過去3年間の納税申告書、納税証明書等）
⑦　指定管理者の一次審査（書面審査）
⑧　指定管理者一次選定通過者等によるプレゼンテーション（面接審査）
⑨　指定管理者の二次審査
⑩　指定管理者の決定
⑪　市議会における指定管理者の議決
⑫　協定の締結

　筆者は、指定管理者の選定に当たって、東京都の指定管理者選定委員を務めた関係で監査委員の立場から問題になると思われる事項を参考までに挙げると、次のとおりである。

Ⅰ　指定管理者に法令でいう法人その他の団体の「団体」として、工事請負契約の共同企業（ジョイント・ベンチャー）に相当する者でもよいのかという問題で、
　①　指定管理者として法令でいう法人その他の団体、という場合の団体（グループ）を選定する場合には、公金を使用したり、出納を取扱う団体として、民法上の任意組合ではなく、人格なき財団、社団等、任意団体として「規約」を作成していること。
　②　協定書の相手が団体の規約や理事会の議決等で決定した正規の代表者になっていること。
　③　団体の規約によって会計担当者が任命されており、正規の会計担当者が指定管理者の公金の出納事務を行っていること。
　④　規約で監事が決められており、内部監査、内部統制が行われていること。
などが必要である。

　指定管理者制度の監査の着眼点としては、次のような諸点が挙げられる。
　①　指定管理者の選定方法は妥当か。
　②　一次審査に当たって事業計画、特に収入、支出の計画は妥当か。

③　納付金を納めることになっている場合、その計画根拠は妥当か。
④　団体（グループ）の場合、代表者の選任方法は妥当か。
⑤　協定書名義人は妥当か。
⑥　協定期間は妥当か。
⑦　利用料金を徴収する場合で、あらかじめ事業計画で納付金を地方公共団体に納付することになっている場合、決算書の収支計画書の収入額と支出額の内容は妥当か。

　イ　指定管理者の会計制度
　指定管理者の会計は、法人その他の団体の場合ともに、本業と明確に区分経理されている必要がある。
　T市の場合、市営駐車場7ヶ所を大手企業のM不動産販売に一括委託しており、この場合、監査委員監査の対象は、あくまでも市営駐車場7ヶ所の出納その他の事務に限られている。
　事前指導としては、毎事業年度の事業計画に基づく収入支出について直営の場合と同様に予算制度を採用していることが望ましいと思う。
　そして、この場合予算と複式簿記の決算を調整するために、予算は収益的収支と資本的収支の二本建て予算とする必要がある。
　会計制度の監査の着眼点としては、次の諸点が挙げられる。
①　複式簿記制度となっているか。
②　会計担当職員が任命されているか。
③　予算差引簿が整備されているか。
④　現金は釣銭だけになっているか。
⑤　金種別表が作成されているか。
⑥　預金は独立した預金口座に預けられているか。
⑦　法人税の計算、申告は適正に行われているか。
⑧　消費税の納税計算は適正に行われているか。
⑨　源泉所得税の計算は適正に行われているか。
⑩　長期借入金の利率等契約内容は、指定管理者の協定期間に照らし妥当か。
⑪　短期借入金の利率、借入期間等契約内容は妥当か。

⑫　収益的収入支出予算の科目と損益計算書の勘定科目が一致しているか。
⑬　資本的収入支出の予算の執行額と貸借対照表の各勘定科目の増加額、減少額とが一致しているか。

ウ　指定管理者の監査制度

　指定管理者の監査としては、法人その他の団体の監事（監査役）または内部監査担当者による監査と法第199条第7項の規定に基づく監査委員による監査とがある。

　監事または内部監査担当者は、毎月、例月出納監査を行い、年度末に決算監査を実施する必要がある。

　監査委員は少なくとも指定管理者の協定期間中に一度は必ず監査を実施し、是正改善を要する事項を指摘し、次の協定書を締結するに当たって改善に資するようにしなければならない。

　監査委員監査の着眼点としては、次のような諸点が挙げられる。

①　内部監査担当者、及び監事が任命されているか。
②　監事による例月出納監査が行われているか。
③　協定書名義人あての例月出納監査報告書が作成されているか。
④　現金出納簿は適正に作成されているか。
⑤　預金出納簿は適正に作成されているか。
⑥　貸借対照表の預金残高は、預金残高証明書の金額と一致しているか。
⑦　長期借入金、短期借入金の出納は適正に行われているか。
⑧　貸借対照表の借入金残高は金融機関の貸付金残高証明書の金額と一致しているか。
⑨　収入予算の執行状況は妥当か。
⑩　収入の調停は適正に行われているか。
⑪　支出予算の執行状況は妥当か。
⑫　人件費の内容は妥当か。偽装雇用、請負はしていないか。社会保険に加入しているか。
⑬　正規職員、臨時職員は直接雇用になっているか。カラ人件費はないか。
⑭　賃金単価は妥当か。地方公共団体の単価を上回っていないか。

⑮　物件費の契約金額、支出内容は妥当か。
⑯　補助金、助成金等の支出はないか。
⑰　施設の管理状況は良好か。──管理業務の実施状況チェック。
⑱　施設の利用状況は良好か。──問題点を把握し、必要に応じ改善を指示する。
⑲　指定の取り消しの必要はないか。──指定期間の到来を待って、新たに手続きをとるか。
⑳　指定手続きの公正性、透明性は保たれているか。

(4) 監査手続

ア　監査請求

　普通地方公共団体の長から、監査の要求があった場合には、監査委員はできるだけ早く監査を実施すべきである。

イ　監査計画の作成

　財政援助団体の組織は、多様であり、また事務内容が多方面にわたっており、会計制度もそれぞれ異なるので、監査の実施に当たっては、各々の実体に適合した実施計画を立案する必要がある。

〈監査計画〉

Ⅰ　財政援助団体監査は、通常定期監査、決算審査等と同様、年度計画に組み込まれ、個別計画が立案されるのであるが、監査対象団体のすべてについて監査を実施することはまず不可能であろう。したがって監査対象に関し年間に実地監査を行う団体を選定する必要があるが、選定基準として種別（出資、補助等）、交付額別等の区分が考えられる。

Ⅱ　監査計画の立案の際考慮すべき事項として、①業種、業態、②規模、出先機関の数、③内部統制の程度、④決算期、等がある。

　①　業種、業態によって、当該団体の活動、経営の重要ポイントがどこにあるか、それを監査するにはどのような方法をとるべきかを判断することは、監査計画の中心課題であろう。

　　　日々の収入が多額にある団体とそうでない団体、あるいは、建設工事関係のウエイトが高い団体とそうでない団体など、それぞれの団体

の性格を考慮の上で計画を立てるべきである。
② 規模、出先機関の数は、主として監査の所要日数に関連がある。特に、出先機関にも相当の権限、事務量がある団体については、監査の日程計画上これを考慮しなければならない。
③ 内部統制の程度は、当該団体の内部会計管理及び内部経営管理について、チェック・アンド・バランスを保って管理がなされているか否かをいうものであり、これが十分になされていれば、監査の範囲をある程度せまくすることができる。
④ 決算期は、監査の実施時期を決定する際に当然考慮しなければならない。また監査の対象期間という問題も計画策定に重要な関連があるのである。当該団体の監査が数年間に一度行われる場合、対象期間を網羅的にみるか重点的に最近年度をみて他の年度については参考程度にとどめるかなどの問題である。

以上は特に出資団体の場合重視されなければならない。

Ⅲ 監査計画の立案は、監査実施手続書の作成によって具体化され、それによって次のような効果を期待できる。
① 監査すべき要点を、理論的に順序立てることができる。
② 監査実施に当たり、重複した質問や調査を排除できる。
③ 必要事項についての監査の不十分や、脱漏を避けることができる。
④ 監査実施中、またはその前後において監査対象について総合的な検討資料となる。
⑤ 数人が協力して同一または関連事項を監査する場合に、それぞれ的確に監査事項を分担させることができるとともに、各個人の責任を明らかにできる。

ウ 監査の準備

監査の対象となる財政援助団体には、どのようなものがあるか、また財政援助の内容は何か等監査対象としての実体を把握する必要がある。実体を把握するために当該団体の所管部局の協力を得て、資料を事前に用意して監査のための準備をする必要がある。

収集すべき資料として、財政援助団体の事業概要書、組織図、予算書及

び決算書（最近3事業年度ぐらいが望ましい）、補助金等支出計画及び実績、関係法規（経理規定を含む）等が挙げられる。なお、当該団体が企業会計方式を採用している場合、財務諸表も収集しておくべきである。

エ　相手方への通知

監査の事前に当該援助団体及び所管部局に対して、原則として書面により通知する。

なお、当該団体側の準備のため、上の通知には、相当の余裕期間を定めておく必要があろう。

(5) 監査の実施

ア　監査期限

監査期限については別段の定めはなく、監査の目的を達成するのに必要かつ十分な期間を定めて、監査する必要があろう。

イ　監査の範囲

財政援助団体の監査は、出資団体等の場合を除き、補助団体等にあっては当該団体の事業全般に必ずしも及ぶものではない。財政援助の趣旨が、公益目的のために地方公共団体が財政支出を行い、特定の事業の達成を援助することにあることを留意すべきである。

したがって、監査の範囲は、具体的には次のようになろう。

Ⅰ　当該財政的援助に係るものの範囲については、補助条件により異なる。補助金等の使途が会館建設費に限定されている場合、事務経理の監査まではできない（昭27・8・20行実）。

これに対し、補助金等が運営費補助、事務費補助等であって特定されない場合には、監査の範囲は当該補助金等の使途に関連する部分を含むと解されるが、その限界は必ずしも明確でない場合もありうる。

Ⅱ　出資団体に対する監査は、「当該普通地方公共団体が出資しているもので政令で定めるものの出納その他の事務の執行で、当該出資に係るもの」を監査することができると解すべきものであり、したがって、出資団体に対する監査の範囲は、当該会社の事業経営全般の監査がで

きるものではなく、出納その他の事務、すなわち「出納及び出納に関連する事務」と解すべきである（昭38・12・25行実、昭44・10・25行実）。
Ⅲ　法令の規定により、市立保育所へ支出している措置費を、市立保育所に対する財政援助とみなして監査することはできない（昭46・8・11行実）。

ウ　監査の基本的事項
Ⅰ　監査の着眼点
　①　補助金、交付金、負担金、貸付金その他の財政援助の決定は適正に行われているか。
　②　財政援助額及び援助方法は適正か。
　③　補助条件その他補助に関する契約内容は適正妥当であるか。
　④　補助事業は補助の目的に沿って適正に行われているか。
　⑤　補助に係る会計経理内容は適正か。
　⑥　出資の目的は達成されているか。
　⑦　信託財産が信託の目的に従って適正に管理処分がなされているか（信託財産に係る売買、賃貸借、請負その他の契約は信託契約に従って適正に行われているか）。
Ⅱ　監査の留意点
　財政援助団体の監査は、当該団体についてはもちろん地方公共団体の関係部局についても行う必要がある。
　　①　関係部局の監査
　財政援助団体監査の実施に当たっては、まず当該団体に対し財政援助を行っている地方公共団体の関係部局（所管部課）の監査を実施する。
　　②　財政援助団体の監査
　財政援助団体の監査は、前述の着眼点に留意しつつ、監査の範囲の事項につき行う。団体の会計方式は、官庁会計によるものと企業会計によるものがあるので、当該団体の会計方式に即応した監査方法を採用しなければならない。
　　③　財政援助団体は、通常自主的活動を営んでおり、しかも自己監査

の機能を有しているので、当該監査に関しては慎重な運用を行うべきである。特に出資団体にあっては、監査の範囲は事業全般にかかる出納その他の事務に及ぶので考慮しなければならないであろう。

　具体的な出資、出捐団体の監査は、資金運用精算表の作成により行われる。資金運用精算表の作成方法については、後述する決算の審査の項を参照されたい。ここでは財政援助団体等の監査のうち、補助団体監査について実務的な着眼点を挙げると、次のとおりである。

[補助団体監査の着眼点]
〈所管部課〉
① 補助金の決定は、法令等に適合しているか。
② 補助金交付要綱は整備されているか。
③ 補助金の交付目的及び補助対象事業の内容は明確か。公益上の必要性が認められるか。
④ 補助対象経費が明確になっているか。
⑤ 複式簿記制度の採用を条件としているか。
⑥ 任意団体に対する補助金の経理についての指導監督は適切に行われているか。
⑦ 各種イベントに対する補助金の経理は万全か。──市職員の兼務、精算残金の処理に留意。
⑧ 補助金の効果、条件履行の確認は実績報告書等により行われているか。
⑨ 補助金の整理、統合、廃止をすべきものはないか。
〈補助団体〉
⑩ 共通着眼点
　　・役員関係
　　・交際費
　　・土地
　　・有価証券
　　・監事監査の実施状況
⑪ 事業計画書、予算書、事業報告書、決算書等と市へ提出した補助金

交付申請書、実績報告書等は符号しているか。
⑫　補助金の交付申請書の提出、補助金の請求・受領は適時に行われているか。
⑬　補助事業は計画及び交付条件に従って実施され、十分に効果が挙げられているか。
⑭　補助金が補助対象事業以外に流用されていないか。
⑮　補助金の収支等会計経理は適正に行われているか。
⑯　出納関係の帳票の整備、記帳は適正か。
⑰　領収書等の証拠書類の整備、保存は適正か。
⑱　消費税の計算、申告は適正に行われているか。
⑲　補助金等の使途の特定は適正に行われているか。
⑳　金庫管理、公印の管理等、内部統制組織は機能しているか。
㉑　精算報告は適正に行われているか。
㉒　精算に伴う返還金の返還は適時に行われているか。
㉓　補助金により取得した備品等の管理に問題はないか。
㉔　財産の処分に制限がある場合、これに違反するものはないか。

(6) 監査委員のとるべき措置
　ア　監査の結果に関する報告のとりまとめ
　監査の結果に関する報告のとりまとめとして監査報告書を作成するが、その様式は他の監査の場合と同様法令上の定型はない。通常監査の範囲いかんにより、団体の経営状況等についてふれるか否かによって、若干の異同が考えられる。

　イ　関係者に対する通知
　監査の結果に関する報告の提出は、定期監査と同様であるが、地方公共団体の関係部局及び財政援助団体の両者に対して行う。

　ウ　監査の結果に関する報告の公表
　定期監査の方法と同様である。

(7) 勧告等を受けた機関等がとるべき措置

監査の結果、事務改善等の勧告を受けた場合は、当該機関は監査結果の趣旨に則り、速やかに所要の措置をとるべきである。

(8) 監査の結果に関する報告に対する不服ある者の救済手段

監査の結果に関する報告に不服ある者は、その所属する機関の長を通じて、監査委員に弁明を申し立てることができる。

9 決算の審査

> （決算）
> 第233条 会計管理者は、毎会計年度、政令の定めるところにより、決算を調製し、出納の閉鎖後三箇月以内に、証書類その他政令で定める書類とあわせて、普通地方公共団体の長に提出しなければならない。
> 2 普通地方公共団体の長は、決算及び前項の書類を監査委員の審査に付さなければならない。
> 3 普通地方公共団体の長は、前項の規定により監査委員の審査に付した決算を監査委員の意見を付けて次の通常予算を議する会議までに議会の認定に付さなければならない。
> 4 前項の規定による意見の決定は、監査委員の合議によるものとする。
> 5 普通地方公共団体の長は、第3項の規定により決算を議会の認定に付するに当たつては、当該決算に係る会計年度における主要な施策の成果を説明する書類その他政令で定める書類を併せて提出しなければならない。
> 6 普通地方公共団体の長は、決算をその認定に関する議会の議決及び第3項の規定による監査委員の意見と併せて、都道府県にあつては総務大臣、市町村にあつては都道府県知事に報告し、かつ、その要領を住民に公表しなければならない。

(1) 意義及び目的

予算が将来の予定的計算であるのに対し、決算は過去の確定的計算である。言い換えると、決算は、1会計年度間における予算の執行実績を表示

するために調整される計算表である。

　すなわち、決算は、事務事業の締めくくりであるが、決算審査はその締めくくりに対する批判であって、各種の監査、検査等の総括と考えてよいであろう。

　このように、決算審査は、監査委員の最も重要な職務の一つであって、各種の監査、検査は、決算審査に至る過程であり、それらの際に発見された問題は、決算審査でもう一度確認され、監査されることになるのである。

(2) 審査の要件
　ア　審査請求権者

　決算は、法第233条第2項の規定により、普通地方公共団体の長から監査委員の審査に付さなければならないことになっている。

　イ　審査対象

　決算は、毎会計年度、会計管理者が調整し、出納閉鎖後3ヶ月以内に、証書類、歳入歳出決算事項別明細書、実質収支に関する調書及び財産に関する調書を添えて、普通地方公共団体の長に提出するものとされている。

　普通地方公共団体の長は、決算及びこれらの書類を、監査委員の審査に付し、その意見をつけて、次の通常予算を議する会議までに議会の認定に付さなければならない。

　決算審査については、その範囲、限界が問題とされているようであるが、これについては別段の制限はなく、一切の証憑書類を審査の裏付けとして対象にできる。たとえば、交際費、食糧費、報償費のごときは、その性質上、使途内容まで一々審査の対象とすることはどうかという問題があるが、公金の収入、支出の検証である限り、他の経費と区別する理由がなく、証憑書類を含めて一切審査の対象とすることができるものと解する。

　ただ、法第233条第5項に基づく主要な施策の成果を説明する書類等については、審査の対象とすることはできない（昭31・9・28通知）。

(3) 審査手続
　ア　審査請求

普通地方公共団体の長は、会計管理者から決算を受け取ったならば、これを直ちに監査委員に提出し、審査を求める。

　イ　審査計画の作成

膨大化する行政需要に対応して、地方公共団体の財政規模も拡大の一途をたどってきており、限られた職員、日程の下で決算審査の効果を十分に挙げるためには、周到な計画の下に、能率的、合理的な審査を実施しなければならない。

この実施計画には、基本方針、重点的審査項目、審査機関及び日程、実施審査場所等を織り込むことが必要である。

　ウ　審査の基準

実施計画が決定したら、一定の様式による審査資料の提出を求める。この資料には、事務事業の執行状況、予算の流用、予備費充当、繰上充用、工事物品の契約及びその履行状況（一定の金額以上）等を記載させる。これらの資料及び前年度中に実施した監査、検査の資料及び報告書等を調査検討し、問題点をあらかじめ把握しておくことが必要である。

　エ　相手方への通知

審査の実施計画が確定したら、審査日程を長へ通知する。会計管理者及び関係各部局へは長から通知させるのが適当である。

(4) 審査の実施

　ア　審査の範囲

決算審査は、①計算に間違いはないか、②実際の収支が収支命令に符合しているか、③収支は適法であるか、等に主眼を置いて実施することとされている。

すなわち、決算数字に過誤がないか、計算が正しいかどうかは、証憑書類と対比して確認する必要があり、また収支命令の適否も、法規、予算に照らして、事務事業の執行が適当かどうか十分審査しなければならない。

この点に関しては、決算審査は、計数の確認や違法性の吟味等、形式的

審査で足りるとする見解と、それでは不十分で、予算が的確に執行されているかどうか、換言すれば、予算に定める目的に従って、事務事業が最も効果的、経済的に執行されているか、ひいては、財政運営の当不当まで立ち入って、実態的審査を行うべきであるという見解が対立しているが、後者が支配的であろう。

　イ　審査の実施
　審査は、係数の確認から始める。
　関係職員の出席を求めて、歳入歳出予算差引簿、現金出納簿、歳入簿等関係帳簿と決算数字と照合する。
　次に歳入歳出予算の執行状況、事務事業の実績等について説明を聞き総合的に審査する。
　工事、物品等の契約については、抽出して契約書その他の書類を審査し、違法及び不当、不経済な支出はないかどうか検討する。

　ウ　審査の基本的事項
Ⅰ　審査の着眼点
　次のような点に着眼して審査することとなろう。
　①　歳入歳出決算額は原簿と符合するか。
　②　予算額は、財務当局の予算簿と符合するか。
　③　調定額、収入済額、不納欠損額、収入未済額等は歳入簿と符合するか。
　④　予備費充用額及び予算流用額は歳出簿又は長より収入役へ通知の予備費充用通知書、予算流用額通知書と符合するか。
　⑤　支出額予算残額は歳出簿と符合するか。
　⑥　その他決算必要書類の計数に誤りはないか。
　⑦　会計年度独立の原則は守られているか。
　⑧　出納閉鎖期日は厳守されているか。
　⑨　会計間の独立性はおかされていないか。
　⑩　予算流用は適正になされているか。
　⑪　予備費の充当は適正になされているか。
Ⅱ　審査の留意点

決算審査をなすに当たっては、決算の複雑膨大さに対処するため、当該審査を特に計画的、能率的に進める必要があろう。

なお、刑事犯罪の関係等で、捜査当局に証書類が押収されている場合、監査委員は可能な限り努力して、当該証書類について審査すべきである（昭35・3・1行実）。

(5) 監査委員のとるべき措置

ア 審査意見の決定

審査結果のとりまとめは、意見書を作成することにより行う。その方法は、補助職員が対前年度比較の財政分析を行って原文を作成して、監査委員がこれについて協議して決定するという形が多いであろう。なお、審査意見の決定は、監査委員の定数が2人以上である場合においては、合議によるものとされている。

イ 関係者に対する通知

審査意見書は、地方公共団体の長に提出され、長から決算に添えて議会の認定に付するが、決算委員会等で代表監査委員から報告している例も多い。

ウ 審査結果の公表

審査意見の公表は、別段義務付けられていないが、法第199条第9項を一般原則と解し、決算審査意見についても、議会の認定に付した後、公表している例が多い。

(6) 勧告等を受けた機関等がとるべき措置

決算審査により、たとえば、税の誤賦課等の誤りを発見された場合には行政実例（昭和32・10・15 自丁行発第171号 秋田県総務部長宛 行政課長回答）による処理をする必要のある場合があろう。

(7) 審査結果に対する不服のある者の救済手段

決算審査に対して、執行責任者から弁明や不服のある場合、監査委員は

これらの弁明等を聴取する機会を設け、正すべきものは正す処置をとることが必要である。

(8) 決算審査意見書
[H市決算意見書の事例]

平成00年度H市各会計決算及び各基金の運用状況審査意見書の総合意見の部分を例示すると、次のようになっている。

H監収第67号
平成02年9月19日

H 市 長
　　何　某　殿

H市監査委員　　何　　某
　　　　同　　　　何　　某
　　　　同　　　　何　　某

平成00年度H市各会計決算及び
各基金の運用状況の審査意見について

地方自治法第233条第2項の規定により、平成00年度H市各会計歳入歳出決算及び証書類、その他政令で定める書類並びに同法第241条第5項の規定により、各基金の運用状況を示す書類について審査した結果、次のとおり意見を付します。

目　次

第1　審査の概要 ……………………………………………… 1
　1　審査の対象 ……………………………………………… 1
　2　審査の機関 ……………………………………………… 1
　3　審査の手続 ……………………………………………… 1
第2　審査の結果 ……………………………………………… 1
　1　総　括 …………………………………………………… 2
　　(1)　決算規模 ……………………………………………… 2

	(2)	決算収支 ……………………………………	2
	(3)	予算の執行状況 ……………………………	3
	(4)	市債の償還状況 ……………………………	4
	(5)	財政の構造 …………………………………	4
	(6)	資金事情 ……………………………………	8
2	一般会計 ………………………………………………		13
3	国民健康保険特別会計 ………………………………		39
4	下水道事業特別会計 …………………………………		43
5	受託水道事業特別会計 ………………………………		47
6	老人保健（医療）特別会計 …………………………		49
7	実質収支に関する調書 ………………………………		53
8	財産に関する調書 ……………………………………		54
9	各基金の運用状況 ……………………………………		56
	むすび …………………………………………………		57
	資　料 …………………………………………………		59

注 記
1　文中及び表中の金額は、原則として千円単位とし、千円未満は四捨五入した。
　　そのため、差額又は合計金額が異なる場合がある。
2　比率（％）は、小数点以下第2位を四捨五入した。
3　構成比率（％）は、合計が100となるよう一部調整した。
4　「0.0」は、該当数値はあるが表示単位未満のものである。
5　「－」は、該当数値のないものである。

平成00年度H市各会計決算
及び各基金の運用状況審査意見書

第1　審査の概要
　1　審査の対象
　　　　平成00年度H市一般会計歳入歳出決算
　　　　平成00年度H市国民健康保険特別会計歳入歳出決算
　　　　平成00年度H市下水道事業特別会計歳入歳出決算
　　　　平成00年度H市受託水道事業特別会計歳入歳出決算
　　　　平成00年度H市老人保健（医療）特別会計歳入歳出決算

平成00年度H市決算付属書類
平成00年度各基金の運用を示す書類
2 審査の期間
平成02年8月2日から平成02年8月27日まで
3 審査の手続き
この審査に当たっては、市長から提出された、各会計歳入歳出決算書、歳入歳出決算事項別明細書、実質収支に関する調書、財産に関する調書及び各基金の運用状況を示す書類について、関係法令に準拠して調製されているか、財政運営は健全か、財産の管理は適正か、さらに予算が適正かつ効率的に執行されているかなどに主眼をおき、関係諸帳簿及び証拠書類との照合等通常実施すべき審査手続を実施したほか、必要と認めるその他の審査手続を実施した。

第2 審査の結果
審査に付された一般会計、特別会計の歳入歳出決算書、歳入歳出決算事項別明細書、実質収支に関する調書及び財産に関する調書は法令に準拠して作成されており、決算計数は関係帳簿及び証拠書類と照合した結果誤りのないものと認められた。また各基金の運用状況を示す書類の計数についても関係諸帳簿及び証拠書類と符合しており誤りのないものと認められた。
1 総 括
(1) 決算規模
一般会計及び特別会計の決算は次のとおりである。

(単位 千円)

区 分		一般会計	特別会計	合 計
予算現額		21,619,005	11,543,087	33,162,092
決算額	歳入額	22,016,363	11,475,558	33,491,921
	歳出額	21,346,508	11,329,337	32,675,845
	歳入歳出差引額	669,855	146,221	816,076

この歳入歳出決算額のうちには、各会計間相互の繰入、繰出金23億6,794万3千円が含まれており、これを控除した統計決算は次のとおりである。

(単位　千円)

区　　分	一般会計	特別会計	合　　計
歳　入　額	21,923,883	9,200,090	31,123,978
歳　出　額	19,071,040	11,236,862	30,307,902
歳入歳出差引額	2,852,848	△ 2,036,772	816,076

　　この純計決算額を前年度に比べると、歳入額7億5,622万6千円(2.5%)、歳出額5億8,299万1千円(2.0%)とそれぞれ増となり、決算規模は増大し歳入歳出ともに前年度を上回っている。

(2) 決算収支

　　総計決算における歳入歳出差引額(形式収支)は、前年度(6億4,214万1千円)に引き続き、8億1,607万6千円の黒字となっている。

　　本年度は翌年度へ繰越すべき財源はないので、実質収支額も同額の8億1,607万6千円であり、この実質収支額を前年度と比較すると、1億7,393万5千円(27.1%)の増となっている。この黒字の内訳は、一般会計6億6,985万5千円、特別会計1億4,622万1千円の剰余金が生じたためで、特別会計のおもなものは国民健康保険特別会計6,623万6千円等である。

　　次に、この実質収支額から前年度実質収支額を控除した単年度収支額をみると、本年度は対前年度比1億7,393万5千円(27.1%)の増となっている。単年度収支は前年度(受託水道事業特別会計を除く)においては、一般会計を除く他の会計は黒字であったのに対して、本年度の一般会計は3億1,037万3千円の黒字であった。特別会計は1億3,643万8千円の赤字となっている。

決算収支の推移

(単位　千円)

年度 会計 区分	平成△年度			平成○年度			平成○○年度		
	一般	特別	計	一般	特別	計	一般	特別	計
形式収支	583,386	115,309	698,695	359,482	282,659	642,141	669,855	146,221	816,076
実質収支	582,386	115,309	698,695	359,482	282,659	642,141	669,855	146,221	816,076
単年度収支	311,705	88,004	399,709	△223,904	167,350	△56,554	130,373	△136,438	173,935

(3) 予算の執行状況

歳入決算額は総予算額に対し、3億2,982万9千円の増収となり、収入率は101.0％（前年度100.5％）となっている。また、調定額343億9,740万1千円に対する収入率は97.4％（前年度97.3％）と前年度を0.1ポイント上回っており、収入未済額8億7,398万1千円は前年度に比べ4,390万5千円（5.3％）の増となっている。

一方、歳出額は総予算額に対し98.5％（前年度と同率）の執行率で8億1,607万6千円を翌年度へ繰越し、不用額4億8,624万7千円（前年度4億8,542万8千円）を生じ、この不用額は前年度より、81万9千円（0.2％）増加している。

その他会計別の歳入歳出に関する事項は、それぞれ後述するとおりである。

(4) 市債の償還状況

市債の支出額並びに翌年度以降の償還予定は次表のとおりである。

市債の状況

（単位　千円）

区分	年度	償還額 平成〇	償還額 平成〇〇	対前年度増減率	平成02年度以降の支出予算額の
市債償還	総額	1,380,632	1,301,242	△79,390	8,526,185
	一般財源充当額	1,380,632	1,301,242	△79,390	8,526,185

（注）普通会計による。

本年度の償還額は13億124万2千円で、前年度に比べ7,939万円（5.8％）の減となっている。

(5) 財政の構造

財政構造については、地方財政状況調査表（普通会計決算）にしたがって分析的に考察すれば、おおむね次のとおりである。

① 歳入の構成

ア　自主財源と依存財源に区分し、年度別に比較すると次表のとおりである。

自主財源・依存財源年度別比較

(単位　千円・%)

年度 区分	平成△年度		平成〇年度		平成〇〇年度	
	決算額	構成比	決算額	構成比	決算額	構成比
自主財源	14,110,267	72.1	15,279,586	70.6	15,243,571	69.3
依存財源	5,462,298	27.9	6,378,047	29.4	6,766,093	30.7
計	19,572,565	100.0	21,657,633	100.0	22,009,664	100.0

　自主財源と依存財源の構成割合は69.3対30.7となっており、自主財源の占める構成比率は前年度と比較すると1.3％減少している。この両財源を内容的に前年度と比較すると、自主財源の主なものは財産収入1億3,177万8千円、寄付金9,894万9千円、繰入金5,271万1千円等が増加し、一方、市税8,873万4千円、繰越金2億2,390万4千円等が減となり、3,601万5千円(0.2％)の減となっている。

　依存財源は、地方譲与税2億1,451万1千円、利子割交付金3億4,907万9千円、国庫支出金1億7,551万9千円等が増加し、一方、都支出金4億3,582万円等が減となり、3億8,804万6千円（6.1％)の増となっている。

イ　経常的収入と臨時的収入

　経常的収入と臨時的収入の構成割合は76.3対23.7となっており、年度別に比較すると次表のとおりである。

経常的収入・臨時的収入年度別比較

(単位　千円・%)

年度 区分	平成△年度		平成〇年度		平成〇〇年度	
	決算額	構成比	決算額	構成比	決算額	構成比
経常的収入	14,548,858	74.3	16,249,217	75.0	16,799,451	76.3
臨時的収入	5,023,707	25.7	5,408,416	25.0	5,210,213	23.7
計	19,572,565	100.0	21,657,633	100.0	22,009,664	100.0

　経常的収入は、地方譲与税2億1,451万1千円、利子割交付金3億4,907万9千円等が増加し、一方、市税1億2,854万3千円、諸収入1,200万8千円等の減少により、5億5,023万4千円（3.4％）の増となっている。

　臨時的収入は、国庫支出金1億729万5千円、財産収入1億3,177

万8千円等が増加し、一方、都支出金4億8,341万2千円、繰越金2億2,390万4千円の減少により、1億9,820万3千円（3.7％）の減となっている。
② 歳出の構成

歳出決算額を性質別に区分し、前年度と比較すると次表のとおりである。

普通会計性質別歳出決算額調　　（単位　千円・％）

区分			平成〇年度		平成〇〇年度		対前年度比	
			決算額	構成比	決算額	構成比	増減額	増減率
義務的経費	人件費		5,250,730	24.7	5,682,878	26.6	432,148	8.2
	扶養費		1,937,624	9.1	2,034,803	9.5	97,179	5
	公債費		1,386,453	6.5	1,320,663	6.2	△65.790	△4.7
	計		8,574,807	40.3	9,038,344	42.3	463,537	5.4
投資的経費	普通建設事業費		4,068,120	19.1	4,175,653	19.6	107,533	2.6
		補助	945,723	4.4	1,241,422	5.8	295.699	31.3
		単独	3,122,397	14.7	2,934,231	13.8	△188,166	皆減
	失業対策事業費		1,662	0	0	−	△1,662	△6.0
	計		4,069,782	19.1	4,175,653	19.6	105,871	2.6
その他の経費	物件費		1,841,776	8.6	2,071,359	9.7	229,583	12.5
	補助費等		1,972,202	9.3	2,156,718	10.1	184,516	9.4
	その他		4,839,584	22.7	3,897,735	18.3	△941,849	△19.5
	計		8,653,562	40.6	8,125,812	38.1	△527,750	△6.1
合計			21,298,151	100.0	21,339,809	100.0	41,658	0.2
経常経費充当一般財源額			9,855,129		10,508,137		653,008	6.6

〈義務的経費と投資的経理等〉

義務的経理90億3,834万4千円は、前年度に比べ4億6,353万7千円（5.4％）の増となっている。歳出総額に占める割合は42.3％で、前年度よりも2.0ポイント増となっている。

投資的経費41億7,565万3千円は、前年度に比べ1億587千1千円（2.6％）の増となっている。

その他の経費81億2,581万2千円は、前年度に比べ5億2,775万円（6.1％）の減となっており、これらの経費に充当された経常経費充当一般財源105億813万7千円は、前年度に比べ6億5,300

万8千円（6.6％）の増となっている。
③　財政構造の弾力性

　健全な財政運営の要件は、収支の均衡を保持しながら経済変動や市民要望に対応しうる弾力性をもつものでなければならない。普通会計における財政力の動向、財政構造の弾力性を判断する主要財務比率の年度別推移は、次表のとおりである。

区分 年度	財政力指数	経常収支比率	経常一般財源比率	公債費比率
平成△	0.99	76.7	108.3	12.2
平成〇	1.03	70.6	107.9	10.3
平成〇〇	1.08	73.0	97.8	8.5

ア　財政力指数

　財政力を判断する指標として用いられ、この指数が1を超えるほど財源に余裕があるとされている。本年度は1.08と前年度に比べ0.05ポイント上昇している。

イ　経常収支比率

　財政構造の弾力性を判断する指標として用いられ、通常75％程度に収まることが妥協と考えられており、数値が高いほど、財政が硬直化していることになる。本年度は73.0％と前年度に比べ2.4％ポイント増加している。

ウ　経常一般財源比率

　歳入構造の弾力性の見方として、経常的に収支される税等の一般財源の額と、標準的な行政活動に要する経常収入（標準財源規模）との割合を比較する方法で、100を超える度合いが高ければ高いほど、経常一般財源に余裕があるとされている。本年度は97.8と前年度に比べ10.1ポイント減少している。

エ　公債費比率

　本年度の標準財政規模に対する公債費の割合は、前年度を1.8ポイント下回り8.5％を示している。この公債費比率を近隣類似都市と比較すると平均数値9.1％を0.6ポイント下回っている。

オ　人件費比率

人件費比率の推移

(単位 %)

平成△年度	平成○年度	平成○○年度
35.2	33.2	35.1

　本年度の経常収支における人件費比率は、前年度を1.9ポイント上回り35.1％となっており、近隣類似都市と比較すると平均数値36.7％を1.6ポイント下回っている。

(6) 資金事情

　本年度における各会計（受託水道事業特別会計を除く）の収支実績及び運営状況は第1表のとおりで（表省略）、出納閉鎖時における収支総額326億4,421万2千円、支出総額318億2,813万6千円、差引額8億1,607万6千円の収入超過となっている。四半期ごとの資金収支の状況は次のとおりである。

ア　第1四半期

　年度当初は、義務的経費等の支払いで一時的に資金が不足し、財政調整基金のほか前年度会計及び特別会計からの一時繰替借・貸の運用並びに一般寄付金の収入で資金不足に対処している。

イ　第1四半期

　税、利子割交付金、自動車取得税交付金の収支と前期よりの持越資金を合わせた資金残高であったが、一般会計では消防事務事業東京都委託金、公債費の支払及び下水道事業特別会計への繰出金並びに住吉小学校雨水流出抑制工事費等の支払いもあって7億円の一時借入金を行い資金不足に対処している。

ウ　第3四半期

　当期は、年末の経常経費、12月の期末手当及び泉小学校並びに栄小学校校舎内外壁改修工事費等の支払いと、下水道事業特別会計への繰出金もあって、期末では月計において資金不足となったが、累計において前期よりの繰越しもあり資金不足が免れた。

エ　第4四半期

　当初は、市債償還、他会計繰出金及び3・4・16号線（旧2・2・12号線）街路事業費の用地買収費並びに工事費等の支払いがあったが、期末累計においては利子割交付金等の収入もあり3億5,958万3千円の収入増となった。年度末の一時借入金状況は、23

億円の現在高で主なものは、一般会計で3・4・16号線（旧2・2・12号線）街路事業費の用地買収費11億2,116万5千円を2月に支払うため11億円の一時借入を行ったものであり、残り12億円は下水道工事請負費等の支払いに対処したものである。

出納閉鎖期間に入り、国・都市出金及び市債等の収入により一時借入金金額を完済し、各会計間の資金運用の戻し等の整理をした結果、収支差引は収入超過となっている。以上のとおり本年度の資金事情は収入の根幹である市税収入の微収率において、ここ数年来ほぼ同率の収入を得ているが、なお、予断を許さない状況である。

一時借入金に要した支払利子は1,942万2千円で前年度に比べ183万2千円の減となっている。資金運用においては当初から各会計間の繰替借・貸等の融通で資金不足を補っている。又、余裕金は譲渡性預金等に運用し効率的な保管をしており、その運用による利子収入は7,670万7千円となっている。

10　例月現金出納検査

（現金出納の検査及び公金の収納等の監査）
第235条の2　普通地方公共団体の現金の出納は、毎月例日を定めて監査委員がこれを検査しなければならない。
（2　略）
3　監査委員は、第1項の規定による検査の結果に関する報告又は前項の規定による監査の結果に関する報告を普通地方公共団体の議会及び長に提出しなければならない。

(1) 意義及び目的

監査委員は、法第235条の2第1項の規定により、普通地方公共団体の現金の出納について、毎月例日を定めて検査しなければならないとされており、通常「例月現金出納検査」（以下、本項では「例月検査」という。）と呼ばれている。

普通地方公共団体の出納その他の会計事務は、法律又はこれに基づく政令に特別の定めがあるものを除くほか、会計管理者がこれをつかさどるものとされており（法170条1項）、会計管理者は、当該事務の執行については独立の権限を有しその事務の執行について普通地方公共団体を代表するものであるが、一方では、普通地方公共団体の長の会計監督権に服する（法149条5号）ものとされている。

　監査委員による現金出納の例月検査は、現金出納機関の毎月の事務処理が適正か否かを客観的な第三者の立場から把握しこれを保障する意義を持つと同時に、現金出納に係る事故又は不正の防止を図る手段ともなっており、従来から大きな効果を発揮している。

　例月検査は、法第199条に規定されている監査の一般的な権限のほかに特に与えられている特別の権限の一つであるが、「監査」とせず「検査」という用語を用いたのは、その用例から監査よりも具体的に詳細に調べるという意をあらわしたものであろう。

　したがって、例月検査の内容は、各種の検査資料によって計数を詳細に調査し、現金管理の状況を的確に把握することによって、現金出納の帳尻と現金残高が確実に確認されることが要求される。検査が確実に行われることによって現金出納機関の毎月の計算事務が証明され、一種の責任解除的な効果を持つことにもなろうし、期間中における指導監査的な役割を果たし問題点の把握も容易になる。なお、臨時に出納の検査の必要があると認められる場合には、法第199条第5項の規定に基づく随時監査として実施すればよい。

(2)　対象範囲

　ア　例月検査の対象となる範囲は、普通地方公共団体における「現金の出納」である。「現金の出納」とは、会計管理者の権限に属する現金の出納の意であるが、従来のごとく、単に「出納」と規定される場合は、現金の出納のほか、物品の出納まで含むものと解されるので、物品を除外するため「現金の出納」と規定したとされている。また、公金の収納又は支払いとしなかったのは、これらが現金の出納としてすでに記帳された時点において検査を行うという意であることによるものである。

したがって、未だ記帳に至らない現金は、例月検査の対象とならないと考えられるため、指定金融期間等を経過中の公金は含まれないことになる。

同様に、税金や使用料など窓口で徴収・保管している現金についても、一般には、未だ会計管理者に属する権限に至らない現金として検査の対象から除外されるものと考えられる。なお法第235条の規定により指定された金融機関が保管する公金については、法第235条の2第2項に規定する金融機関に対する監査委員の監査権が働くことになる。

イ　前述のとおり、出納検査の対象となるものは、会計管理者の権限に属する現金の出納に限定されると解するのが一般的であるが、これに関連して疑義の生ずる点を以下に挙げてみよう。

Ⅰ　第1に会計管理者の権限に属する現金の中に前渡金が含まれるか否かということである。資金前渡は会計管理者が記帳の上、正規の支出科目から支払われるものであるから、その時点においては検査の対象となり得るのであるが、現金そのものは前渡受者の手に渡っており、前渡受者は「長」の補助職員であるから現金を管理する権限は長側に移っているものとみなければならず、そうすると会計管理者の権限に属する現金とはいえないので検査の対象にはならないという解釈もでてくる。

このことについては未だ行政実例も有権解釈もでてないが、例月検査に含まれると解釈するほうがより望ましいと考えられるのでここは積極的に解し、検査の対象に含め検査制度の趣旨、目的を勘案すると、前受金の保管状況をみることも含まれるとする説もある。

Ⅱ　また、現金に代えて納付される証券類が対象となるかどうかもよく問題とされる。

地方公共団体の収入の方法は、証紙の売りさばきによるほか、小切手、郵便為替、国債、地方債等によることもできるし（法231条の2第3項、令156条）、入札保証金や契約保証金の納付の場合も国債・地方債などを担保とすることができることになっているので（法234条4項、234条の2第2項、令167条の7第2項、167条の16第2項）、これらの証券類を現金とみなして、例月検査の対象とすることができるかどうかという問題である。これについては、地方自治法上、現金と公金は使い分

けられており、公金とした場合は現金のほかに証券類が含まれるが、現金とされた場合は証券類を含まないとする解釈が有力である。

　しかしながら、現在における経済情勢を反映して、小切手や証券類の取扱、口座振替の利用は地方団体においてもますます増える傾向にあり、これらを検査の対象から除外することはこの制度の趣旨からみて問題があると思われる。

Ⅲ　地方公営企業法には、例月検査に相当する規定はないが、地方自治法が一般法であることから監査委員の一般的権限と同様に公営企業にも適用される。公営企業においては業務に係る出納は管理者が行う（地公企法27条）ので、料金など窓口で保管しているものもすでに記帳の状態にあるものとして監査委員の検査対象に含まれるものとして考えられる。また、出納取扱金融機関等が取扱うものについても管理者は定期及び臨時に検査しなければならない（地公企令22条の5）ことになっている。監査委員は必要があると認めるとき、又は管理者の要求があるときは監査をすることができる（地公企法27条の2）とされている。

Ⅳ　なお、「現金の出納」には、法第170条第2項第3号に規定する有価証券（公有財産又は基金に属するものを含む。）の出納は含まれない（昭40・9・13行実）が、基金に属する現金の出納は含まれることはいうまでもない。

(3) 検査方法

　ア　出納検査は、現金出納機関の毎月の事務処理の適正を客観的に保障し、現金保管に係る事故防止する目的をもって、監査委員本来の職務権限に対する特別の権能として加えられたものであるから、検査は、厳正かつ公正中立の立場で行われるべきであり、その執行に当たっては主観的判断を加えるべきではないが、監査委員がその事務執行の必要から、その時までの検査に当たって、その対象を限定して行うことは何ら差しつかえない（昭　27・10・6行実）であろう。

　イ　例月検査は、毎月例日を定めて実施する（法235条の2）。「毎月例日」とは、毎月たとえば15日又は20日というように定められた日を指すとさ

れている。例月検査の例日を条例で定めておくのが適当であるとする行政実例があるが、例月検査は、それが毎月行われるものであることから、当該検査事務の能率的な運営を期する上からも条例に明記しておくことが適当であるとされたものである。その定め方としては、①一定の日を指定しておく方法、②何日から何日までの間において行うとする方法が考えられる。この場合、①の一定の日を指定しておく場合には、たとえば第一月曜日とする方法と、何日とする方法とがあるが、後者については、その日が休日に当たる場合のことも考慮しておく必要がある。また②の場合においては、その期日の通知の手続を定めておくことが適当であると考えられる。

なお、実際の運用に当たっては、他の監査日程との関係などで相手側と打ち合わせをして基準日の前後に実施日を決めて行うことも考えられる。

実施の際にみる帳簿書類は前述の現金出納に係るもの一切であるが、現実には全部を検査することは困難であると思われるので、効率的に行うには検査事項と着眼点を定め、それに見合う資料を提出させることとなる。

検査の対象とする期間の範囲については特に定めないが実施当日分を対象とすることは困難であり、また当日分についても計数整理が未了なものが多いので、前月または前々月末までの計数を対象とすることが適当であろう。地公企法第31条には「管理者は、毎月末日をもつて試算表その他当該企業の計理状況を明らかにするために必要な書類を作成し、翌月20日までに当該地方公共団体の長に提出しなければならない。」と規定されているので、例月検査の実施日もできるだけこの直後に選定することが適当である。

ただし、検査項目の一つに「現金保管状況の検査」を入れるとすれば実施当日の現金保管状況を対象とすることになろう。

ウ　検査項目、着眼点、検査資料を挙げれば次のとおりである。
Ⅰ　検査項目
　ⅰ　計数の確認
　ⅱ　財政状況の分析
　ⅲ　現金在高の確認

Ⅱ 着眼点
　ⅰ 計数の確認
　　① 現金出納に係る諸帳簿と証処書類及び検査資料は符合しているか。
　　② 記帳の方法、計算は法令規定に従って誤りがないか。
　　③ 収支計数は適正な証書類に基づいているか。
　　④ 収支の時期、金額に不審な点がないか。
　ⅱ 財政収支の動態
　　① 各科目で前月に比較して異常な増減があるか、その理由は何か。
　　② 資金の長期計画、短期計画は現状のままでよいか。
　　③ 一時借入金の限度額、時期及び方法等、資金操りは適切か。
　　④ 予算は効率的に執行されているか。
　　⑤ 事業の実績からみて、進行管理につき、助言、勧告の必要がないか。
　ⅲ 現金在高の確認
　　① 検査資料と前渡金整理帳簿、現金出納簿、預り金受払簿、有価証券整理簿などの各帳簿残高が符合しているか。
　　② 手持現金と預金残高が帳簿残高と合致しているか。
　（公営企業会計）
　　③ 現預金の運用について有利性・確実性に配慮しているか。
　　④ 有価証券の所有について検討すべき点はないか。
　　⑤ 前渡金、釣銭等の保管について安全が図られているか、清算事務は遅滞なく処理されているか。

Ⅲ ペイオフ対策の実施状況検査

　平成14年4月からペイオフの一部解禁が行われ、定期預金についてペイオフ対策検査が実施されることになった。

　平成17年4月からは全面解禁され、地方公共団体の普通預金についても解禁になる予定で、公金の保護がはかられなくなる。

　法第235条の4第1項、令第168条の6及び地公企令第22条の6第1項の規定に基づき監査委員は、新たに例月現金出納検査で会計管理者及び管理者の余裕金の運用の妥当性を吟味する必要性が生じてきた。

　具体的には金融機関の経営内容を評価する必要があるので、会計管理者、

管理者のもとに「公金管理検討委員会」を設置し、専門家による金融機関の経営内容の評価、良否の審議をする必要がある。会計管理者、管理者は、その審議の内容を参考として公金管理をすることになる。

　会計管理者、管理者が行うペイオフ対策としては、次の六つが挙げられる。

① 　預金保険
② 　地方債との相殺
③ 　株価による評価
④ 　経営分析
　　　 a 自己資本比率
　　　 b 不良債権比率
⑤ 　格付団体の格付
⑥ 　その他
　　　 a 預金総額の推移
　　　 b 業務純益額の推移

①の預金保険については、現在「地方公共団体預金保険機構」が存在しないので公金の保護を制度的に実施することは期待できない。

②の地方債との相殺は、市の発行する市債を縁故募集として指定金融機関等に引き受けさせ、一方、預託契約において、もしも預金が引き出し不能となった場合には市債も償還を免れるように特約条項を設けることで市債の縁故募集を行っている市においては実施可能である。

③の株価による評価は、株式市場に上場されている金融機関については、毎週、週末の終値のグラフを作成し、株価の変化、動向をみるとともに、月間平均値なり週間平均値が一定金額、たとえば50円株の場合に市価が100円を割ったような場合には公金の預託を中止する等の措置を講ずることにする。

④の経営分析は、株式を上場している金融機関も株式を上場していない信金、信組、農協等も、すべて毎決算期又は中間決算期あるいは四半期ごとに各金融機関の経営分析表の提出を求め、特にaの自己資本比率とbの不良債権比率について分析、評価を行う。

　この場合aの自己資本比率がbの不良債権比率よりも良ければ良好と

判断することができ、悪ければ不良と判断することになる。

	A	B	C
a 自己資本比率（％）	10以上	5～10	5未満
b 不良債権比率（％）	5未満	5～10	10以上

　たとえば上のような判断基準の場合、aの自己資本比率が8％でbの不良債権比率が6％の場合は良好で、逆にaの自己資本比率が6％でbの不良債権比率が8％の場合は不良であると判断することができる。

　⑤の格付団体の格付は、海外及び国内の格付団体が発表する格付値によって、公金を取扱う金融機関がどのような位置付けになっているかを把握し金融機関の経営内容の良否を判断する。

　⑥のその他のaは、預金総額の推移をみて、増加傾向にあれば良好と判断し、減少傾向にあれば不良と判断し、一層の情報収集に努める必要がある。

　bの業務純益額の推移は、増加傾向にあれば良好と判断し、減少傾向にあれば不良と判断することができる。

　監査委員は例月検査において、会計管理者及び公営企業、管理者のペイオフ対策の実施状況を検査しなければならない。

(4) 検査の結果

　監査委員は、法第235条の2第1項の規定による検査の結果に関する報告を普通地方公共団体の議会及び長に提出しなければならない（法235条の2第3項）とされている。

　議会及び長に対する検査の結果に関する報告の提出は、必ず行わなければならないが、その公表については義務付けられてはいない。例月検査の重点は、現金出納事務の検証にあることから、その効果の大きさに比較して報告内容には住民に公表する意義に乏しいと考えられるのであえて公表する必要もないであろう。

　公表の事例としては後掲表1-21（188頁）を参照されたい。

■1-5　基金運営基準に基づく預託先金融機関の安全性判断基準

金融機関名	自己資本比率 BIS基準		格付（2006/2/28）		
			Moodys	いずれかの低位を適用	
	連結(％)	単体(％)		S&P	R&I
みずほ銀行みずほコーポレート銀行合算	10.73	―	A1	A	A
東京三菱銀行	11.17	11.47	A1	A	A+
UFJ銀行	11.66	―			
三井住友銀行	11.19	12.00	A1	A	A
りそな銀行	9.15	10.20	A3	BBB+	BBB+
東京都民銀行	9.40	9.43	―	―	BBB
東和銀行	8.19	8.23	―	―	―
東京スター銀行	9.04	8.93	―	―	A-(JCR)
八千代銀行	9.36	9.32	―	―	―
UFJ信託銀行	13.69	13.52	A1	A	AA-(JCR)
中央三井信託銀行	11.01	10.33	Baa1	A-	A-(JCR)
朝日信用金庫	―	7.91	―	―	―
興産信用金庫	―	10.05	―	―	―
東京シティ信用金庫	―	7.08	―	―	―
芝信用金庫	―	9.02	―	―	―
東京東信用金庫	―	8.64	―	―	―
東京三協信用金庫	―	9.31	―	―	―
西京信用金庫	―	9.94	―	―	―
西武信用金庫	―	9.02	―	―	―
東京信用金庫	―	8.71	―	―	―
城北信用金庫	6.83	6.87	―	―	―
巣鴨信用金庫	―	9.26	―	―	―
東京都職員信用金庫	―	16.75	―	―	―
中央労働金庫	―	8.33	―	―	―
東京あおば農協	―	15.52	―	―	A
信州うえだ農協	―	12.30	―	―	―
千葉県信用漁協	9.70	9.70	―	―	―
静岡県信用漁協	―	8.57	―	―	―
野村證券			A3	A-	A+
日興コーディアル証券			Baa2	BBB+	A-
大和証券			Baa1	BBB+	A-
みずほインベスターズ証券			―	―	―
新光証券			―	―	BBB

※この表に記載してあるデータは、各金融機関から回答のあったデータ、ディスクロージャー誌およびホームページ等から抽出したデータにより作成している。
※証券会社の業務純益額は、当期純利益を記入している。

第1章 監査委員による監査　159

平成17年9月期（決算期）の事例

株価		附加基準 不良債権比率(%)		業務純益額		預金量	
2005/9/30 終値 円	2006/3/20 終値 円	リスク管理債権	金融再生法開示債権	16年9月期（億円）	17年9月期（億円）	16年9月期（億円）	17年9月期（億円）
722	926	1.99	1.85	3,961	5,647	559,260	808,130
1,490	1,690	2.05	2.07	3,889	4,253	595,443	607,647
—	—	3.74	3.40	3,550	3,881	531,716	493,501
1,070	1,250	2.70	2.50	4,716	4,986	620,116	659,835
293	385	3.27	3.09	1,432	1,125	212,346	217,227
3,700	4,960	4.39	5.41	75	27	21,501	21,665
—	—	7.23	7.18	42	41	16,738	16,869
—	—	3.89	3.96	91	86	12,131	13,071
—	—	8.55	8.50	54	48	18,608	18,643
1,490	1,690	2.43	2.36	378	368	34,891	30,876
1,572	1,661	2.20	2.14	—	800	89,414	89,411
—	—	—	9.50	61	64	15,629	15,835
—	—	—	9.47	10	13	3,171	3,251
—	—	12.06	11.65	28	28	5,860	6,102
—	—	7.90	7.80	18	17	8,427	8,637
—	—	—	13.47	—	76	15,438	14,955
—	—	8.54	8.23	3	4	1,248	1,322
—	—	3.98	3.93	9	7	5,652	5,749
—	—	4.89	4.88	30	34	11,761	11,788
—	—	—	—	—	18	5,955	6,163
—	—	13.19	12.93	74	65	23,301	23,107
—	—	—	—	29	33	13,033	13,332
—	—	0.56	0.56	5	7	800	734
—	—	1.25	1.50	77	80	41,845	41,789
—	—	9.01	9.77	10	4	3,649	3,744
—	—	18.70	18.60	—	▲1	2,852	2,956
—	—	68.18	68.75	—	1	—	618
—	—	—	20.06	▲2	▲4	1,162	1,120
1,761	2,595			550	762		
1,313	2,005			105	210		
887	1,573			59	162		
268	394			25	95		
420	660			65	149		

(5) 検査の実務
　H市における一般会計等の例月検査は、次のように実施されている。
　ア　検査項目
　　① 計数の正確性検証
　　② 財政状況の分析
　　③ 現金、預金、一時借入金残高の確認

　イ　着眼点
　　① 計数の正確性検証
　　　・現金出納に係る諸帳簿と証拠書類及び検査資料は符合しているか。
　　　・記帳方法、計算は法令、規定に従っており誤りがないか。
　　　・収支計算は適正な証拠証書類に基づいているか。
　　　・収支時期、金額に不審な点はないか。
　　② 財政状況の分析
　　　・各科目で前月と比較して異常な増減がないか、その理由は何か。
　　　・資金の長期計画、短期計画は現状のままでよいか。
　　　・一時借入金の時期及び方法等、資金繰りは適切か。
　　　・予算は効率的に執行されているか。
　　　・事務事業の実績からみて、進行管理につき、助言、勧告の必要がないか。
　　③ 現金、預金等の確認
　　　・検査資料と前渡金整理簿、現金出納簿、有価証券整理簿等の各帳簿残高が符合しているか。
　　　・手持現金、預金残高が帳簿残高と合致しているか。
　　　・預金と一時借入金の残高が、金融機関の残高証明書の残高と一致しているか。
　　　・預金の運用について効率性、確実性を配慮しているか。
　　　・有価証券の所有について検討すべき点はないか。
　　　・前渡金、釣銭等の保管について安全が図られているか、また精算事務は遅滞なく処理されているか。

ウ　検査手続
①　諸検査資料の計算突合を行う。

会計管理者から提出された諸検査資料について、縦、横の計算を検算する。検査資料については被検査側で一応検算されているはずであるが、住々にして計算ミスが発見されるので検査手続としての「計算調」を欠かすことはできない。

監査側としては、この検査手続は通常実施すべき検査手続であるから、資料提出の行われた段階で必ず検算しておかなければならない。

②　現金残高一覧表を徴し実査する。

例月検査の対象は、会計管理者の権限に属する現金に限られると解されているが、地方公共団体の現金にはそのほかにも、前渡金、概算払金等があるので、監査側としては毎月の例月検査資料として後掲のような資金前渡状況調、概算払状況調等の調書を提出させ、通査するとともに必要に応じて実査しなければならない。

③　諸預金、一時借入金の残高について残高証明書、預金通帳、預金証書と突合する。

預金については、普通預金、当座預金、定期預金、通知預金、段階預金の別にそれぞれ預金通帳、預金証書、残高証明書と残高をチェックする。普通預金、当座預金については受払い記入を証憑書類と突合しなければならない。定期預金、通知預金の増減異動についてもその原因を確かめておく必要がある。

一時借入金については借入れ利率の妥当性について吟味するとともに、毎月指定金融機関等の残高証明書を徴し、増減異動を確かめておく必要がある。

④　現金、預金、一時借入金の出納については帳簿突合、証憑突合、計算突合を行う。

現金、預金の受払いについては、毎月、月初、月末の記入について証憑書類と突合する。預金の受入れについては、ラッピング（Lapping：たらい廻し）が行われていないかどうか特に注意する。

預金の支払いについては、毎月、支払指定日に支払うべきものが、ズレていないかどうかに注意する。

⑤　過去3ヶ月の資金繰りの状況と、今後3ヶ月の資金計画について説明を聴取する。特に一時借入金の借入、返済について留意する。

⑥　収納状況の良否を検討する。

都道府県税、市町村税等の歳入の調定額に対して収入済額の著しく少ないものについてその原因を調査する。

滞納金については滞納整理の状況を質問し、必要に応じて書面による回答を徴する。

⑦　歳出予算の執行状況の良否、適否を検討する。

歳出予算の執行に当たっては適法であるかどうか、タイムリー（適時）に適正額の支出が行われているかどうかを検討し、違法、不当支出の有無に留意する。

④の検査手続が出納の正確性の検証を中心とするチェッキングであるのに対して、⑥、⑦の検査手続は、歳入歳出の内容の当、不当の検討に重点が置かれる。したがって、④の検査手続は判断を必要としないので初級の監査事務局職員によって担当させることができるが、⑥、⑦の検査手続は判断を必要とするので、中級以上の責任を有する監査事務局職員によって実施されなければならない。

⑧　前渡金、概算払金の状況を検査する。

⑨　保管現金、預金の運用状況の良否、適否を検討する。

余裕金の運用は、適正かつ妥当に行われているかどうか、受取利息等の計上が適正に行われているかどうかを検査する。

⑩　金庫の管理は厳正に行われているかどうかを確かめる。

鍵の管理状況、金融機関の利用状況、貸金庫か保護預かりについて検査する。

⑪　指定金融機関の検査状況について説明を徴する。

会計管理者は、定期または臨時に指定金融機関等を検査しなければならないことになっている（令168条の4第1項）ので、その検査の実施状況の報告を受け（同条3項）、監査委員の指定金融機関監査（法235条の2第2項）の必要性を吟味する。

エ　検査資料

普通会計の例月検査の資料をH市の場合を事例として挙げると表1-6〜表1-16のようになっている。

■表1-6

平成　年度・例月現金出納検査資料

　　　　　　　当座預金残高表

○○銀行H支店

　　　　　　　　　　　　　　平成　年　月　日現在（単位　円）

小切手支払未済資金

会計区分	金　　額	小切手振出日	小切手番号	振　出　先
歳入歳出外現金				

■表 1-7

一時借入金

平成　年　月　日分

平成　年　月　日現在（単位　円）

会計区分	金融機関名	借入利息 %	前月末現在	当月借入額	当月返済額	当月末残額
下水道事業特別会計	○○銀行H支店					
合　計						

現金残高表

平成　年　月　日現在（単位　円）

会　計　区　分	金融機関名	当座預金	普通預金	定期預金	通知預金	譲渡性預金等	合　計	摘要
一　般　会　計								
歳入歳出外現金								
国民健康保険特別会計								
受託水道事業特別会計								
下水道事業特別会計								
老人保健（医療）特別会計								

職　員　の 退職手当基金								
財政調整基金								
用品調達基金								
奨 学 金 基 金								
社会教育施設 建　設　基　金								
国民健康保険 事業運営基金								
土地開発基金								
都　市　計　画 事　業　基　金								
学　校　施　設 整　備　基　金								
高額療養費等 貸　付　基　金								
国民年金印紙 購　入　基　金								
老人の看護料 資金貸付基金								
緑 化 基 金								
市民文化会館 建　設　基　金								
〜〜〜〜〜	〜	〜	〜	〜	〜	〜	〜	〜
郵便振替口座								
合　　計								

■表1-8

現金受払現計表 (1)

平成　年　月分

平成　年　月　日現在（単位　円）

会　計　別	前月繰越高	受入高	支払高	残　高
一　般　会　計				
歳　計　現　金				
一　時　借　入　金				
手　持　現　金				
支　払　資　金				
譲　渡　性　預　金　等				
繰替借　歳入歳出外現金				
繰替貸　国民健康保険特別会計				
下水道事業特別会計				
国民健康保険特別会計				
歳　計　現　金				
一　時　借　入　金				
繰替借　一般会計				
繰替貸				
下水道事業特別会計				
歳　計　現　金				
一　時　借　入　金				
繰替借　一般会計				
繰替貸				
老人保険（医療）特別会計				
歳　計　現　金				
一　時　借　入　金				
繰替借				
繰替貸				

■表1-9

現金受払現計表 (2)

(単位 円)

会 計 別	前月繰越高	受 入 高	支 払 高	残 高
受託水道事業特別会計				
歳 計 現 金				
一 時 借 入 金				
手 持 現 金				
繰 替 借				
繰 替 貸				
歳 計 現 金				
一 時 借 入 金				
繰 替 借				
繰 替 貸				
歳 計 現 金				
一 時 借 入 金				
繰 替 借				
繰 替 貸				
歳 入 歳 出 外 現 金				
歳 入 歳 出 外 現 金				
定 期 預 金				
繰 替 借				
繰 替 貸　一般会計				

■表1-10

歳入歳出外現金受払表

平成　年　月分

平成　年　月　日現在（単位　円）

科　　目	前月繰越高	受　入　高	支　払　高	残　　高
(1) 保証金				
ア　入札保証金				
イ　公売保証金				
ウ　契約保証金				
エ　市営住宅保証金				
オ　その他保証金				
(2) 保管金				
ア　源泉徴収所得税				
イ　特別徴収に係る都道府県区市町村民税				
ウ　徴収受託金				
エ　都税都民税				
オ　その他都税				
カ　共済組合納付金				
キ　その他給与からの条例控除分				
ク　共済組合納付金				
ケ　農地等対価徴収金				
コ　水道料金等				
サ　その他保管金				
(3) 公売代金				
ア　差押物件公売代金				
イ　競売配当金				
(4) 遺留金				
ア　遺留金				
(5) その他雑部金				
ア　その他雑部金				
合　　計				

■表1-11

基金増減表（1）

平成　年　月分

職員の退職手当基金

平成　年　月　日現在（単位　円）

区分	前月繰越高	増加高	減少高	残高
譲渡性預金等				
普通預金				
合計				

財政調整基金

区分	前月繰越高	増加高	減少高	残高
譲渡性預金等				
普通預金				
合計				

用品調達基金

区分	前月繰越高	増加高	減少高	残高
普通預金				
合計				

奨学金基金

区分	前月繰越高	増加高	減少高	残高
普通預金				
譲渡性預金等				
通知預金				
合計				

社会教育施設建設基金

区分	前月繰越高	増加高	減少高	残高
譲渡性預金等				
普通預金				
合計				

■表1-12

基金増減表（2）

平成　年　月分

土地開発基金　　　　　　　　　　　　　　　　　　平成　年　月　日現在（単位　円）

区　　　　　分	前月繰越高	増　加　高	減　少　高	残　　　　高
譲渡性預金等				
普　通　預　金				
合　　　　計				

都市計画事業基金

区　　　　　分	前月繰越高	増　加　高	減　少　高	残　　　　高
譲渡性預金等				
普　通　預　金				
合　　　　計				

学校施設整備基金

区　　　　　分	前月繰越高	増　加　高	減　少　高	残　　　　高
譲渡性預金等				
普　通　預　金				
合　　　　計				

高額療養費等貸付基金

区　　　　　分	前月繰越高	増　加　高	減　少　高	残　　　　高
普　通　預　金				
合　　　　計				

国民年金印紙購入基金

区　　　　　分	前月繰越高	増　加　高	減　少　高	残　　　　高
普　通　預　金				
合　　　　計				

■表1-13

基金増減表 (3)

平成　年　月分

老人の看護料資金貸付基金　　　　　　　　平成　年　月　日現在（単位　円）

区　　　　分	前月繰越高	増　加　高	減　少　高	残　　　高
普　通　預　金				
合　　　計				

国民健康保険事業運営基金

区　　　　分	前月繰越高	増　加　高	減　少　高	残　　　高
譲渡性預金等				
普　通　預　金				
合　　　計				

市民文化会館建設基金

区　　　　分	前月繰越高	増　加　高	減　少　高	残　　　高
譲渡性預金等				
普　通　預　金				
合　　　計				

緑化基金

区　　　　分	前月繰越高	増　加　高	減　少　高	残　　　高
譲渡性預金等				
普　通　預　金				
合　　　計				

区　　　　分	前月繰越高	増　加　高	減　少　高	残　　　高

■表1-14

郵便振替口座受払表

平成　年　月分　　　　　　　　　　　　　　平成　年　月　日現在（単位　円）

区　　　分	前月繰越高	受　入　高	支　出　高	残　　　高
合　　計				

■表1-15

資金前渡状況調

平成　年　月　日現在（単位　円）

区分＼科目	資　金　前　渡　額		未精算額	備　　考
	前月までの未精算額	本　月　前　渡　額		
一般会計				

■表1-16

概算払状況調

平成　年　月　日現在（単位　円）

区分＼科目	概　算　払　額		未精算額	備　　考
	前月までの未精算額	本　月　概　算　額		
一般会計				

オ 例月現金出納検査報告書

普通会計の例月現金出納検査報告書の事例を示すと、H市の場合、表1-17のとおりである。

■表1-17

例月現金出納検査報告書

1 検査の対象　　平成○年3月分
　　　一般会計、国民健康保険特別会計、下水道事業特別会計、受託水道事業特別会計、老人保健（医療）特別会計、
　　　奨学金基金、土地開発基金、用品調達基金、職員の退職手当基金、都市計画事業基金、国民健康保険高額療養費等貸付基金、学校施設整備基金、財政調整基金、社会教育施設建設基金、国民健康保険事業運営基金、国民年金印紙購入基金、老人の看護料資金貸付基金、市民文化会館建設基金、緑化基金、地域福祉振興基金、歳入歳出外現金

　　　以上の現金、預金、一時借入金等の出納保管状況

2 実施検査年月日　　平成○年4月30日

3 検査の手続
　　　検査の対象となった各会計、各基金及び歳入歳出外現金の現金の出納事務について、計数は正確か、現金、預金、借入金の管理状況は適正かに主眼をおき、それぞれの関係帳簿、証書との照合、その他通常実施すべき検査手続を実施した。

4 検査の結果
　　　検査調書記載の計数と関係諸帳簿、証書類により計数審査を行い、平成○年3月31日における各金融機関提出の預金及び借入金等残高証明書を照合した結果、各会計、各基金及び歳入歳出外現金とも計数上の誤りは認められなかった。

(6) 公営企業会計の例月出納検査

　公営企業会計の例月出納検査については、地方自治法の特別法である地方公営企業法には明文の規定がないため、地方自治法第235条の2第1項の規定により実施されることになる。

　地方公営企業における例月出納検査の目的は、地方公営企業の管理者から提出された検査資料について、毎月の計数を照合し、その正確性を確かめるとともに、現金、預金の出納業務並びに管理業務が適正に遂行されているか否かについて検査することにある。

　したがって、まず被監査側の企業会計の仕組みを理解する必要がある。

　公営企業会計の仕組みは、次のようになっている。

| 経済活動 | ⇒ | 取　引 | ⇒ | 仕　訳 | ⇒ | 日計表 | ⇒ |
| 試算表 | ⇒ | 精算表 | ⇒ | 決　算 | ⇒ | 申　告 | |

　たとえば、給水サービスや運輸サービス、あるいは診療行為等の経済活動を行うと、おカネやモノが増減する。貸借対照表の資産、負債、資本に増減異動を及ぼす一切の事実を「取引」という。取引が行われるとこれを「仕訳」する。仕訳とはどの勘定のいずれの側に、いくら金額を記入するかということで、換言すれば伝票を切ることをいう。そして、1日100枚、200枚の伝票を発行する場合、その総括表として1日の経済活動結果をまとめて「日計表」を作成する。これを30日繰り返して1ヶ月経った時、総括表として、「月次試算表」を作成し、複式簿記の自動検証機能を発揮して、1ヶ月の簿記が間違いないかどうかを確かめながら翌月へと進めて行くことになる。このような手続きを12ヶ月繰り返して、やがて事業年度末になると、まず「精算表」を作成して帳簿外決算を行う。そして、1年間の会計管理が間違いないかどうかを確かめ、間違いない場合に帳簿を締切り、決算書の作成という「決算」を行い、消費税の「申告」行うことになる。

　複式簿記において補助簿は、1枚1枚の伝票で記帳し、総勘定元帳は、日計表によって一括転記することになる。そして、例月検査の対象になる月次試算表は、総勘定元帳によって作成される。したがって、例月検査の手続きは遡及法によって、月次試算表を総勘定元帳と照合し、さらに補助

簿へと照合していくことになる。

　地方公営企業における例月検査の資料としては、次のようなものが必要である（表1-18参照）。

　　ア　月次試算表
　　イ　予算現計表
　　ウ　資金予算表
　　エ　現金預金受払月計表
　　オ　預り金受払月計表
　　カ　有価証券明細表
　　キ　月間資金収支表
　　ク　現金預金内訳表

■表1-18

ア　月次試算表

借　方			勘定科目	貸方		
残高	合計			合計		残高
	累計	当月		当月	累計	
			有形固定資産			
			無形固定資産			
			⋮			
			合　計			

イ　予算現計表

1　収入

科　目	予算額	前月未収入済額	本月収入額	計	差引予算残高
収益的収入					
営業収益					
営業外収益					
資本的収入					
企業債収入					
収入合計					

2 支出

科　　　　目	予　算　額	前月未支出済額	本月支出額	計	差引予算残額
収　益　的　支　出					
営業費用					
営業外費用					
資　本　的　支　出					
建設改良費					
支　出　合　計					

ウ　資金予算表

区　　　分	科　目　別	執　行　済　額	翌　月　予　定	翌　々　月
収　　入				
支　　出				
収　支　差　引 前　月　よ　り				
翌月への繰越				

エ　現金預金受払月計表

科　　目	前　月　残　高	本　月　収　入　高	本　月　支　出　高	本　月　末　残　高
収　益　的　収　支 ⋮				
資　本　的　収　支 ⋮				
整　理　勘　定 未　　収　　金 ⋮				
一　時　借　入　金 ⋮				
合　　　計				

オ 預り金受払現計表

科　　目	前月繰越高	本月受高	本月払高	本月末残高
預り保証金 預り税金 預り保険料 その他預り金 ：				
合　　計				

カ 有価証券明細表

種　　目	株数又は枚数	券面金額	払込金額	備　　考
何々株式 ：				
合　　計				

キ 月間資金収支表

日　付	前日よりの繰越	当日収入	当日支出	当日残高
1　月				
31　水				
本月分合計				

ク 現金預金内訳表

科　　目	前月残高	本月収入高	本月支出高	本月末残高
現　　金				
現　金 　釣　銭				
預　　金				
当座預金 　別段預金 　普通預金 　振替貯金				
合　　計				

(注) 支払未済小切手××月末金額×××円である。

ア　月次試算表

　月次試算表は「地方公営企業法及び同法施行に関する命令の実施についての依命通達」の17により、資金予算表とともに例月検査の資料として提出されることになっている。ただし、この月次試算表の監査に当たっては、前述のように例月検査が決算審査の期中監査的な位置を占めることを考えて、各勘定についての取引記帳の監査手続を実施しなければならない。

　決算審査の実施期間が、毎年6月から8月にかけての数ヶ月間であることから、この期間中に1事業年度分の取引記帳の監査及び勘定残高の監査並びに決算記帳の監査を実施することはきわめて困難な状態にある。そこで、例月検査や定期監査を実施し、決算審査期間中には、可能な限り勘定残高の監査と決算記帳の監査のみを実施すれば十分なように監査事務を配分することが合理的である。

　具体的に月次試算表の検査手続を述べると次のようになる。

① 　試算表は、総勘定元帳の各勘定残高を集合することによって、作成されるので、月次試算表の検査に当たっては、まず月次試算表の各勘定科目の残高と総勘定元帳の各勘定残高とを照合し、一致していることを確かめる必要がある。この場合、内訳帳のある勘定科目については、月次試算表の残高と内訳帳の残高とを照合する方法が、より有効であることはいうまでもない。

② 　次に前年同月の月次試算表と当月の月次試算表とを比較検討し、各勘定科目について当月における異常な取引の有無を確かめる。そして、異常項目を発見した場合には、総勘定元帳から内訳帳へ、内訳帳からさらに伝票へ、伝票から証憑書類へと分析法により追及し、事業活動、取引内容の実態を把握しておく必要がある。

③ 　総勘定元帳や内訳帳を通査し、例外事項について伝票及び原議並びに証憑書類等の提出を求めて、当該取引の実態を把握しておくことも例月検査における重要な検査手続の一つである。このようにして、常日頃から被監査側の各公営企業の経営の実態を把握しておくことが、後日決算審査において各事業年度の経営状況について意見を表明する場合にきわめて役立ってくるのである。

④ 　さらに、月次試算表の検査に当たっては、取引記帳の検査手続を実

施しなければならない。
　　取引記帳とは、公営企業が行った一切の経営活動が、正規の簿記の原則に従って会計帳簿に設けられた勘定に記録される会計記録のことをいう。

公営企業における取引記帳検査の目的は、会計記録が地方公営企業関係法令や財務規程、会計規程等に従っているかどうかを確かめることにある。このため、検査担当者は取引記帳について、証憑突合、帳簿突合、計算突合等の一般的検査手続を選択適用するばかりではなく、進んで証拠資料の内容を検討し、実査、質問等の個別的検査手続をも選択適用する必要がある。

取引記帳の検査を行うべき勘定並びに取引記帳の範囲は、後述する内部統制組織の信頼性、その他を勘案して、検査担当者が決定することになるが、料金収入等の損益取引については毎月実施すべきである。

これに対して、未収金や未払金等の貸借対照表科目については、3ヶ月ぐらいで1回転するように順次実施すれば十分だと思われる。ただし、固定資産の取得・処分の取引については、例外的にその増加高及び減少高の内容を詳細に分析し、検査すべきである。

固定資産についての会計整理は、予算経理を行うため、減価償却の開始が翌事業年度からとなっていることもあって、住々にして年度末に集中する傾向が見受けられるが、検査の立場からは、できるだけ早期に会計整理するよう指導すべきである。こうすることによって、年度末における決算の作成も容易になり、一方、決算審査に当たってその負担を軽くすることができるからである。

　イ　予算現計表

予算現計表は、毎月末現在における予算の執行状況を示すものである。公営企業の予算は、一般会計の予算と異なって、収益的収入支出の予算と資本的収入支出の予算とがあるので、予算現計表はこれらの別に、各「目」を単位として作成される。

収益的収入支出の予算の執行状況により、毎月末現在におけるおおよその経営成績と、今後の見通しを予測することができるようになる。また、

資本的収入支出の予算の執行状況により、建設改良工事等の計画に対する実績の進捗状況を察知することができる。

そして、このように毎月末の予算の執行状況を検査することによって、監査委員は、管理者が実施する各事業の進行管理に必要な助言と勧告を行うことができるようになるのである。したがって、たとえ例月検査報告書は無限定適正検査として特に指摘すべき事項はなくとも、検査の結果、知り得た各公営企業の経営状況を、首長または管理者と監査委員との定例会見の際に、適時に議題として取り上げることが望ましい。もちろん、決算審査意見書では、経営状況の項でこれら毎月把握してきた各事業の執行状況をとりまとめて意見を構成することはいうまでもない。

具体的に、予算現計表の検査の実施手続を述べると、次のようになる。

① 予算現計表は、収入支出予算の計画執行整理簿（予算差引簿）により作成されるので、予算現計表の各科目の金額を、予算差引簿の金額と照合し、正確性を確かめる。

② 次いで、予算差引簿を通査する。必要に応じて分析法により一般的検査手続を実施する。また、質問等の個別的検査手続を実施することなどは、月次試算表の検査要領と同じである。

なお、地方公営企業の予算経理は単式簿記の方式を採用しているので予算の計画執行整理簿の記帳には［借方］、［貸方］はない。

　ウ　資金予算表

資金予算表は、月次試算表とともに公営企業の計理状況報告のために必要な書類として、毎月作成されるものである（地公企則11条）。

公営企業の予算は、発生主義によって作成されているため、その予算の執行が必ずしも現金の収支を伴うものとは限らない。そこで、別途、資金計画を策定して、現金の収支状況を把握する必要が生じてくる。

資金予算表は、この資金計画をさらに短期に見積もった、いわば一般私企業における資金繰り予定表と実績表とを兼ねたものである。したがって、これにより毎月末における現金の収支状況の実績を知ることができるとともに、今後2ヶ月間の資金収支の予定を推測することができるのである。

例月検査に当たっては、かかる資金予算表を資料として、毎月の資金の

収支状況を把握することにより、各公営企業の健全な財政運営のために必要な助言と勧告をすることができるようになるのである。助言と勧告は、首長または管理者との定例会見の時などに適時に実施すべきである。そして、決算審査意見書では、別に1年間の資金運用表を作成して、毎月把握してきた資金収支の状況をまとめて意見を構成することになる。

経常損益が赤字の公営企業においては、おのずから毎月の資金繰りが困難となり、一時借入金に一切のしわよせがくることになる。

したがって、資金予算表の検査の実施手続は、次のように行われる。

① 一時借入金の借入限度額に留意するとともに、借入時期、借入方法、借入利率の当、不当についても吟味する。

② 次いで、資金予算表の実績額については、一般的検査手続によってその正確性を確かめなければならない。必要に応じて個別的検査手続を実施すべきことはいうまでもない。

エ　現金預金受払月計表

現金預金受払月計表は、毎月における現金預金の収支実績を示すもので、資金計画及び資金予算表と同一の科目に分類表示されている。

この現金預金受払月計表により毎月の現金預金の運用状況が明らかになるので、資金計画及び資金予算表とともに事業の健全な資金運用についての判断を下す資料として有効に役立てるべきである。

現金預金受払月計表の実施手続は、次のとおりである。

① 資金予算表の各科目（たとえば貯蔵品鑑定）の当月までの実績額の収支差額が、現金預金受払月計表の本月末残高と一致すべきであるから、現金預金受払月計表の正確性を確かめる場合には、各科目ごとに資金予算表との照合を行う必要がある。

② 現金預金受払月計表の前月残高欄は、すでに前月において資金予算表の実績欄と照合済みであり、本月末残高も同じく当月の資金予算表の実績欄と照合し、一致すれば、あとは本月収入高欄のみの正確性を確かめれば、本月支出高欄は算術計算的に検証されることになる。一般に公営企業会計の場合には、支出額のチェッキングをするよりも収入額のチェッキングをする方が容易であるから、あらゆる監査・検査を

通じてそのような合理的な検証方法を研究し、実施すべきである。すなわち、「勘定分析」という検査技術を選択適用するということである。

オ　預り金受払現計表

預り金受払現計表は、毎月における預り金（予算外収入支出）の受払実績と残高とを示すものである。

① この表の検査も勘定分析によって、前述のようにまず前月繰越高の照合と、本月末残高との照合を実施し、あとは本月受高の検証を行うようにする。
② 本月末残高は、総勘定元帳及び内訳帳の預り金勘定の残高金額と照合し、その正確性を確かめなければならない。
③ 本月受高も同様にして、総勘定元帳及び内訳帳の当該勘定科目金額と照合するわけではあるが、この際、特に預り金の発生事由に留意し、必要ある場合には伝票、原議、証憑書類等を検査して、取引内容の妥当性をも吟味すべきである。
④ なお、預り保証金、源泉所得税、源泉住民税、預り社会保険料、その他預り金等を通じて、長期間滞留しているものについては、適時に原因の追求をし、常に取引の実態把握に努めるべきである。

カ　有価証券明細表

有価証券明細表は、所有する有価証券の毎月末残高の明細表である。

地方自治法の解説では、例月検査の対象は「現金」であり、会計管理者が保管する現金預金を対象に行うことになっているが、監査論の立場からみると、有価証券はきわめて換金性が強いので、現金預金と一体として検査しなければならない対象に含まれることになる。

通常は、有価証券明細表の払込金額と、総勘定元帳及び内訳帳の当該勘定科目金額とが一致する。しかし、無償取得株式等について、別途に評価している場合には相違しているので、評価方法の妥当性について吟味する必要がある。

有価証券に対する投資は、資金の運用の問題として検討すべきものであるから、資金の効率的運用という見地から、当該有価証券の所有について

常に再検討しなければならない。
① 有価証券のように換金性の強い資産についての検査手続としては、当然、現金と同様、実査が行われる。ただし、例月検査時に、毎月実査する必要はなく、適時適切に実施すればたりるが、少なくとも毎事業年度末においては必ず実施する必要がある。なお、保管状況についても安全性を検討すべきである。
② 次に、有価証券の増加減少取引については正規の決裁手続を経ているかどうかについて留意するとともに、予算の経理方法についてもその妥当性を吟味すべきである。投資予算の作成に当たっては、会計処理との調整を考慮し、決算に当たって決算報告書の資本的支出、投資支出の金額と、貸借対照表に記載されている投資資産の当年度増加額とが一致するように指導すべきである。
③ 保護預けとなっているものについては、金融機関の預り証によって実在性を確かめなければならない。必要と認める場合には、実査しなければならない。

キ　月間資金収支表
月間資金収支表は、各月における毎日の現金預金の収支及び残高を示すものである。
① この表は、現金預金出納簿を要約したものであるから、毎日における残高に特に留意すべきである。当日残高が赤字の場合でも、（未落小切手があるため）必ずしも当座預金が借越しになっていることを示すものではないが、このような場合には特に銀行残高に留意し、当座借越契約の限度額についてもあらかじめ調査しておく必要がある。
② 次に当日収入、当日支出欄については、異常な収入支出金額について、その発生原因を追及するため、関係帳票、証憑書類について、それぞれ一般的検査手続並びに必要と認める個別的検査手続を実施しなければならない。
③ 例月検査では、特に現金、預金の出納に主眼を置いて検査しなければならない。現金と預金の検査は、ただ単に残高を照合するだけでは不十分で、さらに進んで現金・預金出納簿の毎日の受入高、払出高を

各証憑書類、収入・支出伝票等と照合し、残高を検証しなければならない。この場合、預金出納簿の残高がマイナスになっている日があれば、当座借越しになっていないかどうかを確かめる。そして当座借越しは出納取扱金融機関との限度額以内であるかどうか、一時借入金の予算限度額を超えていないかどうか、当座借越しによる支払利息の計算は正しいかどうかについても検査する必要がある。

④ 支払日が指定されている場合には、その日及び月初、月末の数日分を、支払日が一定していない場合には、月初、月末等の数日分について、受入高及び払出高の正確性を確かめるため、会計及び証憑書類との突合をしなければならない。

試査の範囲、すなわちひと月のうち何日分の受払高を突合するかは、各公営企業側の内部統制組織の運用の良し悪しによって異なってくる。

　ク　現金預金内訳表

現金預金内訳表は月次試算表の現金預金勘定残高の内訳明細表であり、毎月末日に保有する現金預金の残高明細を示すものである。

① この表の現金とは、管理者保管金と釣銭等であるから、その増減異動については正規の手続きを経ていることを確かめる必要がある。管理者保管金、釣銭については、その限度額をあらかじめ検査しておく必要がある。

② 現金の毎月末残高については、実査しなければならない。ただし釣銭のように多くの事業所に散在しているものについては、定期監査や決算審査において釣銭を保管している事業所を住査したときに検査してもよく、毎月、全事業所について一斉に実査するほどの必要性も認められない。これは、金額が少額であるため重要性が低いからである。

③ これに対して前渡金や概算払金は、たとえ現金預金勘定の残高に含まれていない場合でも、多額に及ぶときは必要に応じて、例月検査日に抜打ち的に検査をするという制度にしておくことが、不正の摘発ということではなく、不正の未然防止という点からきわめて有効である。なぜなら、公金の着服、横領等の不正事件は、前途金を悪用した結果である場合が多いからである。なお、前渡金等の検査に当たっては、

ただ単に残高を照合するのみではなく、普通預金通帳の全部の受払記入を前渡金出納整理簿の記録と照合しなければならない。また、前渡金等については、あらかじめどの部課に、どのような前渡金が、どのくらいあるかを一覧表として徴しておく必要がある。公金の出納管理については、検査担当者は機会あるごとに厳正に取扱うように指導し、不正と誤謬の発生防止に努めるべきである。

④ 預金については本月末残高を、銀行等の残高証明書、預金通帳、預金証書、振替貯金受払通知票等と照合しなければならない。この場合、当座預金を除いて普通預金、別段預金、定期預金、振替貯金等は、それぞれ帳簿残高と証明書残高とが一致するはずである。

⑤ 当座預金については、出納取扱金融機関の当座預金残高証明書の金額と当座預金勘定の残高とを照合する。この場合、管理者が振出した小切手で、月末現在、未落ちになっているものがあるので、その額だけ不符合額を生ずる。そこで、毎月末被検査側に表1-19のような当座預金調整表を作成してもらう必要がある。

■表1-19

当座預金調整表			
1	出納簿残高		5,000
2	銀行増加記入で出納簿未記入		
	① 当座振込、配当等	100	
	② 預金利息	200	
3	記入出納簿減少で銀行未記入		
	③ 振替小切手の未落ち	300	600
			5,600
4	銀行減少記入で出納簿未記入		
	④ 支払利息手数料	50	
	⑤ 預入小切手の不渡	150	
5	出納簿増加記入で銀行未記入		
	⑥ 締切り後預入れ	250	450
6	銀行残高証明書金額		5,150

未落ち小切手については、小切手番号と金額とを検査し、その正確性を確かめなければならない。この場合、長期間未落ちのままになっているものに留意し、その理由を確かめる必要がある。

なお、当座預金の検査に関連して、小切手帳や公印の管理、保管の状況をも検査する必要がある。

⑥　小切手帳については、小切手帳のミミ（控え）と会計伝票及び証憑書類とを数日分突合し、支払小切手の金額の正確性を確かめる。

なお、失効小切手の保管に注意するとともに、書類等の失効理由を確かめておく必要がある。

例月検査日現在、使用中の小切手の全部について、未使用分の小切手がすべて実在するかどうかを確かめる。小切手の順番をとばして振出していないかどうか、特に最終の番号の小切手が先に切られていないかどうかに注意しなければならない。これは、公金の流用、浮き貸しを防止するためである。

⑦　次に、現金預金内訳表の本月収入高欄と本月支出高欄の金額は、前述した月間資金収支表の当日収入欄と当日支出欄の本月分合計額とそれぞれ一致すべきであるが、当座預金と別段預金等、預金間の振替取引があると、その金額だけ不符合額が生ずるので、照合に当たり留意を要する。

⑧　最後に、例月検査においても常に内部統制組織の信頼性について吟味しなければならない。

以上が公営企業会計の例月現金出納検査において実施すべき検査手続として考えられるものであるが、これらの検査手続を全部実施してなお時間的に余裕のある場合には、定期監査、決算審査に備えて取引記帳の検査を実施しておくとよい。

取引記帳の検査には次のような目的がある。

・公営企業の経営は地公企法第３条に規定する経営の基本原則にのっとっているかどうかを吟味すること。
・公営企業の内部統制組織が実際に有効に運用され、効果を挙げているかどうかを検討すること。
・会計記録が、地方公営企業関係法令並びに一般に公正妥当と認められる企業会計の基準に、継続的に準拠しているかどうかを確かめること。

例月現金出納検査では、給水収益や運輸収益等の営業収益に特に重点を

置いて取引記帳の検査を実施すべきである。

　未収金、未払金については、長期間、消し込み未済となっているものに留意しなければならない。

　参考までに筆者が監査実務従事（インターン）をしていた東京都の「例月出納検査報告書」を示すと、表1-20のとおりである。東京都の場合には一般会計等と公営企業会計の例月現金出納検査が同一検査報告書で報告されていた。

■表1-20

例月出納検査報告書
平成〇年10月31日現在

　　　　　　　　　　　　　　　　東京都監査委員　何　　某
　　　　　　　　　　　　　　　　同　　　　　　　何　　某
　　　　　　　　　　　　　　　　同　　　　　　　何　　某
　　　　　　　　　　　　　　　　同　　　　　　　何　　某

第1　検査の範囲
　1　検査対象
　　平成〇年10月における現金出納事務及び検査実施当日における現金保管事務
　2　検査月日及び検査場所

会　計　名	検　査　月　日	検　査　場　所
出納長所属会計	平成××年12月26日	出　納　長　室 総　務　局　統　計　部
病　院　会　計	平成××年1月18日	衛　　生　　局
屠　場　会　計	平成××年1月7日	中　央　卸　売　市　場
中央卸売市場会計	平成××年1月7日	中　央　卸　売　市　場
埋立事業会計	平成××年1月16日	港　　湾　　局
多摩ニュータウン	平成××年12月3日	南　多　摩　新　都　市
水道事業会計	平成××年12月3日	開　　発　　本　　部
交通事業会計	平成××年12月12日	交　　通　　局
高速電車事業会計	平成××年12月12日	交　　通　　局
電気事業会計	平成××年12月12日	交　　通　　局
水道事業会計	平成××年12月20日	水　　道　　局
工業用水道事業会計	平成××年12月20日	水　　道　　局
下水道事業会計	平成××年1月16日	下　水　道　局

第2 検査の結果
　本検査においては、出納長、副出納長並びに各事業会計所管局長より提出された諸表を中心として、当月分の計数について、出納関係諸帳簿、指定金融機関提出の収支計算書、預金通帳、証憑書類、証券等と照合した結果、過誤のないことを確認した。
　また、検査実施当日における現金保管事務は適正に処理されていると認められた。
　検査諸表　省略。

■表1-21　（公表の事例）

　Ａ県例月現金出納検査報告書

　地方自治法（昭和22年法律第67号）第235条の2第1項の規定に基づき、平成　　年度　　月分出納例月検査を執行した結果に関する報告を次のとおり公表する。
　平成　年　月　日

　　　　　　　　　　　　　　　　　　　　　　　Ａ県監査委員

（監査第　　号）
　　　　　　　　　　平成　　年　　　月分出納例月検査
1　検査年月日　　　　　　　　平成　年　月　日
2　検査執行者　　　　　　　　Ａ県監査委員
　　　　　　　　　　　　　　　同
3　検査の概要
　　　平成　　年　　月分の出納について検査を実施したところ、その収支は次のとおりで、一般会計並びに特別会計ともに計数において違算はなく指定金融機関の取扱った収支額は次を除き符合していることを確認した。
　(1) 一般会計歳入において前月出納員等の手許保管となった　　円を払込み本月新たに　　円が手許保管となり差を生じたこと。
　(2) 一般会計歳入並びに特別会計歳出において歳入還付すべきを歳出還付としてそれぞれ　　円の誤差を生じたこと。

(添付)
　一般会計、特別会計収入支出現計表
　歳入、歳出外現金、基金、支払未済繰越金受払残高表
　各事業会計試算表
4　検査の意見
　特に指摘する事項はない。

11　指定金融機関等の監査

(現金出納の検査及び公金の収納等の監査)
第235条の2（1　略）
2　監査委員は、必要があると認めるとき、又は普通地方公共団体の長の要求があるときは、前条の規定により指定された金融機関が取り扱う当該普通地方公共団体の公金の収納又は支払の事務について監査することができる。
3　監査委員は、第1項の規定による検査の結果に関する報告又は前項の規定による監査の結果に関する報告を普通地方公共団体の議会及び長に提出しなければならない。

(1)　意義及び目的

　ア　普通地方公共団体の公金取扱い金融機関として、従前においては「金庫制度」といういわば普通地方公共団体の代行機関が政令で置かれていたが、昭和38年の改正において、普通地方公共団体の支出方法が、原則として会計管理者の振出す小切手によることとされたことに伴い、金庫制度から預金制度に一本化され、いわゆる「指定金融機関」の制度が法定されることとなった。

　すなわち、「指定金融機関」とは、普通地方公共団体が議会の議決を経て、一つの金融機関を指定し、その公金の収納又は支払いの事務を取り扱わせるもので、都道府県に当たっては、必置、市町村にあっては、任意設置とされている（法235条、令168条1項・2項）。さらに、普通地方公

共団体の長が必要と認めるときは、指定金融機関は、長の指定した他の金融機関にその公金取扱い事務の一部を行わせることができるとされている（令168条3項～5項）。この場合の代理金融機関は、その取扱う事務により名称を異にし、公金の収納又は支払いの事務の一部を行う金融機関は指定代理金融機関、収納事務の一部を行う金融機関は収納代理金融機関、収納の事務の一部を郵便振替法第58条に規定する公金に関する郵便振替の方法により取扱う郵便官署は収納代理郵便官署と呼ばれている。

　なお、指定金融機関を指定していない市町村においても、住民利便の向上、行政事務の効率化を図る等の観点から、昭和63年の施行令の改正により、当該市町村の長が必要があると認めるときは、会計管理者をして、公金の収納事務の一部を金融機関に取扱わせることができることになった（令168条5項・6項）が、この場合、収納事務の一部を取扱う金融機関を「収納事務取扱金融機関」、郵便振替法第58条に規定する公金に関する郵便振替の方法により収納事務の一部を取扱う郵便官署を「収納事務取扱郵便官署」という（以下においてはこれらの指定された金融機関を「指定金融機関等」と呼ぶこととする）。

　指定金融機関は、その代理金融機関の取扱う公金の収納又は支払い事務を総括し（令168条の2第1項）、当該普通地方公共団体に対しては、自己のもとより他の金融機関をも代表して責任を負うものとされ（令168条の2第2項）、このため、長の定めるところにより担保の提供が義務付けられている（令168条の2第3項）。これは、指定金融機関が普通地方公共団体に対して負う法令上の責務であるが、この法令上の責務発生の根拠となる当該普通地方公共団体の行う金融機関の指定（私法上の契約に属するとの行政実例がある）の約定において、より具体的に定められることとなる。

　イ　監査委員は、必要があると認めるとき、または、地方公共団体の長の要求があるときは、指定金融機関等の取扱う公金の収納又は支払の事務について、これを監査することができるとされている（法235条の2第2項）。
　すなわち、監査委員の監査の対象となる金融機関は、指定金融機関を指定している市町村の場合は、指定金融機関、指定代理金融機関及び指定代

理郵便官署であり、指定金融機関を指定していない市町村の場合は、収納事務取扱金融機関及び収納事務取扱郵便官署である。

　この審査は、会計管理者が指定金融機関等に対して本来有する監督作用として行う、いわゆる「自己検査」とは別個に、監査委員が自ら行う客観的な監査であって、会計管理者の検査結果に基づきなお監査委員の立場で調査すべき必要がある場合とか、その他地方公共団体の財務事務の運営全般からみて指定金融機関等の公金の出納事務の取扱状況を明らかにする必要がある場合等に、自らの判断又は地方公共団体の長の要求に基づき行うものである。

　また、監査委員は、当該普通地方公共団体の現金の出納について、毎月例日を定めてこれを検査する（いわゆる「例月現金出納検査」）ことを義務付けられているのであるが（法235条の2第1項）、この例月現金出納検査は、現金出納機関の毎月の事務処理の客観的保障とその責任解除的な意義を有するのに対し、指定金融機関に対する監査は、公金の特殊性に着目しその収納又は支払いの事務処理が法令の定めるところによって行われているかどうか、指定契約の約定どおりに行われているかどうか等の適否を監査するものである。通常は、会計管理者の検査の結果について報告を求め、報告内容に問題があれば、その上で監査をするといった運用がとられるが、必要があれば詳細に監査することを妨げるものでもないと思われる。

　以上会計管理者に所属する会計についての地方自治法による指定金融機関等の監査について述べたが、地公企法第27条により地方公営企業の管理者が指定した金融機関が取扱う地方公営企業の業務にかかる公金の収納又は支払いの事務についても監査委員は監査することができる（地公企法27条の2第1項）。監査の方法その他についてはこの監査に準じる。

(2) 監査の対象

　監査委員の行う監査の対象は、「公金の収納又は支払の事務」に限定されているため、地方公共団体の長が指定した指定金融機関等であっても、当該地方公共団体が単に預金している場合はもとより、指定金融機関等の預金運用のような金融機関の本来の業務までは監査が及ばないことは明らかであるが、具体的には、指定契約の内容となっている当該金融機関の公

金の収納又は支払の事務の範囲内ということになろう。
　指定金融機関等は、公金の収納については納税通知書又は納入通知書その他納入に関する書類、または公金の支払については会計管理者の振出した小切手又はその通知に基づかなければ、収納又は支払いをすることができないとされており（令168条の3第1項・第2項）、また、指定金融機関等は公金を収納したときは、速やかに当該普通地方公共団体の預金口座に受入れ（令168条の3第3項・第4項）、指定代理金融機関、収納代理金融機関及び収納代理郵便官署にあっては、さらに指定金融機関にある当該地方公共団体の預金口座に振替えることを義務付けられ（令168条の3第3項）、また、収納事務取扱金融機関及び収納事務取扱郵便官署は、受け入れた公金を、公金の管理を一元化することにより効率的運用を行う必要があることから、会計管理者の定める収納事務取扱金融機関又は収納事務取扱郵便官署の当該市町村の預金口座に振り替えなければならないこととされている（令168条の3第4項）。したがって、具体的な監査の対象はこれらの一連の事務及びこれに付随する連絡、報告等の事務になるであろう。なお「公金の収納又は支払」とは現金のほか証券による納付、隔地払及び公金振替書又は口座振替の方法によるものを含み、「現金の出納」より範囲は広いとされている。
　監査委員は、会計管理者の行う指定金融機関等の検査（令168条の4第1項）の結果について報告を求めることができる（同条第3項）。

(3) 監査の方法
ア　実施手続
　指定金融機関等に対する監査委員の監査に関連するものとして、令第168条の4第3項の会計管理者のした検査結果の報告要求のほかに、法第235条の2第1項に規定する監査委員の行う現金出納の例月検査が考えられる。これらの監査、検査の対象とする範囲は、必ずしも一致しているとはいえないのであるが、ただ、現金の出納に関するという面については共通であるところから、これら各制度をたがいに関連付け最終的には監査委員の監査に持ち込めるよう、段階的に検討することが効果的であろう。
　具体的な手続きとしては、会計管理者から報告内容に疑義があればその

内容を検討、記録し、例月現金出納検査において明らかにすることとし、なお必要と認めるときは直接に指定金融機関等の監査を実施する。さらに例月現金出納検査で不審と思われた事項について質問するとともに、金融機関の取引記帳と会計管理者の現金出納帳、収支の証拠書類等との関係を突合検討し明確にすることである。

　本監査は高度に技術的な金融機関の会計事務を対象とすることにかんがみ、監査の執行に当たっては会計管理者の同行を依頼しておくことも、能率的に監査を行うためには必要なことであろう。

　　イ　着眼点
　着眼点を示せば次のとおりである。
　①　公金の収納及び支払は、納税、納入通知書等に基づいているか、あるいは会計管理者の振出した小切手若しくはその通知に基づいているか。
　②　収納した公金は普通地方公共団体の預金口座に受入れられているか、また、代理金融機関受入れの公金を指定金融機関の普通地方公共団体の預金口座に振替える手続きには誤りはないか。また、収納事務取扱金融機関及び収納事務取扱郵便官署が受入れた公金を収入役の指定する収納事務取扱金融機関又は収納事務取扱郵便官署の当該市町村の預金口座に振り替える手続きに誤りはないか。
　③　指定金融機関が代理金融機関に対して行う、検査、報告徴収等の総括事務は妥当か。なお公金扱いの事務は指定契約の約定どおりに行われるべきものであるから、それぞれの約定項目につき検討しておくことも必要であろう。具体的には、指定金融機関の提供担保物の価格は、取扱い公金と比較して妥当なものであるか、また担保物の保管は適切に行われているか、について調査することなどである。

(4) 監査委員のとるべき措置

　監査の結果に関する報告は、監査委員は、普通地方公共団体の議会及び長に提出しなければならない（法235条の2第3項）。

　監査結果の住民に対する公表は、直接に義務付ける規定がないので、監査委員の判断によるものと思われる。

12　基金の運用状況の審査

> （基金）
> 第241条　普通地方公共団体は、条例の定めるところにより、特定の目的のために財産を維持し、資金を積み立て、又は定額の資金を運用するための基金を設けることができる。
> （2～4　略）
> 5　第1項の規定により特定の目的のために定額の資金を運用するための基金を設けた場合においては、普通地方公共団体の長は、毎会計年度、その運用の状況を示す書類を作成し、これを監査委員の審査に対し、その意見を付けて、第233条第5項の書類と併せて議会に提出しなければならない。
> 6　前項の規定による意見の決定は、監査委員の合議によるものとする。
> （7・8　略）

(1) 意義及び目的

ア　普通地方公共団体は、条例を定めるところにより、特定の目的のために財産を維持し、資金を積み立て、又は定額の資金を運用するための基金を設けることができる（法241条1項）。

すなわち基金には、
① 特定財源を確保することを目的として、財産を維持するため又は資産を積み立てるために設置された基金
② 定額の資金を運用することにより特定の事務又は事業を運営するために設置された基金

の2種類がある。

基金の設置は、条例によることを必要とするが、災害救助法により都道府県にその設置が義務付けられている「災害救助基金」については、その設置について条例を必要としないものと解されている（昭33・11・17行実）。

イ　②の定額の資金を運用するための基金については、普通地方公共団体の長は、毎会計年度、その運用状況を示す書類を作成し、これを監査委員の審査に付し、その意見をつけて、法第233条第5項の書類とあわせて議会に提出しなければならないものとされている（法241条5項）。

ウ　定額の資金を運用するための基金についてこのような措置が求められるのは、その基金の設置に当たり、基金繰出金に関しては歳出予算に計上されることにより議会の審議の対象となるが、基金の運用については、基金から直接貸付けたり基金に直接償還せしめる等により、原資金が順次回転運用され、歳入歳出予算と無関係に経理されることとなるので、その成果を議会に提出し、その運用の適正化を図るとともに、議会の審議権との調和を図ろうとするものである。

(2) 審査の範囲

　基金の審査は、定額の資金を運用するために設置された基金について、長から提出される「運用状況を示す書類」に基づき行われることになる。その内容としては、別段の様式が定まっておらず長において適宜作成されることとなるが、審査の対象としての具体的項目を列挙すれば次のとおりである。

①　基金の年度当初における額
②　基金の年度末現在高
③　基金に属する財産（不動産、動産、現金及び債権）の種類別内訳と1年間の異動状況
④　本年度における運用状況の内容
　　・貸付状況
　　・償還状況
　　・債権管理状況
　　・運用収益の状況

(3) 実施方法

　ア　基金の審査は、長から提出された「運用の状況を示す書類」が正確

に作成されているか否かを検討するため、関係帳簿及び証拠書類等について照合を行い、さらに基金の運用が、その設置目的に沿って合理的かつ効率的に行われているか否かについて特に意見を付さなければならない。

　イ　審査を行う時期に関しては、「運用の状況を示す書類」が長から提出されるのを待って行うこととなるが、監査委員の意見を付した当該書類とあわせて長が議会に提出しなければならないとされている決算書その他の関係書類は、次の通常予算を議する会議までに提出することとなっているので、特別の事情のない限り、その日程によって制約されることとなろう。

(4) 監査委員のとるべき措置
　監査委員は、審査の結果その意見を長に提出する（法241条5項）が、意見の決定は、監査委員の定数が2人以上である場合には合議によらなければならないとされている（同条6項）。意見書の様式等については、地方公共団体に委ねられているので、監査委員において適宜作成されることになる。しかし、審査の主眼は基金計数の確認と基金の運用状況の適否にあるので、意見書にはこれらの事項について明確に表現される必要がある。したがって、意見書の記載項目としては以下の項目が必要であろう。
　・意見書の名称
　・審査の対象
　・審査の期間
　・実地審査場所
　・審査の結果（計数に係る事項及び運用状況に係る事項）

13　住民監査請求に基づく監査

>（住民監査請求）
>第242条　普通地方公共団体の住民は、当該普通地方公共団体の長若しくは委員会若しくは委員又は当該普通地方公共団体の職員について、違法

若しくは不当な公金の支出、財産の取得、管理若しくは処分、契約の締結若しくは履行若しくは債務その他の義務の負担がある（当該行為がなされることが相当の確実さをもって予測される場合を含む。）と認めるとき、又は違法若しくは不当に公金の賦課若しくは徴収若しくは財産の管理を怠る事実（以下「怠る事実」という。）があると認めるときは、これらを証する書面を添え、監査委員に対し、監査を求め、当該行為を防止し、若しくは是正し、若しくは当該怠る事実を改め、又は当該行為若しくは怠る事実によって当該普通地方公共団体のこうむつた損害を補填するために必要な措置を講ずべきことを請求することができる。

2　前項の規定による請求は、当該行為のあつた日又は終わつた日から1年を経過したときは、これをすることができない。ただし、正当な理由があるときは、この限りでない。

3　第1項の規定による請求があつた場合において、当該行為が違法であると思料するに足りる相当な理由があり、当該行為により当該普通地方公共団体に生ずる回復の困難な損害を避けるため緊急の必要があり、かつ、当該行為を停止することによって人の生命又は身体に対する重大な危害の発生の防止その他公共の福祉を著しく阻害するおそれがないと認めるときは、監査委員は、当該普通地方公共団体の長その他の執行機関又は職員に対し、理由を付して次項の手続が終了するまでの間当該行為を停止すべきことを勧告することができる。この場合においては、監査委員は、当該勧告の内容を第1項の規定による請求人（以下本条において「請求人」という。）に通知し、かつ、これを公表しなければならない。

4　第1項の規定による請求があつた場合においては、監査委員は、監査を行い、請求に理由がないと認めるときは、理由を付してその旨を書面により請求人に通知するとともに、これを公表し、請求に理由があると認めるときは、当該普通地方公共団体の議会、長その他の執行機関又は職員に対し期間を示して必要な措置を講ずべきことを勧告するとともに、当該勧告の内容を請求人に通知し、かつ、これを公表しなければならない。

5　前項の規定による監査委員の監査及び勧告は、第1項の規定による請求があつた日から60日以内にこれを行なわなければならない。

6　監査委員は、第4項の規定による監査を行うに当たつては、請求人に証拠の提出及び陳述の機会を与えなければならない。

7　監査委員は、前項の規定による陳述の聴取を行う場合又は関係のある当該普通地方公共団体の長その他の執行機関若しくは職員の陳述の聴取

> を行う場合において、必要があると認めるときは、関係のある当該普通地方公共団体の長その他の執行機関若しくは職員又は請求人を立ち会わせることができる。
> 8　第3項の規定による勧告並びに第4項の規定による監査及び勧告についての決定は、監査委員の合議によるものとする。
> 9　第4項の規定による監査委員の勧告があつたときは、当該勧告を受けた議会、長その他執行機関又は職員は、当該勧告に示された期間内に必要な措置を講ずるとともに、その旨を監査委員に通知しなければならない。この場合においては、監査委員は、当該通知に係る事項を請求人に通知し、かつ、これを公表しなければならない。
> （住民による監査請求）
> **令第172条**　地方自治法第242条第1項の規定による必要な措置の請求は、その要旨を記載した文書をもつてこれをしなければならない。
> 2　前項の規定による請求書は、総務省令で定める様式によりこれを調製しなければならない。

(1) 意義

住民による監査請求及び訴訟は地方自治法の中において占める制度的意義としては、まず、この制度は、住民による普通地方公共団体の執行機関又は職員による違法又は不当な財務会計上の行為又は怠る事実（職務懈怠）についての予防、是正という目的の下に設けられているわけであるが、このことから次のような制度的な意義が認められている。

① 住民がこのような制度を通じて、直接住民自治に参与するということ。

② 財務会計上の違法、不当な行為等の予防、是正を図る手段であること。言い換えれば、地方公共団体の住民として損失を被ることを防止し、住民全体の利益を確保する手段であることである。

③ 財務会計上の行為又は怠る事実の違法性の判断とそれに対する予防、是正の具体的措置を終局的に裁判所に委ね、一種の司法的統制に服せしめていること。

以下、この三つの制度的意義について簡単に述べることとする。まず、

①の住民の自治への参与という意義であるが、これは、先にこの制度が設けられた際の国会における提案理由の説明にあるように「住民の直接参政の範囲の拡充等による腐敗行為の防止及び公正の確保に関する新たなる措置」という表現からもうかがい知れるところである。

ただ、この場合、直接参政といっても住民が能動的な立場に立って地方公共団体の意思決定に参与するということではなく、住民としての地位に基づく監査請求なり住民訴訟の権利を行使して、最終的には、裁判所の判断を促すということにより、違法な財務会計上の行為等の予防、是正することにより、地方行政の運営を地方公共の利益と住民の利益に合致させるという特別な方法で地方自治の運営に参与するということである。

なお、この点について判例では「地方自治法243条の2〔現行法では第242条の2〕第4項所定のいわゆる納税者訴訟は、普通地方公共団体の住民の手によって地方自治運営の腐敗を防止矯正し、その公正を確保するために認められた住民の参政措置の一環をなすものである。」と述べている（昭38・3・12最高裁判決）。

次に、②の財務会計上の違法、不当な行為等の予防、是正を図るという意義であるが、この制度はアメリカで行われている、納税者訴訟に範をとったものであるが、この制度の母国であるアメリカ各州において沿革的に、納税者の利益を擁護することを目的とするものであった。

アメリカでは、この制度を認めることの理由として、地方公共団体の職員の行った違法又は不正な財務行政上の行為は、信託受益者である納税者に対して信託違反を構成するとしたり、地方公共団体の職員の違法、不正な公の財務会計の運営は、納税者の税負担を増加せしめる。したがって、納税者としてはこのような行為を裁判で争う利益があるというような説明がなされている。

この制度が創設された際の国会における説明中に「住民は、地方団体の経費を負担する立場にございますので、従って自己が負担いたしました経費は、地方団体において果して公正に使用されておるかどうかということについては、非常に深い関心を持っておるわけであります。納税者であるところの住民に対してこのような一つの請求権を認めたのであります。」という部分があるが、この考え方は、納税者との結びつきにおいてこの制

度を設けたことの説明をしているわけである。

しかし、わが国における住民による監査請求及び訴訟の制度は、第一次的に納税者の利益を擁護するためのものであるとすることについては、このような権利が与えられているのは地方公共団体の納税者ではなく、単なる住民であるということからすると、この制度の目的は、必ずしも納税者の利益を擁護するということにあるのではなく、むしろもっと広い意味で、地方公共団体の執行機関又は職員の違法な財務会計上の行為に対して、地方公共団体の住民として損失を被ることを防止し、住民全体の利益を確保するというところにあるとみることができよう。

さらに、③の財務会計上の行為又は怠る事実の違法性の判断とそれに対する予防、是正の具体的措置を終局的に裁判所の判断に委ね、一種の司法的統制に服せしめていることの制度的な意義であるが、地方公共団体の財務会計の管理運営を適正かつ公正に行うということは、地方自治を確立するためにきわめて重要な事柄であり、地方自治法は、このような見地から地方公共団体の財務会計の公正な管理運営を確保するためのいろいろな制度や手段を定めている。これらの制度や手段が本来の趣旨に沿って正しく運営されると財務会計上の違法行為や不正行為の多くはある程度まで防止されたり矯正することが可能である。しかし、このような制度、手段だけをもってしては十分な効果を得られないときに、さらに強力にその実効性を担保するために、いかなる機関がその任に当たったらよいかという問題があるが、現在のわが国の統治機構からみた場合に、公正な裁判所の関与ということを期待するのが適当であるとされるところから、司法機関による統制ということが認められているのである。

(2) 事務監査請求との差異

住民による監査請求に類似する制度としては、法第12条第2項及び第75条に規定する事務監査の直接請求に関する制度があるが、両者は監査委員の監査を請求するという点では類似しているけれども、その実質においては、次に述べるように、趣旨、目的を異にする別個の制度である。

① 監査の直接請求は、住民が普通地方公共団体の行政運営上に生ずる諸問題に関連してその究明をなすために一般的に請求するもので、監査の

公表によって責任の所在及び行政の適否を明白ならしめることを本来の目的とするのに対し、この制度は、地方公共団体の執行機関又は職員による違法又は不当な行為等により地方公共団体の住民として損失を被ることを防止するために、住民全体の利益を確保する見地から、職員の違法、不当な行為等の予防、是正を図ることを本来の目的とする。

②　したがって、監査の直接請求は、住民参政の一手段たるところに根本的な意義があり、この観点から、監査請求をなすには選挙権者の50分の1以上の連署という多数の住民の参加を必要とするものとし、また、地方公共団体の事務又はその機関の事務全般について監査を請求することができるものとされるのに対し、この制度においては、住民一人でも請求することができるものとする反面、請求の対象については、具体的な機関又は職員の具体的な財務会計上の行為又は怠る事実に限ることとし、終局的には当該行為又は怠る事実の違法性の判断とそれに対する予防、是正の具体的措置とを裁判所にゆだね、一種の司法的統制に服せしめることとされている。

　事務監査の直接請求とこの制度との間には、先に述べたような差異があるが、すでに、制度的な意義で述べたところからもわかるように、両者とも究極においては住民自治の保障を狙いとしているという点においては、軌を一にしているということができよう。

(3) 住民監査請求の要件

　ここで住民監査請求の要件としたのは、いかなる者が、いかなる事項について、どのような請求をすることができるかということを一応住民監査請求の要件としたものである。したがって、住民監査請求の請求権者、請求の対象及び請求の内容が問題となる。

ア　請求権者

　請求権者は、法第242条第1項に規定するとおり「普通地方公共団体の住民」ということになる。
　この場合の住民とは、当該地方公共団体の区域内に住所を有する者であり（法10条1項）、法律上の行政能力を認められている限り、法人たると

個人たるとを問わず監査請求をすることができる（昭23・10・30行実）。

　直接請求としての事務監査請求のように選挙権を有する日本国民であることも必要ではなく、また、すでに述べたように納税者であることもその要件とはなっていない。

　法人が請求権者としての地位を認められることについては、この行政実例により明らかであるが法人格のない団体については、どのように考えられるだろうか。

　行政不服審査法第10条によると、「法人でない社団又は財団で代表者又は管理人の定めがあるものは、その名で不服申立てをすることができる。」と規定されており、民事訴訟法第29条にも同様の規定があり、訴訟上の当事者能力が認められている。なお、行政事件訴訟については、民事訴訟の例によることとされている（行政事件訴訟法7条）。

　ところで、このような規定は、不服申立制度ないし訴訟制度又はこれらの関連する制度についての一般的な考え方を規定しているものと考えられるので、住民監査請求についても、これらの法律と同様の要件のもとに請求権者に加えてよいものと思う。

　請求権者に関連して、住民監査請求について、請求人の陳述については代理が許されることとなっている（昭41・4・13行実）。

　この実例では、住民監査請求をする場合のように、私人が行政庁などに対して行う公法上の効果を生ずるような行為を「私人の公法行為」と一般に呼ばれるが、このような私人の公法的効果の賦与される行為の代理については、一般的な定めはない。しかし、公法行為であるが故に、実定法上代理が認められている場合（行政不服審査法による不服申立て、民事訴訟法上の訴訟行為等）のほかは、代理が認められないというべきではなく、行為の性質から検討すべきものであって、住民監査請求における請求人の陳述は「代理に親しまない行為」であるということはできないとして、代理が認められたものである（たとえば地方公務員法第49条の2第1項による不利益処分に関する不服申立ての審査において代理人を選任できるとする行政実例がある）。

　さらに、監査請求に関して代理できる範囲について考えるに、監査請求によって養護されるべき権利、利益は地方公共団体に居住する全住民に関

するものであるから、監査請求は、全住民に共通した利益のために、住民の資格においてなされなければならない性格のものであり、しかも、1人でも数人でもなしうるものであるから、住民である限り、行為者個人の人格的個性は重要な要素ではないものである。したがって、選挙や直接請求のように、いわゆる代理に親しまない行為とは性質が異なるので、一般的には代理行為は認められるものと解する。しかし、以上述べたように、監査請求権自体は、住民たる資格において与えられた権利であるから、これを住民個人の意思で、当該地方公共団体の住民以外の者に代理されることはできないものとするべきである。

　また、監査を請求しようとする住民が他の住民に対し、いかなる行為に対して、いかなる理由により請求するのかを明らかにしないで、請求自体を代理させることは住民監査請求の趣旨からできないものと考えられるが、そもそも監査請求人たる住民が、他の住民に監査請求自体を代理させることについては、法律上ほとんどこれを論ずる実益はない。けだし、この場合は代理人が自ら住民たる立場において監査請求をすればよいからである。

　なお、この請求権者に関連する問題として、請求権者は「普通地方公共団体の住民」となっているが、特別地方公共団体たる一部事務組合の住民については請求権者たる地位が与えられるのかという問題がある。この問題については、一部事務組合についても住民監査請求が可能であり（昭45・7・14行実）、この場合の請求権者は、一部事務組合を構成する普通地方公共団体の住民となっている。

　　イ　請求の対象
　住民監査請求の対象は、直接請求として事務監査請求のそれのように普通地方公共団体の事務又はその機関の権限に属する事務執行の全般に及ぶということではなく、既にその制度の違いについて述べたところから明らかなように、住民の負担に転嫁されるような特定の財務会計上の行為又怠る事実に限られるわけである。

　そして、この場合の特定の財務会計上の行為についてみると、まず、いかなる行為がその対象となるかという意味において、I請求の対象となる

行為又は事実の主体及び、Ⅱ請求の対象となる行為又は事実というように分けて考えられる。

Ⅰ　請求の対象となる行為又は事実の主体

　請求の対象となる行為又は事実の主体は、①当該普通地方公共団体の長若しくは委員会若しくは委員及び②当該普通地方公共団体の職員である。

　②の「普通地方公共団体の職員」とは、形式的には、普通地方公共団体の議会の議員を除き一般職たると特別職たるとを問わず、また、長の補助部局だけに限らず委員会等のすべての職員を包含するが、実際には会計管理者その他法第242条第1項に列挙されている支出又は契約等の財務会計上の事務に関係のある職員が主体となろう。また、消防分団長及び団員も、この場合の普通地方公共団体の職員に含まれると解される（昭33・7・25行実）。

　この場合、通常、議会の議員は請求の対象となる職員の範囲に含まれないのであるが、議長が交際費の資金前渡を受けている場合は、「職員」に含まれるとする行政実例（昭40・5・12行実）がある。

　この行政実例では①に、監査請求書に請求の対象となる職員が明示されていなくとも、請求の内容から特定の職員の行為がその対象となっていることが判明できれば、請求の要件が具備しているとすべきことをいったものであるが、②の内容については、若干の説明を要する。

　というのは、この表現からすると法第242条第1項に定める「職員」の中に「議会の議員若しくは議長」も含まれるとする見方ができるからである。しかし、そうではない。

　この行政実例の議長交際費は、いったん議長に支出し、議長を通じて個々の債権者に支払う取扱いがなされているのが通常である。この場合、議長交際費の経理について、当該議長が法第242条の「職員」に含まれているかどうかというのがこの行政実例の質問の趣旨である。

　交際費の支出は、一般経費の支出と区分して取扱うべき法的根拠はないから、当然法第232条の5の規定の適用を受けるものであり、また議長が同条にいう正当債主でないことはいうまでもない。したがって、交際費がいったん議長に支出され、正当債主に支出されるまでの間の当該資金は、いまだ公金の性質を有し、議長は地方公共団体の職員として、その公金の支出を行うものと解すべきである。このように解すると、質問の支出方法

による場合は、手続的には資金前渡の方法によるのが正規の方式であるが、仮に正規の方法によらない場合でも右のように解すべきである。

したがって、質問の交際費（公金）の違法又は不当な支出は、地方公共団体の職員たる議長によって直接なされるものであるから、この場合の議長は法第242条の職員に当たるものといわなければならない。議会の議員は法第242条の職員に含まれないことは、先に述べたところであるが、これは、単に議会の構成員としての議員は法第242条の職員には含まれないとするものであって、いかなる場合も「職員」に含まれないとするものではなく、本件のような場合の議長（資金前渡を受けた場合の議員も同じ。）は、当然本条の「職員」に含まれるのである。

なお、行為の主体として「議会」そのものも、その対象には含まれない。条例の制定や予算の議決のような議会の議決があると、その議決により成立したところにより、執行機関が具体的な執行行為を行うことになるが、その段階のところで、住民監査請求の対象となしうるのである。

Ⅱ　請求の対象となる行為又は怠る事実

　請求の対象となる行為又は怠る事実は、Ⅰで述べた請求の対象となる行為の主体が行った次に揚げる行為又は怠る事実である。

　①　違法又は不当な公金の支出

　「公金」の範囲は、法令上当該地方公共団体又はその機関の管理に属する現金、有価証券をいう（昭23・10・12行実）。法令により保管する普通地方公共団体の所有に属さないいわゆる歳入歳出外現金もこの公金に含まれる。

　「公金の違法な支出」とは、法規に違背した支出の意であり（昭23・12・25行実）、普通地方公共団体の職員が、その管理する公金をその職務に関する法令又は条例の規定若しくは当該団体の議会の議決に違反し、または私利を図る目的でその任務にそむいて支出するか、あるいは支出するおそれがあると認められる場合を指すものと解すべきであって、職員が前述法令ないし議決によって定められた基準に従って公金を支出するものである限り、職員の裁量的行為については、それが裁量権の濫用にわたるものでなければ、その制限禁止を求めることはできないとする判例がある（昭30・11・7名古屋高裁金沢支部判決）。また、この場合の「不当支出」とは、支出そのものが不適当な場合、すなわち、額のいかんにかかわらず支出そ

のものが不適当な場合と、支出そのものは必ずしも不当ではないが、額が不適当な場合の両者を含む。たとえば、理由もなく特定の団体に補助金を支出し、時価より高い物品等を購入するがごとき場合である。

② 違法又は不当な財産の取得、管理又は処分

「財産」とは、法第237条第1項に規定する財産の意であって、公有財産のほか、物品、債権（法第240条第4項各号に列挙された債権も含む。）及び基金を含み、これらについての違法又は不当な取得、管理及び処分がすべて請求の対象となる。また、公の施設についても、これに含めて取扱うこととしても差しつかえないものと解する。この場合の処分には、法律上の処分だけではなく、事実上の処分も含まれる。

③ 違法又は不当な契約の締結又は履行

④ 違法又は不当な債務その他の義務の負担

「違法又は不当な債権その他の義務の負担」の例としては、条例の規定と違った退職手当の決定、議会の議決のない負担付寄附のようなものがある。

以上①から④までの行為については、これらの行為がすでになされた場合だけではなく、相当の確実さをもって予測される場合が含まれる。すなわち、「当該行為がなされることが相当の確実さをもって予測される場合」とは、当該行為がなされるおそれが存する場合において、単にその可能性が漠然として存在するというだけではなく、その可能性、危険性等が相当の確実さをもって客観的に推測される程度に具体性を備えている場合を指すが、どの程度の要件を備えていれば「相当の確実さ」を有するものといえるかは、個々具体的に判断するよりない。

⑤ 違法又は不当に公金の賦課徴収を怠る事実

「違法又は不当に公金の賦課又は徴収を怠る事実」とは、たとえば、法令又は条例の根拠なくして特定の者に対し地方税の課税を免除し、又は使用料等の徴収を免除することをいう。

⑥ 違法又は不当に財産の管理を怠る事実

「違法又は不当に財産の管理を怠る事実」とは、公有財産を不法に占用されているにもかかわらず、何らの是正のための措置を講じない場合（昭38・12・19通知）や、行政財産を目的外に許可使用させている場合に許可条件に著しく反する使用がなされていることを黙過している場合等をい

い、特段の事情がない限り、普通地方公共団体の長その他の財務会計職員の財務会計上の行為が違法、無効であることに基づいて発生する実体法上の請求権の不行使をもって、財産の管理を怠る事実とする場合も含むと解すべきである（昭62・2・20最高裁判決）。

最後に、以上述べた請求の対象となる行為又は怠る事実は、普通地方公共団体の行為又は怠る事実であるが、特別地方公共団体たる一部事務組合又は財産区についてはどうなるのかという問題がある。

特別地方公共団体たる一部事務組合については、すでに請求権者のところでふれたように、一部事務組合の行為又は怠る事実についても請求の対象に含まれるものである。

財産区の場合についても、財産区の所在する普通地方公共団体の住民は財産区の財産管理について住民監査請求ができることとされている（昭27・11・4行実）。

ウ　請求の内容

イのⅡで述べた請求の対象となる行為又は怠る事実がある場合において、監査請求をする際に、いかなる内容の請求をすることができるかである。次に挙げる措置を講ずべきことを請求できることとされている。

① 当該行為を事前に防止するために必要な措置
  ・行為の差止め又は停止のような措置がこれにあたる。
② 当該行為を事後的に是正するために必要な措置
  ・契約の解除、現状の回復、無効の確認、取消し等の措置がこれにあたる。
③ 当該怠る事実を改めるために必要な措置
  ・課税処分、滞納処分、強制執行等の措置がこれにあたる。
④ 当該行為又は怠る事実によって当該地方公共団体のこうむった損害を補てんするために必要な措置
  ・損害賠償の請求、不当利得の返還請求等の措置がこれにあたる。

エ　請求の期間制限

請求の期間に関しては、通常の場合は請求の手続きとして取扱うもので

あろうが、ア請求権者、イ請求の対象、ウ請求の内容、を住民監査請求の要件として述べてきたので、この要件に関連する制度としてここで述べることとする。

　住民監査請求は、一定の期間内に提起しなければならない。すなわち、当該行為のあった日又は終わった日から1年を経過したときは、正当な理由があるときを除いては、これをすることができないこととされている。

　この場合の「当該行為のあった日」とは、前記イのⅡの監査請求の対象となる行為又は怠る事実のうち、①から④までに揚げる行為のあった日のことである。

　また、当該行為の「終わった日」とは、当該行為又はその効力が期間継続性を有するものについて、当該行為又はその効力が終了した日（たとえば、財産の貸付については、貸付期間の満了した日又は貸付契約の解除された日債務保証契約については現実に債務の弁済の行われた日）のことを指すものである。

　このように、監査請求について期間制限が設けられているのは、住民訴訟について出訴期間の制度が設けられている（法242条の2第2項）のと同様の趣旨によるもので、監査請求の対象となる行為の多くは私法上の行為であるけれども、普通地方公共団体の機関又は職員の行為である以上、いつまでも争いうる状態にしておくことは、法的安定性の見地からみて好ましいことではないので、なるべく早く確定せしめようという理由によるものである。

　ただ、この監査請求の期間制限については、「正当な理由があるとき」には適用されないことになっている。この場合の「正当な理由があるとき」とは、たとえば、当該行為がきわめて秘密裡に行われ、1年を経過した後初めて明るみに出たような場合、あるいは天災地変等による交通と絶により請求期間を徒過した場合のように、当該行為のあった日又は終わった日から1年を経過したものについて、特に請求を認めるだけの相当な理由があることを指すものとされている。

　なお、請求について期間制限のあるのは、前記イのⅡの①から④までに挙げる行為に限られるのであって、同⑤及び⑥の怠る事実に係る請求については法律上の期間制限はない。これは、このような不作為については、

期間計算の起算点を求めることが困難であること、行政不服審査法でも不作為については特に審査請求期間を設けていないこと、「怠る事実」のうち、公金の賦課又は徴収を怠る場合については債権の消滅時効が働くこと等の理由によるものと思われるが、「行為」に係る請求について短期の期間制限を定めていることとの均等上、「怠る事実」に係る請求についても、条理上は、相当の期間を経過したときは、請求が認められなくなると解するのが相当であろう。

(4) 住民監査請求の手続き

住民監査請求は、必要な措置の要旨を記載した文書をもってこれをしなければならないこととされている（令172条1項）。そして、この場合の請求書は総務省令で定める様式によりこれを調製しなければならないこととされており（同条2項）、地方自治法施行規則により次のように定められている。

則第13条　地方自治法施行令第172条第1項の規定による必要な措置請求書は、別記様式のとおりとする。

［別記］

```
    都（何道府県）〔何郡（市）町（村）〕職員措置請求書様式（第13条関係）
    都（何道府県）〔何郡（市）町（村）〕職員措置請求書
    都（何道府県）知事（何委員会若しくは委員又は職員）〔何郡（市）町（村）長
  （何委員会若しくは委員又は職員）〕に関する措置請求の要旨
  1  請求の要旨
  2  請求者
                               住　所　職　業　氏　名　印
                              （住所）（職業）（氏　名）（印）
  上地方自治法第242条第1項の規定により別紙事実証明書を添え必要な措置を
請求します。
    平成何年何月何日
    都（何道府県）〔何郡（市）町（村）〕監査委員あて
    備考　氏名は自署（盲人が公職選挙法施行令別表第1に定める点字で自己の氏
  名を記載することを含む。）すること。
```

法第242条第1項の規定による監査請求があった場合においては、監査委員は、当該請求に係る事項について監査を行わなければならない（同条4項）が、監査委員は、常にその請求を受理しなければならないか。行政実例によれば、請求書に法定の要件に係るような不備の点がある場合は受理すべきでないとし、監査請求の手続きが明瞭に違法である場合（たとえば、事実を証する書面を添えていないとか、明らかに請求提起期間を経過しており、かつ、それについて正当な理由があることを主張していない場合等）その他請求の瑕疵が客観的に明白である場合（たとえば、当該普通地方公共団体の住民でない者からの請求である場合、あるいは当該普通地方公共団体の機関又は職員でない者の行為についての請求である場合等）には、監査委員は請求書の受理を拒むことができると解すべきである。

　なお、住民監査請求が複数の住民の連名で提出された場合、そのうちの一人が当該普通地方公共団体の住民でなく、住所要件を欠く者であるときは、法律上の要件を欠くことになり請求を却下することも考えられるが、住民監査請求は、複数の住民による合同行為としての請求を原則としているものではないので、資格を有する者については請求が有効に成立していると解されるので、当該請求を受理すべきであるとされている（昭57・10・26行実）。

　また、監査請求を提起する場合には、事実を証する書面を添付することとなっている。

　事実を証する書面を添付することとしたのは、請求に係る事実の存否を明らかにする手段としての意味があるが、それ以外に、請求の濫用を防止する効果の意味も考えられよう。

　事実を証する書面は、別段の形式を要せず、法第242条第1項に該当すべき事実を具体的に指摘すれば足りるものである（昭23・10・12行実）。

　また、監査委員としては、事実を証するような形式を備えておれば、一応は受け付けなければならないものであり、それが事実であるかどうか、あるいは証拠力があるかどうかというようなことについては、監査委員の監査によってはじめてその結果が明らかになってくるのであって、その前に事実を証する書面でないとして拒絶することは許されないものである（昭23・10・30行実）。

なお、住民監査請求に当たって、監査を求める行為及び怠る事実を証する書面が添付されていないときでも、法第242条第6項により、請求人に証拠の提出及び陳述の機会を与えて不満な点を補充すべきであり、それらの措置をとらないで、当該書面の添付がないことを理由に監査請求を却下されたときは、同条第5項の期間に監査又は勧告を行わない場合として、住民訴訟を提起できるとの判例（昭42・3・10福井地裁判決）があり、実務上の処理としては、これを添付するよう指導すべきである。

(5) 監査委員の監査
　ア　監査の期限

　住民から監査請求が提起されると、監査委員は監査をしなければならない（法242条4項）。

　しかも、この監査及び勧告は、請求があった日から60日以内にこれを行わなければならないことになっている（法242条5項）。

　この「請求のあった日」とは、公法上の行為の効力発生時期については、民法と同じく到達主義を原則としていると解されることから、監査請求書を文書取扱課が受領したとき、すなわち、当該監査請求書に当該地方公共団体の文書取扱規程等に定める収受印を押印した日であり（文書取扱課から担当課へ送付するのに要した期間は、行政庁の内部問題であり、この時点における遅滞の責任を住民に負わせることは適当でない。）、また、当該監査請求書の補正をさせた場合においても、当初に収受印した日が「請求のあった日」とされている。なお、60日の期間計算は、当該日の翌日から起算されることとなる（昭41・11・24行実）。

　「60日以内」とは、60日以内に監査に着手すればよいというのではなく、監査を終了するとともに、監査の結果に基づく勧告もこの期間内に行うことを要するものである。もし、60日以内に監査又は勧告を行わないときは、請求人は法第242条の2第1項の規定により訴訟を提起することができることになっている。

　イ　証拠の提出及び陳述の機会の付与

　監査委員の監査方式は、書面監査によるものであるが、監査を行うに当

たっては、請求人に証拠の提出及び陳述の機会を与えなければならない（法242条6項）。

なおこの場合の陳述について代理が許されることについては、前述したとおりである。

また、請求人として監査に関与できるのは、この証拠の提出及び陳述のみであって、監査に立ち会うこと等は許されていない（昭33・7・14行実）。

　ウ　監査委員の除斥

監査委員は、自己若しくは父母、祖父母、配偶者、子、孫若しくは兄弟姉妹の一身上に関する事件又は自己若しくはこれらの者の従事する業務に直接の利害関係のある事件については、監査することができないことになっている（法199条の2）が、住民による監査請求における監査についても、もちろん、この除斥の制度が働くことはいうまでもない。したがって、監査委員の定数が2人である町村において、そのうちの1人が除斥される場合、監査及び勧告の決定は、除斥されない監査委員1人で行うことになる（昭48・4・13行実）。

　エ　監査の範囲

監査請求を受けた監査委員は、まずその請求が適法な監査請求としての要件をそなえているかどうかを監査し（これを要件審理ということができよう。）、そのすべての要件を具備すると認めたときに、はじめて監査請求の当否を監査し、及び決定する（これを本案審理ということができよう）。

監査請求における要件審理と本案審理の対象となる事項を挙げると、次のとおりである。

Ⅰ　要件審理

監査請求を適法ならしめる要件、つまり、監査請求が、次に述べる本案審理による決定をうけるために具備しなければならない要件を監査請求要件ということができるが、この要件には次のようなものが考えられる。

　①　監査請求の対象である行為又は怠る事実が存在すること。
　②　請求人が請求権者としての適格性を有すること。
　③　監査権限を持った監査委員に対する請求であること。

④　監査請求期間内の請求であること。
⑤　法律で定められた内容の措置請求であること。
⑥　法定の形式を具備した請求書を提出すること。

　監査請求が、上のいずれかの要件を欠くときは、不適法な請求であるから、その補正が行われる場合を除いて、監査請求は決定をもって却下されることになる。

Ⅱ　本案審理

　住民訴訟のような行政事件訴訟（そのうち、住民訴訟は民衆訴訟と呼ばれている。）は、裁判所による客観的な法の認識作用であるから行政権対司法権の関係とか、訴訟手続固有の構造より考えて、その審理権の範囲につき理論上各種の制約が考えられているが、住民による監査請求については、その対象となる行為又は怠る事実の主体である行政庁の内部機構たる監査委員が、一定の行為又は怠る事実の適法性と妥当性を審査する手続きであるから、監査の範囲について司法審査におけるような厳格な制約は考えられないのであって、法律において、監査対象は、一定の行為又は怠る事実の適法・違法の法律問題に限られず、当・不当の裁量問題にも及ぶこととする措置が講ぜられている（一定の財務会計上の行為のうち、違法な行為のみが住民訴訟の対象となる）。また、不告不理の原則についても、監査の範囲は、請求事実を不当にはみ出ることは許されないが、必ずしも請求人の請求内容に拘束されるものとは解されない。

　要件審理及び本案審理に関連していわゆる「一事不再議」の問題があるが、既に法第242条による監査請求があった後においても、同一事件について他の者から同一内容の請求があった場合、請求者の異なる同一内容の請求を同一請求と解し、監査委員の行った監査の効力が他の住民にも及び、他の住民が同一の請求をすることを禁止する趣旨と解することはできないから、「一事不再議」の原則を採用することができないが、既に行った監査の結果によって、後の請求に係る事実の有無を判断できる場合には、既に行った監査の結果に基づいて、その旨を請求者に通知しても、請求人の権利を不当に侵害したことにはならない（昭34・3・19行実）とされ、また、同一人より同一事件について同一内容の再監査の請求をすることはできないとされている（昭33・7・14行実、昭62・2・20最高裁判決）。

オ 請求の撤回

撤回は、意思表示をした者がその意思表示の効果を将来に向かって消滅させることであり、民法では、これも「取消し」といっているが、撤回は、意思表示によって当事者間に権利義務が発生したときは、これを行うことはできず、意思表示だけでは権利義務を発生させないものであるときは、それに基づいて法律行為が行われるまでは撤回することができることとされている。行政法上は、瑕疵なく成立した行政行為について、新たな事情の発生によってその効力を存続させることが適当ではなくなった場合に、将来に向かってその効力を消滅させることを撤回と呼んでいる。

民事訴訟における訴えの取下げは、原告がその提起した訴えの全部又は一部を取り下げることであり、裁判所に対しその審判の要求を撤回する意思表示である。訴えの取下げは、訴えに対する終局判決が確定し、訴訟が終了するまではすることができる。

監査請求における請求の撤回は、訴訟における訴えの取下げに相当するものであり、この取扱いについては、監査委員の監査の終了前においては、できるものと解されている（昭24・12・28行実）。

カ 監査及び勧告の決定

監査及び勧告についての決定は、監査委員の合議によらなければならないこととされている（法242条8項）。

監査委員は、本来独任制の機関であるから、通常の監査の場合には合議体として行動するわけではなく、個々独立に活動するが、住民監査請求の監査が、住民訴訟の前身として慎重かつ公正な審議を必要とし、かつ、その決定は、事柄の性質上、監査委員の全員の意思の合致を必要とすることとしており、事実行為としての監査は、各監査委員が独立して行うが、監査の結果、請求に理由がないと認めるべきか、理由があると認めるべきかの決定及び理由があると認めた場合における勧告の内容の決定は、全監査委員の合議によって決定することを要するものである。

もし、監査委員の定数が2人以上の場合において、各監査委員が異なった判断を行い合議が整わないときは、できる限りの努力を行って合議が整うようにすべきであるが、どうしても整わない場合においては、監査委員

としての監査及び決定はなしえないものというほかない。したがって、この場合においては、60日を経過すれば、請求人は、監査委員が監査及び勧告を行わないものとして出訴し得ることとなる。

なお、この場合、「監査委員の定数」が2人以上である場合となっているが、監査委員の定数が2人以上であっても在職する監査委員が現に1人であるとき、あるいは、現に在職する監査委員が2人以上であっても当該監査に当たって除斥される監査委員がいる結果1人となったときは、合議による決定は不可能であり、決定そのものができなくなるのではなく、当該1人の監査委員により決定を行うこととなるものと解する（昭48・4・13行実）。

(6) 監査委員のとるべき措置

提起された請求が住民監査請求の要件を満たしていない場合には、請求を却下することができると解するべきである。なお、この場合の却下は、監査委員の要件審理に基づく一種の行政処分と考えられるが、違法な却下があった場合に、この処分に対して行政事件訴訟法に基づく取消訴訟を提起することができるかどうかについては、判例では提起できないこととされている（昭37・12・18横浜地裁判決、昭44・10・24横浜地裁判決）。

次に監査の結果、請求に理由がないと認めるときは、監査委員は、理由を付して、その旨を書面により請求人に通知するとともに、これを公表しなくてはならない（法242条4項前段）。この場合に、公表を義務付けているのは、法第242条の2の規定による住民訴訟の場合の他の住民による訴訟参加を考慮したものである。

なお、この場合の請求に理由がないとして請求人に通知するのは、先に述べた審理形式からすれば、本案審理としての監査を行った後に行われるのであるが、理論的には、このように割り切って考えられても、実際は、要件審理と本案審理が混然一体となって進められるケースが多いと思われるので、却下の処分と請求に理由なしとして請求人に通知する場合との区別をすることは困難な場合が多い。強いて区別する必要もないと思うが、請求人への通知及び一般への公表については、できるだけこれを行うこととする取扱いが望ましいといえよう。

さらに、監査の結果、請求に理由があると認めるときは、監査委員は、議会、長その他の執行機関又は職員に対して期間を示して必要な措置を構ずべきことを勧告するとともに、その勧告の内容を請求人に通知し、かつ、これを公表しなければならない（法242条4項後段）。

この場合の「勧告」とは、一般に用いられているのと同様の意義であって、権力的な指揮命令等の監査作用と区別され、法的拘束力ないしは強制力を有するものではないが、勧告を受けた相手方は、これを尊重しなければならない義務を有する。

また、「必要な措置」とは、原則として、請求人の請求内容としての必要な措置を指すものであるが、監査委員は、必ずしも請求人の請求内容に拘束されず、これを修正して必要な措置を勧告することもできるものと解すべきとされている（昭23・10・12行実）。たとえば、請求人が当該行為をした職員の降任を請求している場合において、その転任を勧告する等が可能であり、これに対して請求人に不服がある場合は、住民訴訟を提起することができる。

なお、この場合の勧告の相手方には議会も含まれる。したがって、監査請求自体は、執行機関又は職員の具体的な行為についてなすことを要するが、請求があった場合においては、監査委員は、さかのぼって当該行為のもととなった議会の議決、条例等の内容についても監査することができ、議会に対しても、たとえば、議会の議決を経ていない契約についての追認議決、違法な条例の改廃等の必要な措置を構ずべきことを勧告することができるわけである。

また、平成14年の法改正で新たに設けられた、監査委員による暫定的停止勧告の制度は、次のようになっている。

①　法第242条第3項による監査委員の暫定的停止勧告は、住民監査請求に基づく監査が終了する以前になされる保全的な措置であり、かつ財務会計行為の停止という行政活動に重大な影響を与えることを求めるものであることから、停止を勧告する場合は、真にその必要がある場合に限定される。また、条文上の「相当な理由」とは、社会通念上、客観的にみて合理的なものをいう。

②　暫定的停止勧告は、監査委員の合議による（法242条8項）。勧告した場合は、その内容について、請求人に通知するとともに、公表しなけ

ればならない。

　③　勧告を行うことができる時期については、条文上規定されていないことから、監査結果が出される以前であればいつでも可能であるが、暫定的停止勧告は、監査中に違法な支出等がなされてしまうことを防ぐことを目的とすることから、通常は監査請求がなされた初期の段階で行うことになる。

(7) 勧告を受けた機関又は職員のとるべき措置

　カで述べた監査委員の勧告があったときは、当該勧告を受けた議会、普通地方公共団体の長その他の執行機関又は職員は、当該勧告に示された期間内に必要な措置を講ずるとともに、その旨を監査委員に通知しなければならない（法242条9項前段）。

　この場合の「必要な措置」とは、原則として、監査委員の勧告の内容たる必要な措置を指すものであるが、勧告を受けた機関としては、必ずしも勧告の内容に拘束されず、自らの判断により必要と認める措置を講ずることができるものというべきであろう。たとえば、監査委員が当該行為をした職員の停職を勧告している場合において、これを戒告するにとどめる等。これに対して請求人に不服がある場合は、住民訴訟を提起することができる。

　監査委員は、必要な措置を講じた旨の通知を受けたときは、当該通知にかかる事項を請求人に通知し、かつ、これを公表しなければならない（法242条9項後段）。この場合の請求人に対する通知を個々の機関又は職員から行うものとせず、監査委員から行うものとしたのは、一般に対する公表とあわせて、監査委員においてこれを行うこととした方が、責任関係をより明確にする上から適当と考えられたためである。

(8) 住民監査請求監査の事務手続

　以上述べてきた住民監査請求監査の事務処理手続を一覧で示すと、次頁のとおりである。

■図1-2　住民監査請求監査の事務処理手続図

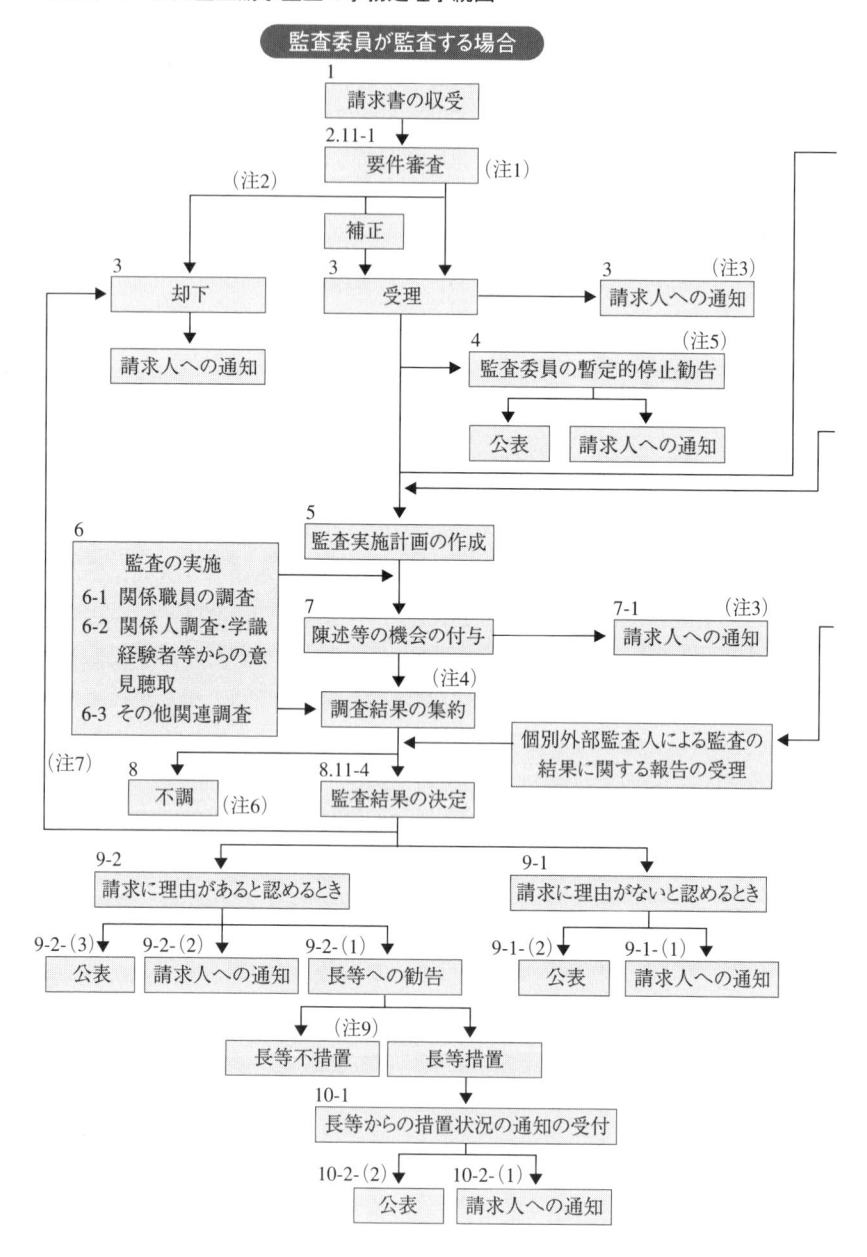

【監査委員が監査する場合】

1　請求書の収受
↓
2.11-1　要件審査（注1）
（注2）補正
↓
3　却下　／　3　受理　／　3　請求人への通知（注3）

- 却下 → 請求人への通知
- 受理 → 4　監査委員の暫定的停止勧告（注5）
  - 公表
  - 請求人への通知

5　監査実施計画の作成

6　監査の実施
- 6-1　関係職員の調査
- 6-2　関係人調査・学識経験者等からの意見聴取
- 6-3　その他関連調査

7　陳述等の機会の付与　→　7-1　請求人への通知（注3）

（注4）調査結果の集約　←　個別外部監査人による監査の結果に関する報告の受理

（注7）8　不調（注6）　／　8.11-4　監査結果の決定

9-2　請求に理由があると認めるとき　／　9-1　請求に理由がないと認めるとき

- 9-2-(3)　公表
- 9-2-(2)　請求人への通知
- 9-2-(1)　長等への勧告
- 9-1-(2)　公表
- 9-1-(1)　請求人への通知

長等への勧告 →（注9）長等不措置　／　長等措置

10-1　長等からの措置状況の通知の受付
- 10-2-(2)　公表
- 10-2-(1)　請求人への通知

第1章　監査委員による監査　219

外部監査人が監査する場合

「個別外部監査契約に基づく監査によることを求められた場合」
※住民監査請求に係る個別外部監査の場合は条例の制定が必要

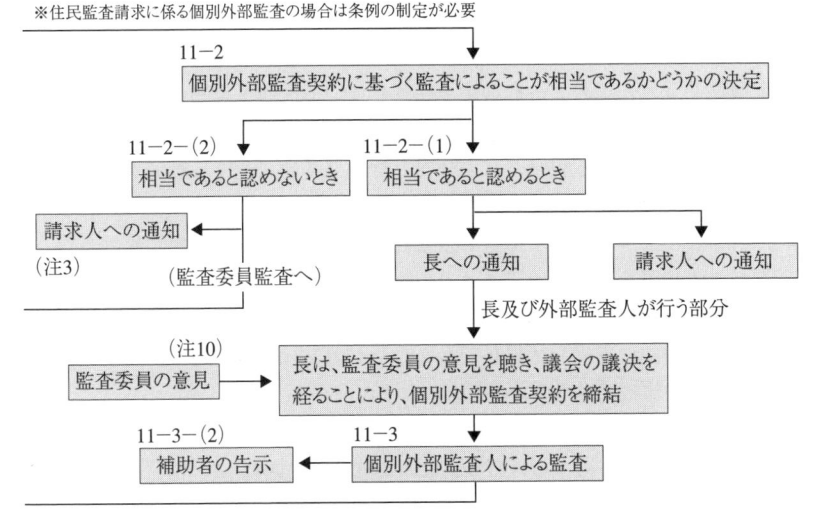

```
                                    11－2
                                      ↓
                    ┌─────────────────────────────────┐
                    │ 個別外部監査契約に基づく監査による │
                    │ ことが相当であるかどうかの決定     │
                    └─────────────────────────────────┘
            11－2－(2) ↓              11－2－(1) ↓
        ┌──────────────┐          ┌──────────────┐
        │ 相当であると │          │ 相当であると │
        │ 認めないとき │          │ 認めるとき   │
        └──────────────┘          └──────────────┘
              ↓                          ↓           ↓
      ┌──────────────┐          ┌──────────┐  ┌──────────────┐
      │ 請求人への通知│◀         │長への通知│  │請求人への通知│
      │  （注3）      │          └──────────┘  └──────────────┘
      └──────────────┘ （監査委員監査へ）
                                長及び外部監査人が行う部分
                                      ↓
          (注10)         ┌──────────────────────────────┐
     ┌──────────────┐   │ 長は、監査委員の意見を聴き、    │
     │ 監査委員の意見│──▶│ 議会の議決を経ることにより、    │
     └──────────────┘   │ 個別外部監査契約を締結          │
                        └──────────────────────────────┘
        11－3－(2)                 11－3 ↓
     ┌──────────────┐   ┌──────────────────────────────┐
     │ 補助者の告示 │◀──│ 個別外部監査人による監査       │
     └──────────────┘   └──────────────────────────────┘
```

注1　特に、通常の監査委員監査に代えて個別外部監査契約に基づく監査を請求人が求めてきた場合には、その理由が付されているかどうかを確認する。
　2　受理前の却下：形式的要件の明白な欠如により補正を要求しても補正に応じない場合等には、監査委員の合議による決定に基づいて却下するものである。
　3　法文上通知する規定はないが、請求人へ通知するのが望ましい。
　4　請求人は、監査委員の監査終了前においては、請求を撤回できる（昭和24.12.28行政実例）。
　5　停止勧告は、①地方公共団体における財務行為が違法であると思料するに足りる相当な理由があり、②当該行為により当該普通地方公共団体に生ずる回復の困難な損害を避けるため緊急の必要があり、かつ③当該行為を停止することによって人の生命又は身体に対する重大な危害の発生の防止その他公共の福祉を著しく阻害するおそれがないと認めるときは、監査委員は長その他の執行機関又は職員に対し、理由を付して勧告等の手続きが終了するまでの間当該行為を停止すべきことを勧告することができる（法第242条第3項）。
　6　監査委員の合議が不調の場合、法文上通知すべき規定はないが、その旨通知することが望ましい。
　7　受理後の却下は、監査の結果としての「却下」であり、受理後の実質審査によって要件が欠けていることが判明した場合のものである。なお、実質監査の過程においても要件が欠けていることを発見したときは補正を命じ、応じなければ「却下」とする場合を含む。
　8　請求人は、監査の結果若しくは勧告に不服がある場合等は、住民訴訟を提起することができる（法第242条の2）。
　9　長等不措置の場合、法文上督促する規定はないが、督促することが望ましい。
　10　監査委員が長からあらかじめ意見を求められるのは、外部監査契約の締結及び解除の際である。この場合の意見は、いずれも監査委員の合議による。

14　職員の賠償責任に関する監査

（職員の賠償責任）
第243条の2　会計管理者若しくは会計管理者の事務を補助する職員、資金前渡を受けた職員、占有動産を保管している職員又は物品を使用している職員が故意又は重大な過失（現金については、故意又は過失）により、その保管に係る現金、有価証券、物品（基金に属する動産を含む。）若しくは占有動産又はその使用に係る物品を亡失し、又は損傷したときは、これによつて生じた損害を賠償しなければならない。次に掲げる行為をする権限を有する職員又はその権限に属する事務を直接補助する職員で普通地方公共団体の規則で指定したものが故意又は重大な過失により法令の規定に違反して当該行為をしたこと又は怠つたことにより普通地方公共団体に損害を与えたときも、また同様とする。
　一　支出負担行為
　二　第232条の4第1項の命令又は同条第2項の確認
　三　支出又は支払
　四　第234条の2第1項の監督又は検査
2　前項の場合において、その損害が2人以上の職員の行為によつて生じたものであるときは、当該職員は、それぞれの職分に応じ、かつ、当該行為が当該損害の発生の原因となつた程度に応じて賠償の責めに任ずるものとする。
3　普通地方公共団体の長は、第1項の職員が同項に規定する行為によつて当該普通地方公共団体に損害を与えたと認めるときは、監査委員に対し、その事実があるかどうかを監査し、賠償責任の有無及び賠償額を決定することを求め、その決定に基づき、期限を定めて賠償を命じなければならない。
4　第242条の2第1項第4号ただし書の規定による訴訟について、賠償の命令を命ずる判決が確定した場合においては、普通地方公共団体の長は、当該判決が確定した日から60日以内の日を期限として、賠償を命じなければならない。この場合においては、前項の規定による監査委員の監査及び決定を求めることを要しない。
5　前項の規定により賠償を命じた場合において、当該判決が確定した日

から60日以内に当該賠償の命令に係る損害賠償金が支払われないときは、当該普通地方公共団体は、当該損害賠償の請求を目的とする訴訟を提起しなければならない。
6　前項の訴訟の提起については、第96条第1項第12号の規定にかかわらず、当該普通地方公共団体の議会の議決を要しない。
7　第242条の2第1項第4号ただし書の規定による訴訟の判決に従いなされた賠償の命令について取消訴訟が提起されているときは、裁判所は、当該取消訴訟の判決が確定するまで、当該賠償の命令に係る損害賠償の請求を目的とする訴訟の訴訟手続を中止しなければならない。
8　第3項の提起により監査委員が賠償責任があると決定した場合において、普通地方公共団体の長は、当該職員からなされた当該損害が避けることのできない事故その他やむを得ない事情によるものであることの証明を相当と認めるときは、議会の同意を得て、賠償責任の全部又は一部を免除することができる。この場合においては、あらかじめ監査委員の意見を聴き、その意見を付けて議会に付議しなければならない。
9　第3項の規定による決定又は前項後段の規定による意見の決定は、監査委員の合議によるものとする。
10　第3項の規定による処分に不服がある者は、都道府県知事がした処分については総務大臣、市町村長がした処分については都道府県知事に審査請求をすることができる。この場合においては、意義申立てをすることもできる。
11　前項の規定にかかわらず、第242条の2第1項第4号ただし書の規定による訴訟の判決に従い第3項の規定による処分がなされた場合においては、当該処分については、行政不服審査法による不服申立てをすることができない。
12　普通地方公共団体の長は、第10項の規定による異議申立てがあつたときは、議会に諮問してこれを決定しなければならない。
13　議会は、前項の規定による諮問があつた日から20日以内に意見を述べなければならない。
14　第1項の規定によつて損害を賠償しなければならない場合においては、同項の職員の賠償責任については、賠償責任に関する民法の規定は、これを適用しない。

(1) 意義及び目的

　法第243条の2の規定により、地方公共団体の職員の行為によって、当該団体が損害を被った場合については、一般の民事上の手続きに基づくことなく、これを公法上の特別の責任として、直接当該職員に対し、賠償責任を課すことができる。

　この公法上の賠償責任は、Ⅰ出納職員については、①会計管理者、②会計管理者の事務を補助する職員、③資金前渡を受けた職員、④占有動産を保管している職員、⑤物品を使用している職員が、故意又は重大な過失（現金については故意又は過失）によって、その保管に係る現金、有価証券、物品（基金に属する動産を含む。）若しくは占有動産又はその使用に係る物品を亡失し、又は損傷して当該団体に損害を与えたとき、及びⅡ予算執行職員については、①支出負担行為、②支出命令若しくは支出負担行為に関する確認、③支出又は支払、④契約の履行を確保するための監督、検査をする権限を有する職員又は、その権限に属する事務を直接補助する職員で、当該団体の規則で指定された者が故意又は重大な過失によって、法令の規定に違反して当該行為をし、又は当該行為を怠ったことにより、当該団体に損害を与えたときに当該職員に対して課すことができる。

　この賠償責任を命じ得るのは、当該団体の長であるが、長は、かかる職員が、かかる行為によって当該団体に損害を与えたと認め、その賠償を命ずる場合は、まず「監査委員に対し、その事実があるかどうかを監査し、賠償責任の有無及び賠償額を決定することを求め」、この監査委員の決定に基づいて、期限を定めて賠償を命じなければならない（法243条の2第3項）。この場合の長の賠償命令は、原則的として、監査委員の決定に一致しなければならないものであるが、法律上絶対的に拘束されるというものでもない。また、監査委員が当該職員の賠償責任及び賠償額を決定した後は、長は、当該職員から当該損害が避けることのできない事故その他やむを得ない事情によるものであることの証明（挙証）を受け、これを相当と認めた場合、議会の同意を得て、当該賠償責任の全部又は一部を免除することができるが、この場合も、あらかじめ監査委員の意見を聞いて、この意見を付して議会に付議しなければならない（法243条の2第8項）とされ、当該賠償責任に関しては、監査委員の監査、意見に係わらしめ、そ

の公正を期している。

(2) 監査の要件

　当該賠償責任に関する監査は、長が当該職員が当該行為によって当該団体に損害を与えたと認め監査委員に対して監査の請求がなされた場合に行うことができるものである。したがって、長が地方公共団体に損害を与えられていないと認め、監査委員に請求しない場合には、独自にかかる監査をし、賠償責任の有無及び賠償額の決定をすることはできない。また、監査委員は、かかる損害のあった場合、賠償責任に有無とその賠償額についてのみ決定できるものであり、賠償の期限、方法等についての決定はできない。

　ア　会計管理者若しくは会計管理者の事務を補助する職員、資金前渡を受けた職員、占有動産を保管している職員又は物品を使用している職員の賠償責任の要件

　①　これらの職員のした行為であること。「会計管理者の事務を補助する職員」とは、副会計管理者のほか、法第171条第1項の規定により置かれる出納員その他の会計職員をいい、宿日直中の職員、出納員その他の会計職員でない滞納整理に当たる職員で、単に事実上会計管理者の事務を補助執行している職員は含まれない（昭38・12・19通知）。「資金前渡を受けた職員」のうちには、資金前渡を受けた他の地方公共団体の職員（令161条3項）も含む。「物品を使用している職員」とは、現実に物品を使用している職員のみならず、直ちに使用に供し得る状態にある物品（たとえば、ロッカー中の予備備品、消耗品等）を支配している職員をも含む。

　なお、自動車を運転している者が運転中に起こした事故については、原則として当該運転者が賠償責任を負うものと解される（昭45・12・2行実）。

　②　保管に係る現金、有価証券、物品、基金に属する動産若しくは占有動産又は使用に係る物品を亡失し、又は損傷したこと。法令の規定により保管し又は使用するものに限られ、事実上保管又は使用するものは含まれない。したがって、元来保管が許されていない歳入歳出外現金（法235条の4）に相当する私金を亡失しても、本条の適応外である（民法の適用は

ある。)。しかし、法令の規定により保管するものと事実上保管するものとが混同し分別できなくなった場合は、両者につき保管の責任があると解すべきであるとする判例(大4・11・1大判)がある。
　③　故意又は重大な過失(現金については、故意又は過失)によること。「重大な過失」とは、甚しく注意義務を欠くことをいい、物又は事務を管理するに当たり当該職業又は地位にある人にとって普通に要求される程度の注意義務を怠ることを示す軽過失に対応する。現金は軽過失によっても賠償責任が追求されるが、物品、有価証券、占有動産については重大な過失が要件とされているが、これは、物品は多種多様であり、その価値に比して物量が大きく、使用又は処分目的のための場所的時間的移動が活発であり、また保管施設も整備不充分なので軽過失のあったときまで職員に責任を負わせることは酷であること、物品の過失による損害は経験的に一定の蓋然性をもって予想されるので、その損害はあらかじめ商品原価に含めて回収するという民間企業の方法に準じたこと、法第243条の2の賠償責任が予防的見地に立つ限り、軽過失についてまで責任を追及することは妥当でなく、また一般の職員との均衡を失すること等の理由によるものである。
　④　現金、物品等の亡失又は損傷と損害の発生に因果関係が存すること。

　イ　予算執行職員等の賠償責任の要件
　①　支出負担行為、支出命令若しくは支出負担行為に関する確認、支出若しくは支払い又は契約の履行を確保するために監督若しくは検査をする権限を有する職員又はその権限に属する事務を直接補助する職員で、普通地方公共団体の規則で指定したものがした行為であること。「支出」とは、予算執行行為としての歳出金の払渡しをいい、「支払い」とは、会計管理者が自ら現金で小口の支払いをするとき、資金前渡を受けた職員が債権者に支払うとき、繰替払いをするとき等における具体的な現金の払渡しをいう。「権限を有する職員」とは、法令(条例、規則を含む。)に基づき権限を行使する職員をいい、法令上の権限者から委任(法153条、180条の2等)された職員を含む。権限は行為時に有すれば足り、その後権限を失っても責任を免れるものではない。「その権限に属する事務を補助する職員で規則で指定したもの」とは、予算執行職員等の権限を実質的に補佐する直接

下級者をいい、専決をすることができる職員又は代決をすることができる職員は含まれる。

② 法令の規定に違反して予算執行行為等をなし、又は怠ったこと。「法令」とは、法律、政令、省令等のみでなく、普通地方公共団体の条例、規則等を含む。「怠ったこと」とは、一般的には法令の規定が特定の行為をすべきことを命じているにもかかわらず当該行為の全部又は一部をしないこと（職務懈怠）を指すが、職務懈怠か否かは、個々具体的に法令の規定と職務執行行為とを比較して決するほかはない。

③ 故意又は重大な過失によること。

④ 法令の規定に違反して予算執行行為等をしたこと又は怠ったことと損害の発生に因果関係が存すること。

ウ　2人以上の職員の行為により普通地方公共団体に損害を与えたときは、当該職員は、それぞれの職分に応じ、かつ、当該行為と損害との因果関係に応じて賠償責任を有する（法243条の2第2項）。当該職員は連帯して各人が全額についての賠償責任（民法719条）を負うのではなく、職員別に賠償額を決定しなければならない。「職分」とは、職務権限の重要性をいう。

(3) 監査の手続き及び実施

当該監査は、すでに述べたように、長の要請があってはじめて行われるものであり、具体的には現金、有価証券、物品若しくは占有動産又は使用に係る物品の亡失又は損傷等により被った地方公共団体の損害の有無、当該損害に係る当該職員の賠償責任の有無そして損害額についての客観的事実に基づく審査、検証である。したがって、①損害の事実があったかどうか、②その職員が当該条項の対象となっている職員かどうか、③当該職員の当該損害を及ぼした行為が故意又は重大な過失（現金の場合は故意又は過失）によるものかどうかの要件をまず審査し、次いで具体的な損害額の算定に入る。この損害額の算定は、現金については、現実に損害を生じた額であり、これは損害の発生の時を基準にすべきであり、賠償の時を基準とすべきでない。物品については、原則として帳簿に記載された価格、すなわち帳簿

価格であるが、価格の変動が著しく帳簿によるところが不適当な場合においては亡失又は損傷時又は監査時の時価により、あるいはこれらを勘案して定めることも差しつかえない（昭26・9・4行実）とされている。なお、賠償を命ずべき金額の算定に当たっては、損害発生の時から遅延利息を附すべきである（大3・6・24大判）とされている。損害賠償の方法としては、原則として金銭賠償の方法によるべきである（民法722条1項）が、現状回復等の方法によることも妨げないと解される。そして、賠償命令は、職員が損害を与えた時に職にあったことをもって足り、職員が退職した後においてもこれをすることができ（明27・11・28行判）、また、職員が死亡した場合にも、一般的には相続人に対しこれをすることができる。

監査委員の算定する損害額は、当該団体の受けた財産上の一切の損害額であり、監査委員は監査により確認したこの損害額から職員の過失の程度により一部を減額して賠償額を決定するようなことはできず（昭45・10・5行実）、これは長の判断にまかされるべきものである。

　ア　監査計画及び実施方法
Ⅰ　監査計画
　監査の基準及び実施の方法等については、通常の監査の方法を参考の上適宜行えばよい。なお、損害額の決定をするに当たっては、まず、その基礎となる事実を把握するために必要な資料の収集等書面監査を行い、次いで関係人の出頭、実地監査手続を行うのが適当である。

　ⅰ　書面監査の内容としては、
　①　当該行為をなした職員の氏名
　②　事務処理手続の系統及び権限委任の有無
　③　亡失又は損傷の日時及び場所
　④　亡失した現金の額（亡失又は損傷した物品の品目、及び数量並びに換算した金額）
　⑤　亡失又は損傷した原因
　⑥　平常における現金又は物品の保管状況
　⑦　当該事件発覚の動機並びに発見後の処置
　⑧　当該事件に関する証憑、帳簿等関係書類

⑨ 損害補填の有無、補填の月日、補填額補填見込額等
⑩ 当該職員の賠償能力
⑪ その他参考事項（民事又は刑事訴追の有無、これに関する一件書類、人的又は物的保証の有無、免責事由の有無等）
ⅱ 実地監査の内容としては、
① 当該職員からの事情の聴取
② 関係人の出頭を求め、又は関係人についての調査
③ 亡失または損傷現場における金庫、帳簿、関係書類の調査、物品保管場所の保管状況等の調査
④ その他必要事項

を調査し、その事実を客観的に把握することによって、損害額を判明ならしめる必要がある。

　なお、予算執行行為等による賠償に関する監査に当たっても、これらに準じて行う必要がある。

　イ　監査決定の時期

　賠償命令は、現金、有価証券、物品、基金に属する動産又は占有動産を亡失又は損傷して損害を与えた場合にあっては、監査委員の監査結果に基づき行われる（法243条の2第3項）。なお、賠償命令は、刑事訴訟係属中においてもすることができる。

　ウ　長への監査結果の通知

　監査委員は、監査の結果を取りまとめ、長に通知するこことなるが、その内容としては、次のような事項である。
① 賠償責任を有する職員の職、氏名
② 損害額
③ 損害額算定の根拠
④ 監査の経過（事件の概要、原因、保管の状況、事務処理等）

　エ　監査結果に関する意見の表示

　当該監査は、その結果を長に通知すれば足りるが、必要と考えれば当該

事件についての監査委員の所見、免責事由についての証明があったものについては、当該免責事由の採否についての意見、その他事故防止対策等についての意見等をあわせ述べることも差しつかえないであろう。

(4) 賠償責任の全部又は一部を免除する場合の監査委員の意見

　賠償の免除を決定するのは長であるが、長は、監査委員が賠償責任ありとした決定を行った後、当該職員から当該損害が避けることができない事故、その他やむを得ない事由によるものであることの証明（挙証）を受け、これを相当と認めた場合は、あらかじめ監査委員の意見を聞いて、当該意見を付して議会に付議し、議会の同意を得て賠償責任の全部又は一部を免除することができる（法243条の2第8項）。この場合の意見も監査委員の合議によらなければならない（同条第9項）。

　しかし、監査委員は、長の求めがないのにもかかわらず、賠償責任の免除に関して意見を述べることができない。また長が意見を求めたにもかかわらず相当期間を経過してもなお監査委員が意見を述べない場合は、議会の同意を求めるのに際し、監査委員の意見にかえてその旨を明示するだけで足りると解される。

　なお、賠償責任の免除について議会の同意を軽微なものまで一々得ることが必要でないと考えられるときは、一定の金額までのものについて法第180条の規定により、長において専決処分しても差し支えない（昭25・8・17行実、昭26・12・25行実）が、この場合においても、監査委員の意見は省略できない。

(5) 被賠償命令者の不服申立

　賠償命令は、行政庁が優越的な意思の主体として命令する行政処分であると解されるので、行政不服審査法により不服申立てをすることができる。しかし、権利救済を厚くする必要があること及び法の他の不服申立ての体系との均衡を図る必要があることのため、行政不服審査法に対する特例が定められている。すなわち、都道府県知事又は市町村長がした賠償命令に不服がある者は、当該賠償命令をした当道府県知事又は市町村長に対し意義申立てをすることができる（法243条の2第10項後段）。異議申立ては、

原則として賠償命令があったことを知った日の翌日から起算して60日以内にしなければならない（行政不服審査法45条）。都道府県知事又は市町村長は、意義申立てがあったときは、議会に諮問してこれを決定しなければならず（法243条の2第12項）、議会は、諮問があったときは、20日以内に意見を述べなければならない（法243条の2第13項）とされている。都道府県知事又は市町村長がした意義申立てについての決定に対してさらに不服がある者は、それぞれ総務大臣又は都道府県知事に審査請求をすることができる（法243条の2第10項前段）。審査請求は、原則として意義申立てについての決定があったことを知った日の翌日から起算して30日以内にしなければならない（行政不服審査法14条1項）。総務大臣又は都道府県知事がした審査請求についての裁決に対してなお不服があるときは、行政事件訴訟法の規定により訴訟を提起することができるが、この場合において、賠償命令の取消しの訴えは、審査請求に対する裁決を経た後でなければ提起することができない（法256条）ものである。なお、賠償責任の免除については、行政処分であるが議会の同意を要件とするため、行政不服審査法による不服申立てはできない。

(6) 賠償責任の性質

　当該賠償責任の本質は、公法上の特別責任であり、私法上の債務不履行又は不法行為に基づく責任ではない。したがって、本条の責任の及ぶ限りにおいては、民法の規定による賠償責任は追及されない（法243条の2第14項）し、当該賠償請求権と民法の規定による賠償請求権とを競合して行使することはできない。

　このことは、賠償責任を免除された職員についても同様であると解される。しかし、公法上の賠償責任を負い又は負うべきであった職員以外の者についても、当該普通地方公共団体の職員以外の者を含めて、民法の規定により賠償を求めることができることはいうまでもない。

　公法上の特別責任を追及できる者と私法上に責任を追及できる者とがある場合における請求権の関係については、被害者たる普通地方公共団体の権利救済を厚くする意味において、両者に並行して請求できるものと解される。これは公法上の特別責任が履行されないときにはじめて私法上の責

任を追及できるとすれば、損害の補てんが遅れるとともに、期間の徒過により私法上の請求権を失うおそれがあるからである。公法上の特別責任と私法上の責任とを並行して追及できるとして賠償請求額はおのおの損害額全額に及び得るかについては、賠償請求の根拠が異なること及び普通地方公共団体の救済を十全ならしめるため積極に解されよう。しかし、損害の一部が賠償された場合には、その限度において賠償請求額を減ずるべきである。なお、両者の間においては、求償権が働くものと解されている。

（参考）出納職員等の賠償責任に関する監査結果報告

```
　何第　号
　平成　年　月　日
                         何市（町村）監査委員　氏　名
                         同                     氏　名　㊞
何市（町村）長氏名殿
　　地方自治法第243条の２の規定に基づく監査結果について（報告）
　標記については、次のとおり監査の結果を報告します。
一　監査実施期間　………………………………………………
二　監査結果の概要
　1　事件の概要
　2　公金（物品）亡失又は損傷の原因
　　（保管の状況、事務処理手続等）
　　　………………………………………………………
　3　損害額及びその算定の根拠
　　　………………………………………………………
　4　その他
　　　………………………………………………………
```

15　共同設置機関の監査

> （共同設置する機関の補助職員等）
> **第252条の11**　（1～3　略）
> 4　普通地方公共団体が共同設置する委員会が行う関係普通地方公共団体の財務に関する事務の執行及び関係普通地方公共団体の経営に係る事業の管理の通常の監査は、規約で定める普通地方公共団体の監査委員が毎会計年度少なくとも1回以上期日を定めてこれを行うものとする。この場合においては、規約で定める普通地方公共団体の監査委員は、監査の結果に関する報告を他の関係普通地方公共団体の長に提出し、かつ、これを公表しなければならない。

(1) 意義及び目的

共同設置のできる機関は、法第252条の7第1項により、執行機関（法138条の4第1項）、付属機関（同3項）、執行機関の事務を補助する吏員、書記その他の職員及び専門委員（法174条1項）に限定されているが、このうち監査の対象となるのは、執行機関たる委員会である。

共同設置の委員会は、関係地方公共団体の委員会が合同したものと実質は同じであるから、その会計経理や事業の管理が、法令に従った公正で、かつ能率的に行われているものでなければならない。共同設置機関の監査の意義及び目的は、各々の適法性、公正性、能率性の確保及び監査にあるといえよう。

(2) 監査の要件

共同設置機関の監査の態様は、「通常の監査」である（法252条の11第4項）。「通常の監査」とは、監査委員本来の監査すなわち法第199条の規定にいう監査の意味である。

監査の対象は、共同設置の委員会の財務に関する事務の執行及びその経営に係る事業の管理であり、この点も通常の監査の対象と同様である。けだし、共同設置の委員会が、関係地方公共団体の共同執行機関であるから

共同設置機関の監査を行う者は、規約で定める地方公共団体の監査委員である（法252条の11第4項）。

　共同設置機関の監査は、毎会計年度少なくとも1回以上期日を定めて行うのであるが、実際の運用としては、監査委員が自己の属する普通地方公共団体の通常の監査を行う際、併せて行うように期日を定めるのが妥当であろう。また、場合によっては、管理及び執行の事務の特性に応じて事務を区分して、個々の関係普通地方公共団体の監査委員が臨時監査として、その事務の区分に従い個々に受け持って監査をするという方法が考えられよう。

　監査手続、監査の実施、監査委員のとるべき措置、勧告等を受けた機関等がとるべき措置及び監査結果に対する不服がある者の救済の途等については、通常監査と同様であるので、詳しくはその項を参照されたい。

　ただ、監査の結果に関する報告及び公表の方法は、通常の監査のそれと全く同様に行えばよいのであるが、他の関係普通地方公共団体の長は、監査の結果に関する報告の提出を受けるのみで公表の義務は負わされていない。したがって、規約で定める普通地方公共団体の監査委員が、他の関係普通地方公共団体の住民にまで公表しなければならないことになるとも考えられるが、実際の運用としては、報告を受けた他の関係普通地方公共団体の長が、報告によって公表する取扱いとすることが適当である。

16　公営企業の決算の審査

地方公営企業法
（決算）
第30条　管理者は、毎事業年度終了後2月以内に当該地方公営企業の決算を調製し、証書類、当該年度の事業報告書及び政令で定めるその他の書類をあわせて当該地方公共団体の長に提出しなければならない。
2　地方公共団体の長は、決算及び前項の書類を監査委員の審査に付さなければならない。
3　監査委員は、前項の審査をするにあたつては、地方公営企業の運営が

第3条の規定の趣旨に従つてされているかどうかについて、特に意を用いなければならない。
4　地方公共団体の長は、第2項の規定により監査委員の審査に付した決算を、監査委員の意見を付けて、遅くとも当該事業年度終了後3月を経過した後において最初に召集される定例会である議会の認定に付さなければならない。
5　前項の規定による意見の決定は、監査委員の合議によるものとする。
6　地方公共団体の長は、第4項の規定により決算を議会の認定に付するに当たつては、第2項の規定により監査委員の審査に付した当該年度の事業報告書及び政令で定めるその他の書類を併せて提出しなければならない。
7　第1項の決算については作成すべき書類は、当該年度の予算の区分に従つて作成した決算報告書並びに損益計算書、剰余金計算書又は欠損金計算書、剰余金処分計算書又は欠損金処理計算書及び貸借対照表とし、その様式は、総務省令で定める。

(1) 意義及び目的

　地公企法第30条は、地方公共団体の長は、決算とあわせて、証書類、当該年度の事業報告書、収益費用明細書、固定資産明細書及び企業債明細書を監査委員の審査に付さなければならない。また、監査委員は、審査をするにあたっては、地方公営企業の運営が、同法第3条に規定する経営の基本原則（経済性の発揮と公共の福祉増進）に従ってなされているかどうかについて、特に意を用いなければならない、と規定している。民間企業においては、監査役等による内部監査のほか、職業的専門家である公認会計士による決算監査を受けることを義務付けているが、地方公営企業の決算審査は監査委員によって行われるものである。

　発生主義会計に拠っている地方公営企業の決算審査は、決算財務諸表を中心として行われるのは当然であるが、さらに、監査委員は、審査をするにあたっては、当該企業の運営が経済性を発揮するとともに、公共の福祉を増進するようになされているかどうかに、特に意を用いなければならないことを要請されている。

　発生主義会計による決算財務諸表の審査は、会計士による決算監査と類

似の手法によって行うことが必要であるが、当該年度の予算の区分に従って作成された決算報告書の審査については、普通会計の決算審査の手法——予算の効率的執行を中心としたもの——が、むしろ必要となるであろう。さらに、決算審査に当たって、特に留意すべき事項——公共の福祉増進と経済性発揮の観点——を、審査意見に反映させるためには決算諸表の内容審査を基礎として、経営管理における合理性を追求するとともに、事業の執行内容の妥当性、当該企業の給付と住民の需要の充足状況、料金原価と社会経済事情等、高度の総合的政策的判断が必要となる。

(2) **審査の要件**

　ア　審査請求権者

　地公企法第30条第2項の規定により、地方公共団体の長が監査委員に対して、審査の請求をする。公営企業の管理者には、審査請求をする権限はない。

　イ　審査対象

　発生主義会計を採用している地方公営企業の決算審査の対象は、損益計算書、貸借対照表を中心としたものである。地公企法第30条第6項は、「決算について作成すべき書類は、当該年度の予算の区分に従って作成した決算報告書並びに損益計算書、剰余金（又は欠損金）計算書、剰余金処分（又は欠損金処理）計算書及び貸借対照表」とする旨を規定し、これらの書類にあわせて、審査に付すべき書類として地公企令第23条は「収益費用明細書、固定資産明細書及び企業債明細書」を掲げている。

　したがって、地公企法が規定する地方公営企業の決算審査は、これらの書類を対象として、当該企業が、公共の福祉を増進し、経済性を発揮して運営されているかどうかに、特に留意して行われるものである。

(3) **審査手続**

　ア　審査請求

　地方公共団体の長は公営企業管理者より決算その他の関係書類を受領後、直ちに監査委員に提出し、審査を求める。

イ　審査計画の作成

決算審査を効率的に実施するためには、事前に合理的な審査計画を定めておかなくてはならない。

この計画には審査の基本方針、重点的審査項目、審査期間及び日程、実地審査する場所等を盛り込むことが必要である。

ウ　審査の準備

Ⅰ　審査資料様式の作成、徴取

決算審査資料として提出される法定書類は、総括的一般的な資料であって、審査の実効を期すためには、次に例示するような項目について、あらかじめ資料を要求する必要があろう。

① 貯蔵品、支給材料の調達、保管、払出の状況
② 工事の施工状況（工事調書）
③ 未収金、未払金の明細
④ 補助金、出資金の受入状況
⑤ 受贈財産の明細
⑥ 除却資産の明細
⑦ 受託若しくは委託事業の明細
⑧ 職員の増減状況
⑨ その他、条例、議会の議決、企業等管理規程、労働協約等で企業の経営に重要な影響を及ぼすものがある場合は、その概要

Ⅱ　事務分担

審査すべき項目について、あらかじめ、担当者に配分し、審査責任を明確にするとともに脱漏又は精粗を排除する。

エ　相手方への通知

審査の準備が完了したなら、審査日程を長へ通知する。公営企業の管理者へは長から通知させるのが適当である。

(4) 審査の実施

ア 審査期限

審査期限は別段の定めがないので、自由に監査委員において定め得る。しかし、審査の対象となる当該事業年度終了後3ヶ月を経過した後に、最初の招集される定例会までに審査を終了しておかねばならない（地公企法30条4項）。

イ 審査対象

審査対象となるものは、送付された決算書、収益費用明細書、固定資産明細書及び企業債明細書である。これらについて、事前に徴した諸資料に基づいて、まず資金運用精算表を作成し、書面審査を行い、計数分析を試みる。このことによって問題点の所在があらかじめ把握されることになる。

そこで、法が規定する決算審査を実務として考えた場合、審査の対象範囲は、おおむね、以下のようなものとなる。

① 財務諸表（決算報告書を除く）関係

審査に付される決算諸表のうち、決算報告書を除く財務諸表の審査は、会計士による決算監査の対象範囲と同一である。したがって、その審査は、会計士監査と同様の手法によって行われる。ここでは、主として、会計処理（会計原則への準拠性）の問題、会計職員の不正・誤謬等が問題となる。

② 決算報告書関係

決算報告書は、議決予算の執行の結果を、当該年度の予算の区分に従って作成されるものである。

決算報告書の審査においては、主として予定業務量とその執行実績の対比（収益的収支決算）、建設改良事業計画とその執行状況、建設改良事業財源の調達状況（資本的収支予算）の当否等が問題となる。

③ 実地審査の基本原則関係

実地審査の基本原則については、しばしばふれているように、公共の福祉増進と企業の運営における経済性発揮の原則を指称するものであって、自治法が規定する一般的監査の執行の原則と軌を一にするものである。また、地方公営企業は収益的事業であって、事業の管理についても、監査権限が及ぶと解されることを勘案すれば、審査の範囲も経営管理面に及ぶと

考えられる。したがって、実地審査の基本原則を審査意見に反映させることは、普通会計の一般的監査よりも容易である。なぜならば、地方公営企業においては、決算について経営分析が可能であり、事業の成果と住民福祉の向上の関係は、計数として補えることができるからである。

④　料金原価・経営責任等

料金原価について、地公企法第 21 条第 2 項は、「料金は、公正妥当なものでなければならず、かつ、能率的な経営の下における適正な原価を基礎とし、地方公営企業の健全な運営を確保することができるものでなければならない。」と規定している。料金は、経営資金の大宗を占めるものであるが、住民の関心が深いため、料金の改訂は、政治問題となることが多い。そのため、決算審査の対象として、最も重要な料金原価の妥当性について、審査意見を述べている例は、ほとんどない実情であるが、第三者としての、専門的意見を述べられる態度を育成する必要があると思われる。

次に、管理者の責任について、地公企法第 7 条の 2 第 7 項は、「……管理者の業務の執行が適当でないため経営の状況が悪化したと認める場合……には、これを罷免することができる。」と規定しているが、業務執行の適否及び経営状況の良否は、監査委員の決算審査によって、最も的確に判定され得るものである。したがって、決算審査に当たっては、経営状況を単独に分析批判するに止めずに、管理者の責任との相関関係において、分析批判することが必要である。この点についても、料金原価と同様に、等閑に付されている実情であるが、住民の負託に応える監査委員本来の姿に立ちかえれば、企業の管理責任を明確にすることは、当然の事柄である。

以上のように、地方公営企業の決算審査は、法定の決算諸表を直接の対象とし、さらに、経営の内部に立ち入って、事業の経営管理についても、これを対象範囲として実施される。このように、決算審査の対象範囲は、会計士監査の対象範囲より広く、それは主として、実地審査の基本原則と収益的事業に対する監査権等に由来するものである。

ウ　審査の基本的事項

Ⅰ　審査の着眼点

審査、特に実地審査において、比較的問題となるものは次のとおりである。

① 決算計数の照合確認

決算内容の審査に入る前に、まず、提出された決算諸表の計数の正否を確認するため、関係帳簿と照合する。すなわち、財務諸表については、総勘定元帳残高と、決算報告書については、予算差引簿と、それぞれ突合する。

② 決算整理手続の審査

財務諸表については、期末の月次残高試算表に、合規の決算整理（修正）を施して作成されているか、精算表を作成して確認する。

③ 貯蔵品の実査

貯蔵品については、期末に実地たな卸実施要領に基づいて実地たな卸を行うことが、不可欠の要件であるが、一般に、期末たな卸に立ち会うことは、困難であるので、その実在性を確認するため、必ず実査を行う。なお、帳簿たな卸高と実地たな卸高との間に過不足がある場合、その他貯蔵品の受払価格について、統一単価等の基準を設けている場合に生ずる差額の処理に留意する。

④ 建設仮勘定の審査

建設仮勘定の内容を工事調書と照合し、期中に竣功した工事が混入していないか調べる。また、建設仮勘定に掲げられている工事の中から、適宜抽出して、工事現場を視察する。

なお、期末に書類上の竣功処理をしているものが、往々にして見受けられるので、その場合には、直ちに、工事費の支払関係を調査するとともに、その理由を究明する。

⑤ 固定資産の除却内容の審査

固定資産の除却の有無は、固定資産明細書により、その変動状況を調査すれば、すぐに明らかになる。固定資産の除却の場合には、除却に伴う一連の会計処理——減価償却累計額の取崩し、当該除却資産の簿価の減額、不用品の発生、除却費の発生、不用品の売却、撤去工事費の発生等——の妥当性を検討するとともに、除却現場を抽出して視察する。

除却費を期間費用とするか、期間外費用とするかの問題は、除却が、通常の経営活動に伴って、定例的に行われるか否か、かつ金額的に大きいか小さいか、また、企業の期間損益計算に与える影響が大きいか、小さいかによって判断すべきである。臨時的で金額も大きく、期間損益に与える影響が大きい場合には期間外損益とし、その他の場合は、期間損益とすべきである。なお、あらかじめ、その基準を設定して、継続的な処理をすることが必要である。

⑥　受託事業収入の審査

一般に、受託事業収入は、受託事業費を上回るのが通例であるが、事業収入の積算内容を調査し、独立企業として、合理的なすべての原価を網羅し、適正な原価計算の基準に拠っているか検討する。特に間接費の算入の有無に留意する。

⑦　一般会計等との経費の負担区分の審査

地方公営企業は、公共の福祉の増進を究極の目的とするため、事業の一部に、不採算部門を包含することが多い。人家のまばらな地域住民に対して、交通の便益を与え、救急患者のために、予備のベッドを確保するがごときは、その例である。このように本来、行政的経費として、一般会計が負担すべき経費については、一般会計補助金として、収益的収入に受け入れる必要がある。

⑧　収益的支出と資本的支出の配賦基準

一般管理費（総係費－権利者の給与、旅費、交際費等）は収益的支出（営業費用）か、資本的支出（建設改良費）か、その配賦基準は、妥当か、また、配賦差額の処理は妥当か、等について留意する。

Ⅱ　審査の留意点

地方公営企業決算審査は、当該企業の運営が経済性及び公共性という経営の基本原則に従っているかどうかについて特に意を用いなければならない。

エ　審査の仕方

具体的な決算審査の仕方は次のようになる。

Ⅰ　決算審査の根拠規定

水道事業等公営企業会計の決算審査の根拠規定は、地公企法第30条第2項「地方公共団体の長は、決算及び前項の書類を監査委員の審査に付さなければならない。」という規定と、同条第3項の「監査委員は、前項の審査をするにあたつては、地方公営企業の運営が第3条の規定の趣旨に従つてされているかどうかについて、特に意を用いなければならない。」という規定である。

　そして、地公企法第3条は「地方公営企業は、常に企業の経済性を発揮するとともに、その本来の目的である公共の福祉を増進するように運営されなければならない。」と規定している。

　したがって、水道事業会計の決算審査に当たっては、まず、決算計数の正確性を検証し、次いで決算計数を分析して毎事業年度の経営状況（経営成績及び財政状態）の良否について審査しなければならない。

Ⅱ　決算計数の正確性の検証

　水道事業会計の決算計数が正しいかどうかの判断基準は、地公企法第20条と地公企令第9条の規定である。

　公営企業会計の目的は、地公企法第20条第1項・第2項に規定されているとおり、水道事業の経営成績を明らかにすることと、財政状態を明らかにすることにある。

　水道事業の経営成績及び財政状態を明らかにするために、地公企令第9条の会計の原則の規定どおりの計理をすることになっている。

　したがって、水道事業会計の決算審査に当たっては、被監査側から提出された決算書類をこれらの規定に基づき採点することになる。なお、公営企業会計の場合には負債である企業債を、地公企令第15条の規定により借入資本金として資本に計上しているので、10点減点し、90点で「適正」ということになる。

　このほかにも地公企令第9条の規定に照らし合わせて減点すべき部分があれば減点し、60点台から80点台までが「おおむね適正」、60点未満は「不適正」という総合意見の構成になる。

　いま、事例として筆者が採点した平成4年度のT市水道事業会計の決算の場合には、次の諸点について減点し、60点の出来ばえとなっている。

　①　企業債を借入資本金として計上していること（10点減点）

②　退職給与引当金の計上不足と新規水源開発引当金を計上していることによる当年度純利益の過大計上と過小計上（10点減点）
③　自己資本造成費を計上していることによる当年度純利益の過小計上（10点減点）
④　電話加入権の未計上（5点減点）
⑤　地公企令第20条、第21条の規定に基づく、上水と工水、収益的支出と資本的支出の区分計理不十分（5点減点）

Ⅲ　決算書類の読み方

　公営企業会計の決算書は、一般会計とは異なって各公営企業の経営成績と財政状態が、どの程度良いのか、悪いのかということを表示しているので、決算審査意見の構成は、ズバリ決算書を読んだ結果をそのまま記載すればよいということになる。

　なお、昭和41年の法改正で新たに地公企法第7条の2第7項に管理者の経営責任の規定が新設され、監査委員の決算審査意見をもとに管理者の経営責任を追及する制度となっているので、決算審査意見書の作成に当たっては管理者のクビがかかっていることに留意する必要がある。

Ⅳ　経営成績の良否

　水道事業の経営成績が良いのか悪いのかは、いろいろな経営分析の方法を採用することによって判断されるが、いま、監査委員が決算審査意見書に記載する意見を構成するための経営分析の仕方としては、水道事業の経営の3要素である、おカネとモノとヒトに分けて、それぞれ能率の三原則であるムダ、ムリ、ムラがないかどうかをみる方法を採用すればよい。

　　ⅰ　おカネの分析

　水道事業に使われているおカネの能率の良否を総合的に表示する比率としては、①経営資本営業利益率（営業利益／経営資本×100）を採用することが適当である。

　経営資本営業利益率は、これを②経営資本回転率と③営業収益営業利益率とに分析することができる。

$$\begin{array}{ccccc} ① & = & ② & \times & ③ \\ \text{経営資本営業利益率} & = & \text{経営資本回転率} & \times & \text{営業収益営業利益率} \\ \dfrac{\text{営業利益}}{\text{経営資本}} & = & \dfrac{\text{営業収益}}{\text{経営資本}} & \times & \dfrac{\text{営業利益}}{\text{営業収益}} \end{array}$$

いま、水道事業の地法公営企業年鑑からこれらの比率を算出すると、次のようになっている。

比　率　名	平成元年度	2年度	3年度
①　経営資本営業利益率（％）	3.85	3.50	2.93
②　経営資本回転率（回）	0.17	0.16	0.16
③　営業収益営業利益率（％）	23.09	22.03	18.59

この表から、①の経営資本営業利益率により過去3年間のわが国の水道事業の経営状況は、年々悪化の一途をたどっていることがわかる。

①の経営資本営業利益率を良くするためには、②の経営資本回転率を良くするか、③の営業収益営業利益率を良くするか、又は②③両方とも良くしなければならない。

②の経営資本回転率を良くするためには、分母の経営資本を小さくするか、分子の営業収益を大きくしなければならない。

③の営業収益営業利益率は、「営業収益－営業費用＝営業利益」という算式から、平成3年度において悪くなった原因は、分母の営業収益は増収であったにもかかわらず、分子の営業利益が減少しているということで、営業収益の増加よりも営業費用の増加の方がより大きかったということにあるといえる。

ⅱ　モノの分析

水道事業におけるモノの分析は、水道施設の利用状況の分析をすればよい。

水道施設の利用状況の良否を総合的に表示する比率としては、施設利用率（（平均配水量／配水能力）×100）が適当である。

施設利用率は、これを負荷率と最大稼働率とに分析することができる。

$$\underset{\text{施設利用率}}{\text{④}} = \underset{\text{負荷率}}{\text{⑤}} \times \underset{\text{最大稼動率}}{\text{⑥}}$$

$$\frac{\text{平均配水量}}{\text{配水能力}} = \frac{\text{平均配水量}}{\text{最大配水量}} \times \frac{\text{最大配水量}}{\text{配水能力}}$$

いま、これらの比率を地方公営企業年鑑から拾うと、次のようになっている。

比 率 名	平成元年度	2年度	3年度
④ 施設利用率（％）	66.3	67.4	67.6
⑤ 負荷率（％）	81.9	80.3	81.4
⑥ 最大稼働率（％）	80.9	84.0	83.0

この表から、水道事業の施設利用率は年々良くなっていることがわかる。水道事業の場合、④の施設利用率の上昇が、⑤の負荷率の上昇によって達成されている場合は好ましいが、それが⑥の最大稼働率の上昇によって達成されている場合には、施設に余裕がなくなり、次の拡張時期が早くくることになるので必ずしも好ましいとはいえない。電気、ガス、水道、下水道の事業経営者の努力目標は、負荷率を100パーセントに近付けることにある。

ⅲ　ヒトの分析

水道事業におけるヒトの分析は、職員一人当たり有収水量でみることになる。このほかにも職員一人当たり営業収益や給水人口も考えられる。

しかし、監査委員が決算審査に使用する場合には、次の算式で分析すると有効である。

$$\underset{\text{平均給与}}{\text{⑦}} = \underset{\text{労働生産性}}{\text{⑧}} \times \underset{\text{労働分配率}}{\text{⑨}}$$

$$\frac{\text{職員給与費}}{\text{職員数}} = \frac{\text{営業収益}}{\text{職員数}} \times \frac{\text{職員給与費}}{\text{営業収益}}$$

水道事業の経営状況が良いというのは、⑦の平均給与の上昇が、⑨の労働分配率をあげることなく、⑧の労働資産性の向上によってまかなわれて

いるという場合である。
　いま、これらの比率を地方公営企業年鑑から算出すると、次のようになっている。

	平成元年度	2年度	3年度
⑦　平均給与（千円）	8,007	8,583	9,029
⑧　労働生産性（千円）	36,394	38,489	39,429
⑨　労働分配率（％）	22.0	22.3	22.9

　これら表から、毎年の平均給与の上昇は、労働生産性の向上によってまかなうことができず、その一部を労働分配率の上昇によってまかなっていることが、明らかである。

V　財政状態の良否

　水道事業の財政状態の良否を判断する比率としては、最小限、次の三つの比率を採用する必要がある。

① 流動比率 $\left(\dfrac{流動資産}{流動負債} \times 100 \right)$

② 自己資本構成比率 $\left(\dfrac{自己資本}{負債・資本合計} \times 100 \right)$

③ 固定資産対長期資本比率 $\left(\dfrac{固定資産}{固定負債＋資本} \times 100 \right)$

　いま、これらの比率を地方公営企業年鑑から拾うと、次のようになっている。

	平成元年度	2年度	3年度
①　流動比率（％）	316.2	315.3	316.2
②　自己資本構成比率（％）	41.3	42.9	44.5
③　固定資産対長期資本比率（％）	92.8	92.4	92.6

　この表から、水道事業の財務の短期流動性の良否を表示する①の流動比率は、各年度とも300パーセント台を維持しており、支払能力は良好に

推移しているとみることができる。また、水道事業の財務の長期健全性の良否を表示する②の自己資本構成比率は、年々良化しており、この比率を補完する③の固定資産対長期資本比率も92パーセント台を維持しており、良好に推移しているとみることができる。

次に、財政状態の分析の方法としては、比率分析とは別に実数分析として資金運用精算表を作成する方法があり、公営企業の決算審査の分析方法としては極めて有効である。

公営企業会計には次の五つの決算書がある。
① 決算報告書
② 損益計算書
③ 剰余金計算書（欠損金計算書）
④ 剰余金処分（欠損金処理）計算書
⑤ 貸借対照表

資金運用精算表を作成することにより、これらの決算書間の決算計数の不符号額の有無を検証することができる。

また、①の決算報告書の決算額は消費税込みの数値となっているのに対して、②⑤の損益計算書と貸借対照表は消費税抜きの数値となっているので、「決算計算不符号調整表」を作成する必要がある。

公営企業の決算審査に当たっては、以上のような経営分析を行うことによって、経営状況の良否についての決算審査意見書の意見を構成するようにすればよい。

(5) 監査委員のとるべき措置

ア 審査結果のとりまとめ

実地審査の結果に基づいて、審査結果についての意見書を調整することとなるが、合理的かつ的確な判断を基礎とした審査意見を形成するためには、さらに、経営分析を行い、様式を統一して、他の同種企業との比較を行うことが必要である。現在では、まだ企業間比較は、あまり行われていないが将来においては制度的に行われることが望まれよう。

なお、決算審査の意見の決定は、監査委員の合議によるものとされている（地公企法30条5項）。

イ　関係者に対する通知

　決算審査意見は、長並びに議会に通知され、公営企業管理者には通知されない。

　ウ　審査結果の公表

　決算審査意見は、長並びに議会に提出されるのみで一般に公表されない。

(6) 勧告等を受けた機関等がとるべき措置

　決算審査により、決算内容に誤り等が発見されたときは、これを訂正し、誤りのない正確な決算とする必要がある。

(7) 決算審査意見書の事例

　公営企業会計の決算審査意見書の事例を示すと次のとおりである。

　　　　　　平成12年度Ａ市水道事業会計決算審査意見書

第１　審査の概要
　１　審査の期間　平成13年6月1日から平成13年8月10日

　２　実施審査場所　水道局

　３　審査の手続
　この決算審査に当たっては、市長から提出された決算書類が、水道事業の経営成績及び財政状況を適正に表示しているかどうかを検証するため、会計帳簿・証拠書類との照合等通常実施すべき審査手続を実施したほか、必要と認めるその他の審査手続を実施した。ついで、本事業の経営内容を把握するため、計数の分析を行い、経済性の発揮及び公共性の確保を主眼として考察した。

第２　審査の結果
　１　決算諸表について

審査に付された決算諸表は、水道事業の経営成績及び財政状態をおおむね適正に表示しているものと認める。

2　経営状況について
(1) 経営成績について

　Ａ市水道事業の平成10年度から平成12年度までの３年間の経営成績の推移は別表 (2) のとおりで、平成12年度においては当年度純利益が163,536千円発生している。しかし、その額は過去３年間で最も少なく、前年度の47.5％となっている。この原因は、営業収益が前年度に比較し121,363千円（1.6％）減少し、営業費用が86,490千円（1.4％）増加したことによるものである。

　営業収益のうち減少した項目の内訳は、受託工事収益65,520千円（11.0％）、給水収益37,233千円（0.5％）、その他営業収益18,610千円（9.2％）となっている。これは、給水人口が1,474人増加したにもかかわらず、水需要が利用者の節水意識の向上や住宅の新築戸数の減少などにより低迷していることによるものである。

　営業費用のうち増減した項目の内訳は、原水及び浄水費144,343千円（13.2％）、配水費82,645千円（6.7％）などの増、受託工事費71,480千円（13.3％）、給水費66,920千円（16.0％）などの減となっている。これは浄水場の設備増設工事の完成に伴う維持管理費の増加と住宅新築の減による工事の減少によるものである。

　ちなみに、Ａ市水道事業の経済性を評価するために経営比率を算出すると、次のようになる。

比率名	算式	平成10年度	平成11年度	平成12年度
経営資本営業利益率（％）	$\dfrac{営業利益}{経営資本} \times 100$	3.57	3.4	2.87
経営資本回転率（回）	$\dfrac{営業収益}{経営資本}$	0.16	0.15	0.14
営業収益営業利益率（％）	$\dfrac{営業利益}{営業収益} \times 100$	22.74	22.99	20.64

　この表から、水道事業の経済性を総合的に表示する経営資本営業利益率は、年々悪化してきており平成12年度においては前年度の3.40％から2.87％

に低下している。また、経営資本営業利益率は、経営資本回転率と営業収益営業利益率とに分解することができる。この結果、平成 12 年度において経営資本営業利益率が低下したのは、経営資本回転率がほぼ前年度と同様の 0.14 回であったにもかかわらず、営業収益営業利益率が 22.99％から 20.64％と悪化したことによるものである。

営業収益営業利益率が悪化した主たる原因は、給水収益、受託工事収益等の営業収益が前年度比 1.6％低下し、逆に配水費や減価償却費が増加したため、営業費用が前年度比 1.4％上昇したことによるものである。

このような経営成績の推移をさらに分析すると次のようになる。

① 施設の利用状況について

A 市水道事業の配水能力は、平成 10 年度から 12 年度まで 191,360 ㎥/日となっている。これに対する 1 日平均配水量は、平成 10 年度 123,239 ㎥、平成 11 年度 120,830 ㎥、平成 12 年度 117,901 ㎥となっており、この結果、施設の利用状況の良否を総合的に示す施設利用率（平均配水量／配水能力× 100）は、平成 10 年度 64.4％、平成 11 年度 63.1％、平成 12 年度 61.6％と節水意識の浸透や景気低迷の影響により低下の一途をたどっている。また、年鑑指標（地方公営企業年鑑、給水人口 30 万人以上、平成 12 年度）の 70.0％と比較してみても、この数値を下回っている。

施設利用率は負荷率（平均配水量／最大配水量× 100）と最大稼働率（最大配水量／配水能力× 100）とに分解することができる。A 市水道事業のこれらの比率を算出すると、1 日最大配水量が平成 10 年度 150,555 ㎥、平成 11 年度 152,957 ㎥、平成 12 年度 144,061 ㎥となっているのでその負荷率は、平成 10 年度 81.9％、平成 11 年度 79.0％、平成 12 年度 81.8％となり年鑑指標の 85.1％と比較するとこれを下回っている。また、最大稼働率は平成 10 年度 78.7％、平成 11 年度 79.9％、平成 12 年度 75.3％と給水人口が増加しているにもかかわらず平成 12 年度は落ち込んでおり、年鑑指標の 82.2％と比較しても、この数値も下回っている。この結果、平成 12 年度において施設利用率が前年度の 63.1％から 61.6％に低下した原因は、負荷率が前年度の 79.0％から 81.8％と良化したにもかかわらず、最大稼働率が前年度の 79.9％から 75.3％と負荷率の上昇を打ち消すほど悪化したことによるものである。

② 人件費と労働生産性について

A 市水道事業の人件費は、別表（3）をみると平成 10 年度 1,833,671 千円、

平成 11 年度 1,887,942 千円と増加したが、平成 12 年度には 1,702,936 千円と減少に転じている。ちなみに人件費の総費用に占める割合は、平成 10 年度 23.6％、平成 11 年度 24.5％、平成 12 年度 22.0％となっている。これは、浄水場の監視制御設備更新工事が完成し、浄水場の管理を民間委託したことや、退職手当が減少したことによるものである。

また、人件費の給水収益に対する割合をみると次のとおりである。

区　　分	平成 10 年度	平成 11 年度	平成 12 年度	年鑑指標
人 件 費（千円）	1,833,671	1,887,942	1,702,936	2,246,721
給 水 収 益（千円）	6,943,903	6,964,990	6,927,757	11,137,211
人件費／給水収益（％）	26.4	27.1	24.6	20.2

平成 10 年度 26.4％、平成 11 年度 27.1％、平成 12 年度 24.6％とほぼ同様の傾向を示しているが、これを年鑑指標の 20.2％と比較するとこれをかなり上回っている。

このような人件費の割高な原因を分析するために、A 市水道事業の労働生産性を示す指標を算出し、年鑑指標と比較すると次のようになる。

区　　分	平成 10 年度	平成 11 年度	平成 12 年度	年鑑指標
職員1人当たり給水量（㎥）	198,461	202,838	205,531	293,423
職員1人当たり営業収益（千円）	41,781	42,887	42,928	52,141
職員1人当たり給水人口（人）	1,650	1,693	1,729	2,401

この表から、A 市水道事業の労働生産性を示す指標はいずれも年々上昇してきていることがわかる。しかし、水道事業における労働生産性を最も端的に表示する職員1人当たり給水量及び営業収益が平成 12 年度においてなお年鑑指標を大幅に下回っていることは、A 市水道事業の労働生産性が全国の同規模の水道事業の平均よりも相当に低いこと示している。これは、主として大規模な製造業がなく大口多量使用者が少ないことに起因しているように思われる。

A 市水道事業の職員数を年鑑指標と比較すると次のようになる。

	区　　　分	平成10年度	平成11年度	平成12年度	年鑑指標
給水量一万m³当たり	原浄配水施設関係職員数（人）	8	7	7	5
	営業関係職員数（人）	2	2	2	1
	損益勘定職員数（人）	18	18	18	12

　この表から、給水量1万m³当たり損益勘定職員数は平成10年度から12年度まで18名と変化はないが、年鑑指標の12名と比較するとかなり多い状況となっている。これは、大口多量使用者が少ないことのほか、給水区域が広く分散していること、及び検針、集金等の営業事務を委託していないことなどが要因になっていると考えられる。

　また、職員の平均給与を年鑑指標と比較すると下表のとおりとなり、A市水道事業の平均給与は、平均年齢、平均勤続年数を考慮すると、同規模の水道事業の平均よりも高い水準にあるとはいえない。

	区　　　分	平成10年度	平成11年度	平成12年度	年鑑指標
全職員	基　本　給（円）	363,723	372,517	374,687	411,543
	手　　当（円）	269,040	260,415	250,818	248,512
	平均年齢（歳）	42	42	42	44
	平均勤続年数（年）	22	22	22	23

　以上から、A市水道事業の人件費が割高な原因は、全国の同規模の水道事業の平均と比較して労働生産性が低いこと、平均給与は低いが職員特に損益勘定に係る職員の数が著しく多いことにあるといえよう。

　人件費は、今後はほぼ横ばいで推移すると考えられるが、水需要が低迷する中で現在の職員数を維持したままでは経営の効率化は望めない。人口密集地区が少なく給水区域が広いことも職員数の多い原因ではあるが、営業関係の業務委託を進めるとともに、人員削減により業務の効率化を図らなければ、年鑑指標と同水準にはならないであろう。今後より一層、効率的な業務運営により労働生産性を高めるように努力する必要がある。

　なお、A市水道事業の平均給与、労働生産性、労働分配率の関係をみると下表のとおりとなっており、この表から平成12年度においては平均給与が減となったため、労働生産性が微増、また労働分配率は低下して全般的

に良い傾向を示している。しかし、これが一時的なものであってはならないので引続き改善に努められたい。

区　分	算　式	平成10年度	平成11年度	平成12年度
平均給与（千円）	人件費／損益勘定職員数	9,326	10,356	9,507
労働生産性（千円）	営業収益／損益勘定職員数	41,781	42,887	42,928
労働分配率（％）	人件費／営業収益 × 100	23.4	24.1	22.1

③支払利息について

　支払利息は、平成10年度1,768,303千円、平成11年度1,723,199千円、平成12年度1,666,484千円と年々減少している。その総費用に占める割合も下表のとおり平成10年度22.7％、平成11年度22.3％、平成12年度21.5％と年々低下してはいるものの、年鑑指標と比較するとかなり高いことがわかる。

　また、その給水収益に対する割合も平成10年度25.6％、平成11年度24.7％、平成12年度24.1％とわずかながら低下しているが、これも年鑑指標と比較するとかなり高率となっている。これは、浄水場の施設増設と老朽管更新など、平成10年度以降起債を財源として、毎年40億円あまりの建設改良を行っている影響が大きいと思われる。

　今後は緊急性のあるものを除き、財政状況に見合った建設改良を行うように努め、支払利息の圧縮を図る必要があると認められる。

区　分	算　式	平成10年度	平成11年度	平成12年度	年鑑指標
支払利息対総費用比率（％）	支払利息／総費用 × 100	22.7	22.3	21.5	16.4
支払利息対給水収益比率（％）	支払利息／給水収益 × 100	25.6	24.7	24.1	16.8

(2) 財政状態について

A市水道事業の平成10年度から12年度までの各年度の財政状況を示すと、別表(4)のとおりとなっている。この表から平成12年度の資本的収支の不足額2,534,889千円がいかなる財源によって賄われているかをみるために、正味運転資本基準の資金運用表を作成すると次のようになる。

資金運用表

(単位　千円)

使　　　途		源　　　泉	
項　　目	金　　額	項　　目	金　　額
土地の取得	15,475	一般会計出資金	88,297
建物の取得	33,717	企業債	1,756,100
構築物の取得	3,348,709	受贈財産評価額増加	170,087
機械及び装置の取得	872,161	補助金増加	354,434
車両運搬具の取得	8,989	寄附金増加	562,553
工具、器具及び備品の取得	15,028	当年度純利益	163,536
建設仮勘定の増加	3,813,681	減価償却費	1,532,694
企業債償還金	1,460,077	固定資産の除却	67,281
		建設仮勘定の振替	4,040,170
		引当金繰入	321,772
		正味運転資本の減少	510,913
合　　計	9,567,837	合　　計	9,567,837

(注) 別表(5)資金運用精算表参照

正味運転資本増減明細表

(単位　千円)

増　　　加		減　　　少	
項　　目	金　　額	項　　目	金　　額
現金・預金の増加	148,219	有価証券の減少	100
未収金の増加	58,074	貯蔵品の減少	12,922
預り金の減少	44,968	短期貸付近の減少	300,000
正味運転資本の減少	510,913	前払金の減少	21,300
		未払金の増加	427,852
合　　計	762,174	合　　計	762,174

これらの表から、平成12年度における資本的収支の不足額2,534,889千円は、減価償却費、固定資産の除却等の損益勘定留保資金だけでは賄いきれずに、正味運転資本（流動資産－流動負債）が510,913千円減少していることがわかる。
　そして、この正味運転資本の減少は、前掲の正味運転資本増減明細表をみると、未払金の増加と短期貸付金の減少により補てんされている。
　この結果、平成12年度末の財政状態は、前年度末のそれよりも510,913千円正味運転資本が減少し、相当悪くなったということができる。したがって、平成12年度の水道事業の財政は損益収支の悪化とともに運転資本も大幅に減少し、かなり厳しい状況になっているものと認められる。
　ちなみに、水道事業の財政状態の良否を示す財務比率を算出すると、次のとおりであり、平成12年度の比率は、流動比率が悪化したほかはわずかながら平成11年度を上回っている。しかし、年鑑指標と比較するといずれの数値もそれより悪くなっている。

比　率　名	平　成 10年度	平　成 11年度	平　成 12年度	年　鑑 指　標
流動比率（％）	155.0	214.0	185.5	302.3
自己資本構成比率（％）	37.0	40.0	40.8	50.4
固定資産対長期資本比率（％）	96.5	96.5	97.2	94.5

　以上から、A市水道事業の平成12年度の経営状況は、経営成績が幾分好転の兆しがうかがえる部分もあるが、財政状態は逆に悪化していると認められる。

(3) 建設改良工事について
　平成12年度の建設改良費の決算額は、4,082,675千円となっている。予算額に対する執行率は94.4％であるが、地方公営企業法第26条の規定による繰越額が240,335千円生じたために、不用額は92千円となっている。
　この建設改良費の主なるものは配水管整備事業の2,163,625千円、施設改良事業の1,515,627千円などである。このうち施設改良事業で行った2ヵ年継続事業の浄水場設備更新工事は平成12年度をもって完成し、平成11年度までの継続事業であった配水池築造工事や浄水場相互の配水管布設工事とともに、浄水場の関連工事はすべて終了したことになる。

これにより、災害時の水の安定供給が少なくとも一週間可能となり、市民の安全性が相当程度確保されたことについては、事業の効果が十分あったものと認められる。

3　是正改善を要する事項
(1) 特定収入の使途について
　一般会計繰入金、国庫補助金など特定収入については、使途を特定して調整割合による減額計算をしないようにすべきである。しかし、平成12年度の決算書では実際に使途の特定が行われているとしても、その記述はなく不明確となっている。したがって、決算書中、事業報告書の概況に特定収入の使途に関する記述を明記されたい。

(2) 固定資産の減価償却について
　平成10年の地方公営企業法施行規則の改正により、固定資産の耐用年数が変更されている。このため、減価償却費の計算システムのプログラム修正を行ってはいるが、プログラムの不具合により一部の固定資産について減価償却額の誤りが発生している。よって、今後は減価償却の算定事務について遺漏のないように処理されたい。

■別表-(1)

A市水道事業の概要

区　分	平成10年度	平成11年度	平成12年度	年鑑指標
総人口　（人）	314,514	314,889	316,452	
総水戸数　（戸）	118,503	120,107	121,274	
給水人口　（人）	307,370	308,366	310,610	
普及率　（％）	97.7	97.9	98.2	
配水能力　（㎥／日）	191,360	191,360	191.36	
配水量　（㎥）	44,982,322	44,223,928	43,033,968	
有収水量　（㎥）	36,715,230	36,713,651	36,584,449	
一日最大　（㎥）	150,555	152,957	144,061	
一日平均　（㎥）	123,239	120,830	117,901	
施設利用率　（％）	64.4	63.1	61.6	70.0
負荷率　（％）	81.9	79.0	81.8	85.1
最大稼働率　（％）	78.7	79.9	75.3	82.2
有収率　（％）	81.6	83.0	85	90.0
職員数　（人）	205	201	198	

■別表一(2) 比較損益計算書

科 目	平成9年度 金額	平成10年度 金額	構成比	対前年比
給水収益	6,894,888,116	6,928,113,168	89.7	100.5
受託工事収益	568,146,631	596,309,629	7.7	105.0
その他営業収益	191,857,662	189,337,412	2.4	98.7
上水道営業収益	7,654,892,409	7,713,760,209	99.8	100.8
給水収益	13,832,771	15,789,938	0.2	114.1
受託工事収益	30,000	10,900	—	36.3
簡易水道営業収益	13,862,771	15,800,838	0.2	114.0
営業収益合計	7,668,755,180	7,729,561,047	100.0	100.8
原水及び浄水費	1,064,028,279	1,196,262,642	15.5	112.4
配水費	1,153,560,886	1,212,038,459	15.7	105.1
給水費	490,096,742	422,178,147	5.5	86.1
受託工事費	510,778,642	561,049,230	7.3	109.8
業務費	613,084,427	623,187,920	8.1	101.6
総係費	611,319,881	497,487,399	6.4	81.4
減価償却費	1,330,539,224	1,379,660,874	17.8	103.7
資産減耗費	63,539,046	44,379,123	0.6	69.8
その他営業費用	480,392	367,395	—	76.5
上水道営業費用	5,837,427,519	5,936,611,189	76.9	101.7
給水費	10,057,498	10,108,563	0.1	100.5
減価償却費	27,192,968	24,878,261	0.3	91.5
簡易水道営業費用	37,250,466	34,986,824	0.4	93.9
営業費用合計	5,874,677,985	5,971,598,013	77.3	101.6
営業利益	1,794,077,195	1,757,963,034	22.7	98.0
受取利息及び配当金	13,842,784	10,184,700	0.1	73.6
他会計補助金	110,424,000	89,358,000	1.2	80.9
雑支出	132,459,805	137,559,373	1.8	103.8
上水道営業外収益	256,726,589	237,102,073	3.1	92.4
他会計補助金	56,724,000	49,150,000	0.6	86.6
簡易水道営業外収益	56,724,000	49,150,000	0.6	86.6
営業外利益	313,450,589	286,252,073	3.7	91.3
支払利息及び企業債取扱諸費	1,795,165,976	1,735,715,879	22.5	96.7
雑収益	10,543,418	11,735,709	0.2	111.3
上水道営業外費用	1,805,709,394	1,747,451,588	22.7	96.8
支払利息及び企業債取扱諸費	33,162,529	32,587,491	0.4	98.3
簡易水道営業外費用	33,162,529	32,587,491	0.4	98.3
営業外費用合計	1,838,871,923	1,780,039,079	23.1	96.8
経常利益	268,655,861	264,176,028	3.3	98.3
固定資産売却益	13,572,328	1,834,210	—	13.5
過年度損益修正益	—	—	—	—
上水道特別利益	13,572,328	1,834,210	—	13.5
固定資産売却損	—	9,884,903	0.1	—
過年度損益修正損	12,905,173	12,103,044	0.2	93.8
上水道特別損失	12,905,173	21,987,947	0.3	170.4
当年度純利益	269,323,016	244,022,291	3.0	90.6

(単位　円、%)

平成11年度			平成12年度			
金額	構成比	対前年比	金額	構成比	対前年比	対前年度差引額
6,951,180,965	89.5	100.3	6,913,643,965	90.5	99.5	△37,537,000
594,165,250	7.7	99.6	528,313,396	6.9	88.9	△65,851,854
203,361,149	2.6	107.4	184,751,198	2.4	90.8	△18,609,951
7,748,707,364	99.8	100.5	7,626,708,559	99.8	98.4	△121,998,805
13,809,136	0.2	87.5	14,112,749	0.2	102.2	303,613
24,000	－	220.2	356,000	－	1,483.3	332,000
13,833,136	0.2	87.5	14,468,749	0.2	104.6	635,613
7,762,540,500	100.0	100.4	7,641,177,308	100.0	98.4	△121,363,192
1,090,485,042	14.0	91.2	1,234,828,218	16.2	113.2	144,343,176
1,233,308,373	15.9	101.8	1,315,953,761	17.2	106.7	82,645,388
408,118,098	5.3	96.7	339,864,420	4.4	83.3	△68,253,678
536,170,138	6.9	95.6	464,690,259	6.1	86.7	△71,479,879
566,223,059	7.3	90.9	554,591,780	7.3	97.9	△11,631,279
591,145,212	7.6	118.8	543,322,118	7.1	91.9	△47,823,094
1,454,170,468	18.7	105.4	1,508,277,925	19.7	103.7	54,107,457
61,375,399	0.8	138.3	66,459,797	0.9	108.3	5,084,398
251,456	－	68.4	328,078	－	130.5	76,622
5,941,247,245	76.5	100.1	6,028,316,356	78.9	101.5	87,069,111
10,216,183	0.1	101.1	11,550,232	0.2	113.1	1,334,049
26,330,308	0.3	105.8	24,417,632	0.3	92.7	△1,912,676
36,546,491	0.4	104.5	35,967,864	0.5	98.4	△578,627
5,977,793,736	76.9	100.1	6,064,284,220	79.4	101.4	86,490,484
1,784,746,764	23.1	101.5	1,576,893,088	20.6	88.4	△207,853,676
3,191,482	－	31.3	3,519,136	－	110.3	327,654
88,309,000	1.1	98.8	77,611,000	1.0	87.9	△10,698,000
134,526,380	1.7	97.8	136,957,946	1.8	101.8	2,431,566
226,026,862	2.8	95.3	218,088,082	2.8	96.5	△7,938,780
56,693,000	0.7	115.3	55,555,000	0.7	98.0	△1,138,000
56,693,000	0.7	115.3	55,555,000	0.7	98.0	△1,138,000
282,719,862	3.5	98.8	273,643,082	3.5	96.8	△9,076,780
1,688,693,888	21.8	97.3	1,632,314,446	21.4	96.7	△56,379,442
10,959,541	0.1	93.4	11,094,635	0.1	101.2	135,094
1,699,653,429	21.9	97.3	1,643,409,081	21.5	96.7	△56,244,348
34,505,451	0.4	105.9	34,169,652	0.4	99.0	△335,799
34,505,451	0.4	105.9	34,169,652	0.4	99.0	△335,799
1,734,158,880	22.3	97.4	1,677,578,733	21.9	96.7	△56,580,147
333,307,746	4.3	126.2	172,957,437	2.2	51.9	△160,350,309
20,656,659	0.3	1,126.2	1,326,292	－	6.4	△19,330,367
2,057,836	－	－	－	－	－	△2,057,836
22,714,495	0.3	1,238.4	1,326,292	－	5.8	△21,388,203
－	－	－	－	－	－	－
11,602,708	0.1	95.9	10,747,688	0.1	92.6	△855,020
11,602,708	0.1	52.8	10,747,688	0.1	92.6	△855,020
344,419,533	4.5	141.1	163,536,041	2.1	47.5	△180,883,492

■別表一（3）　要素別費用比較表

(単位　円，％)

科目	平成9年度 金額	平成10年度 金額	構成比	対前年比	平成11年度 金額	構成比	対前年比	平成12年度 金額	構成比	対前年比	対前年度差引額
人件費	1,939,992,362	1,833,671,028	23.6	94.5	1,887,942,498	24.5	103.0	1,702,936,499	22.0	90.2	△185,005,999
支払利息及び企業債取扱諸費	1,828,328,505	1,768,303,370	22.8	96.7	1,723,199,339	22.3	97.4	1,666,484,098	21.5	96.7	△56,715,241
減価償却費	1,357,732,192	1,404,539,135	18.1	103.4	1,480,500,776	19.2	105.4	1,532,695,557	19.8	103.5	52,194,781
動力費	259,932,095	238,866,870	3.1	91.9	226,427,317	2.9	94.8	224,798,239	2.9	99.3	△1,629,078
薬品費	81,739,524	82,005,710	1.1	100.3	77,938,487	1.0	95.0	81,290,683	1.1	104.3	3,352,196
委託費	585,265,516	595,753,022	7.7	101.8	520,413,467	6.8	87.4	595,518,130	7.7	114.4	75,104,663
その他経費	1,660,559,714	1,828,497,957	23.6	110.1	1,795,530,732	23.3	98.2	1,938,139,747	25.0	107.9	142,609,015
計	7,713,549,908	7,751,637,092	100.0	100.5	7,711,952,616	100.0	99.5	7,741,862,953	100.0	100.4	29,910,337

■別表-(5)

資本的収支計算書

(単位 円)

科　目	平成9年度	平成10年度	平成11年度	平成12年度
企業債	1,077,000,000	1,802,700,000	1,855,600,000	1,949,500,000
出資金	99,464,000	282,988,000	219,308,000	75,323,000
補助金	336,699,000	510,678,000	390,992,000	371,295,000
固定資産売	10,044,791	15,300,904	30,897,336	857,227
負担金及び寄附金	665,362,477	720,413,432	691,586,250	586,885,303
上水道資本的収入	2,188,570,268	3,332,080,336	3,188,383,586	2,983,860,530
企業債	-	130,100,000	9,700,000	9,800,000
出資金	21,379,000	27,101,000	14,515,000	13,359,000
補助金	-	10,370,000	493,000	843,000
簡易水道資本的収入	21,379,000	167,571,000	24,708,000	24,002,000
資本的収入合計	2,209,949,268	3,499,651,336	3,213,091,586	3,007,862,530
建設改良費	2,692,178,883	4,034,627,808	4,088,746,174	4,070,264,552
企業債償還金	1,135,430,581	1,211,735,628	1,312,539,101	1,448,484,796
上水道資本的支出	3,827,509,464	5,246,363,436	5,401,285,275	5,518,749,348
建設改良費	12,174,000	157,311,000	13,803,000	12,410,000
企業債償還金	9,204,260	10,259,233	10,904,955	11,591,744
簡易水道資本的支出	21,378,260	167,570,233	24,707,955	24,001,744
資本的支出合計	3,848,887,724	5,413,933,669	5,425,993,230	5,542,751,092
差引収支	△1,638,938,456	△1,914,282,333	△2,212,901,644	△2,534,888,562

■別表一(4) 比較貸借対照表

科　目	平成9年度 金額	平成10年度 金額	構成比	対前年比
土地	1,915,539,160	1,905,615,784	3.6	99.5
建物	1,712,426,332	1,824,286,667	3.5	106.5
構築物	33,323,921,602	35,205,886,758	66.9	105.6
機械及び装置	2,363,406,015	2,337,980,781	4.4	98.9
車両運搬具	9,190,912	9,811,550	―	106.8
工具、器具及び備品	45,622,029	39,117,072	0.1	85.7
建設仮勘定	227,434,119	1,450,013,141	2.8	637.6
有形固定資産計	39,597,540,169	42,772,711,753	81.3	108.0
庁舎利用権	2,751,392	2,673,888	―	97.2
電話加入権	3,775,100	3,919,900	―	103.8
ダム使用権	4,789,719,509	4,725,528,408	9.0	98.7
電気供給施設利用権	26,330,378	14,591,167	―	55.4
専用橋利用権	236,827,765	232,110,017	0.4	98.0
無形固定資産計	5,059,404,144	4,978,823,380	9.4	98.4
固定資産合計	44,656,944,313	47,751,535,133	90.7	106.9
現金・預金	2,221,493,701	4,128,512,793	7.8	185.8
未収金	576,854,019	647,754,736	1.2	112.3
有価証券	2,700,000	2,800,000	―	103.7
貯蔵品	86,318,973	87,083,873	0.2	100.9
短期貸付金	―	―	―	―
前払金	―	30,420,000	0.1	―
流動資産合計	2,887,366,693	4,896,571,402	9.3	169.6
資産合計	47,544,311,006	52,648,571,402	100.0	110.7
引当金	479,032,100	608,663,100	1.1	127.1
固定負債計	479,032,100	608,663,100	1.1	127.1
起債前借	―	174,300,000	0.3	―
一時借入金計	―	174,300,000	0.3	―
未払金	837,550,532	2,563,141,275	4.9	306.0
預り金	359,170,856	421,944,021	0.8	117.5
流動負債計	1,196,721,388	3,159,385,296	6.0	264.0
負債合計	1,675,753,488	3,768,048,396	7.1	224.9
自己資本金計	2,834,715,935	3,409,260,836	6.5	120.3
企業債	28,670,338,416	29,381,143,555	55.8	102.5
借入資本金計	28,670,338,416	29,381,143,555	55.8	102.5
資本金合計	31,505,054,351	32,790,404,391	62.3	104.1
受贈財産評価額	4,509,117,578	5,076,901,598	9.6	112.6
補助金	3,639,387,432	4,135,653,861	7.9	113.6
寄附金	5,945,675,141	6,633,075,998	12.6	111.6
資本剰余金計	14,094,180,151	15,845,631,457	30.1	112.4
当年度未処分利益剰余金	269,323,016	244,022,291	0.5	90.6
利益剰余金計	269,323,016	244,022,291	0.5	90.6
剰余金合計	14,363,503,167	16,089,653,748	30.6	112.0
資本合計	45,868,557,518	48,880,058,139	92.9	106.6
負債資本合計	47,544,311,006	52,648,106,535	100.0	110.7

(単位 円、%)

平成11年度			平成12年度			
金額	構成比	対前年比	金額	構成比	対前年比	対前年度差引額
1,883,188,924	3.5	98.8	1,897,807,415	3.4	100.8	14,618,491
1,990,321,184	3.7	109.1	1,967,315,025	3.5	98.8	△23,006,159
38,937,128,950	71.9	110.6	41,105,994,233	72.8	105.6	2,168,865,283
2,407,592,753	4.5	103.0	3,018,700,799	5.4	125.4	611,108,046
17,542,557	−	178.8	17,874,040	−	101.9	331,483
69,265,918	0.1	177.1	66,102,218	0.1	95.4	△3,163,700
461,100,461	0.9	31.8	234,610,648	0.4	50.9	△226,489,813
45,766,140,747	84.6	107.0	48,308,404,378	85.6	105.6	2,542,263,631
2,596,384	−	97.1	2,518,880	−	97.0	△77,504
4,371,500	−	111.5	4,371,500	−	100.0	−
4,661,337,307	8.6	98.6	4,597,146,206	8.1	98.6	△64,191,101
2,851,956	−	19.5	617,953	−	21.7	△2,234,003
220,534,437	0.4	95.0	212,387,773	0.4	96.3	△8,146,664
4,891,691,584	9.0	98.2	4,817,042,312	8.5	98.5	△74,649,272
50,657,832,331	93.6	106.1	53,125,446,690	94.1	104.9	2,467,614,359
2,347,504,817	4.3	56.9	2,495,723,710	4.4	106.3	148,218,893
710,299,837	1.3	109.7	768,373,721	1.4	108.2	58,073,884
2,800,000	−	100.0	2,700,000	−	96.4	△100,000
84,265,153	0.2	96.8	71,342,939	0.1	84.7	△12,922,214
300,000,000	0.6	−	−	−	−	△300,000,000
21,300,000	−	70.0	−	−	−	△21,300,000
3,466,169,807	6.4	70.8	3,338,140,370	5.9	96.3	△128,029,437
54,124,002,138	100.0	102.8	56,463,587,060	100.0	104.3	2,339,584,922
911,583,100	1.7	149.8	1,233,354,712	2.2	135.3	321,771,612
911,583,100	1.7	149.8	1,233,354,712	2.2	135.3	321,771,612
203,200,000	0.4	116.6	−	−	−	△203,200,000
203,200,000	0.4	116.6	−	−	−	△203,200,000
1,039,149,567	1.9	40.5	1,467,001,005	2.6	141.2	427,851,438
377,115,845	0.7	89.4	332,147,479	0.6	88.1	△44,968,366
1,619,465,412	3.0	51.3	1,799,148,484	3.2	111.1	179,683,072
2,531,048,512	4.7	67.2	3,032,503,196	5.4	119.8	501,454,684
3,887,010,092	7.2	114.0	4,319,727,387	7.6	111.1	432,717,295
29,922,999,499	55.3	101.8	30,422,222,959	53.9	101.7	499,223,460
29,922,999,499	55.3	101.8	30,422,222,959	53.9	101.7	499,223,460
33,810,009,591	62.5	103.1	34,741,950,346	61.5	102.8	931,940,755
5,633,236,404	10.4	111.0	5,803,322,509	10.3	103.0	170,086,105
4,508,507,099	8.3	109.0	4,862,940,861	8.6	107.9	354,433,762
7,296,780,999	13.5	110.0	7,859,334,107	13.9	107.7	562,553,108
17,438,524,502	32.2	110.1	18,525,597,477	32.8	106.2	1,087,072,975
344,419,533	0.6	141.1	163,536,041	0.3	47.5	△180,883,492
344,419,533	0.6	141.1	163,536,041	0.3	47.5	△180,883,492
17,782,944,035	32.8	110.5	18,689,133,518	33.1	105.1	906,189,483
51,592,953,626	95.3	105.6	53,431,083,864	94.6	103.6	1,838,130,238
54,124,002,138	100.0	102.8	56,463,587,060	100.0	104.3	2,339,584,922

■別表―(6)　資金運用精算表

科　目	貸借対照表		差引	
	13.3.31	12.3.31	借方	貸方
土地	1,897,807	1,883,189	14,618	―
建物	1,967,315	1,990,321	―	23,006
構築物	41,105,994	38,937,129	2,168,865	―
機械及び装置	3,018,701	2,407,593	611,108	―
車両運搬具	17,874	17,543	331	―
工具、器具及び備品	66,102	69,266	―	3,164
建設仮勘定	234,611	461,100	―	226,489
庁舎利用権	2,519	2,596	―	77
電話加入権	4,372	4,372	―	―
ダム使用権	4,597,146	4,661,337	―	64,191
電気供給施設利用権	618	2,852	―	2,234
専用橋利用権	212,388	220,534	―	8,146
流動資産	3,338,140	3,466,170	―	128,030
流動負債	1,799,148	1,416,265	―	382,883
引当金	1,233,355	911,583	―	321,772
自己資本金	4,319,727	3,887,010	―	432,717
企業債	30,422,223	30,126,200	―	296,023
受贈財産評価額	5,803,323	5,633,236	―	170,087
補助金	4,862,941	4,508,507	―	354,434
寄附金	7,859,334	7,296,781	―	562,553
当年度純利益	163,536	344,420	180,884	―
有形固定資産減価償却費	―	―	―	―
無形固定資産減価償却費	―	―	―	―
土地の売却	―	―	―	―
建物の除却	―	―	―	―
構築物の除却	―	―	―	―
機械及び装置除却	―	―	―	―
車両運搬具の除却	―	―	―	―
工具及び備品の除却	―	―	―	―
建物仮勘定の振替	―	―	―	―
引当金繰入	―	―	―	―
一般会計出資金	―	―	―	―
企業債償還金	―	―	―	―
合　計	112,927,174	108,248,004	2,975,806	2,975,806

（単位　円、％）

修正			資金		備考
借方	貸方		使途	源泉	
1 857			15,475		
2 1,165	1,107	2	33,717		
3 56,665					
4 186,032	122,717	4	3,348,709		
3 1,116,529					
5 5,316	2,658	5	872,161		
3 258,395					
6 7,624	7,243	6	8,989		
3 8,277					
7 250	238	7	15,028		
3 18,180					
8 4,040,170			3,813,681		
9 77			－		
			－		
9 64,191			－		
9 2,234			－		
9 8,146			－		
				510,913	
12 321,772				－	
10 344,420				－	
10 88,297					
	1,460,077	11		1,756,100	
				170,087	
				354,434	
				562,553	
	344,420	10		163,536	
	1,458,046	3		1,458,046	
	74,648	9		74,648	
	857	1		857	
	58	2		58	
	63,315	4		63,315	
	2,658	5		2,658	
	381	6		381	
	12	7		12	
	4,040,170	8		4,040,170	
	321,772	12		321,772	
	88,297	10		88,297	
11 1,460,077			1,460,077		
7,988,674	7,988,674		9,567,837	9,567,837	

第5項　監査委員事務局

1　事務局の設置

> （事務局の設置等）
> 第200条　都道府県の監査委員に事務局を置く。
> ②　市町村の監査委員に条例の定めるところにより、事務局を置くことができる。
> ③　事務局に事務局長、書記その他の職員を置く。
> ④　事務局を置かない市町村の監査委員の事務を補助させるため書記その他の職員を置く。
> ⑤　事務局長、書記その他の職員は、代表監査委員がこれを任免する。
> ⑥　事務局長、書記その他の常勤の職員の定数は、条例でこれを定める。ただし、臨時の職については、この限りでない。
> ⑦　事務局長は監査委員の命を受け、書記その他の職員又は第180条の3の規定による職員は上司の指揮を受け、それぞれ監査委員に関する事務に従事する。

　執行機関としての監査委員には、従来からも事実上事務局が設置されていた。しかし、法律上は監査委員を実働機関と解していたため「監査委員の事務を補助させるため書記その他の職員を置くことができる」と規定されているのみで、ここでいうような補助部局としての「事務局」の設置は認められていなかったのである。
　これが監査機能の充実強化を期するという見地から、昭和38年の法律改正によって、事務局の設置が法定化されたものである。事務局の設置によって法律上の監査委員は実働機関から判断機関に変化することになる。
　この事務局は、都道府県にあっては必置制、市町村にあっては任意制の

建前がとられている。事務局の設置については、都道府県にあっては、法第200条第1項により、当然に設置しなければならないものであるから、あえて条例で設置自体について規定を設ける必要はない。

　もちろん、事務局の分課等その内部組織については、法第202条の規定に基づいて条例を設けることもできるが、これについてもあえて条例の形式によらなくても差しつかえない。

　これに対し、市町村が事務局を設置するためには、条例に基づかなければならない。この条例に規定すべき事項は、事務局の設置そのものであるから「何々市は、監査委員に事務局を置く。」旨の規定が必要である。もっともこの場合、これらに併せて、事務局の組織等を規定することを妨げるものではない。

2　事務局長、書記その他の職員

　監査委員事務局には、監査委員の補助職員として、事務局長、書記その他の職員が置かれ（法200条3項）、又事務局を置かない市及び町村においても、書記その他の職員を置かなければならない（同条第4項）。

　「事務局長」は、直接監査委員の命を受けて、監査委員に関する事務に従事する。この場合の監査委員の命令の方法は文書でも口頭でも差しつかえないとされている（昭38・11・6行実）。

　「書記その他の職員」の「書記」とは、長の補助部局でいえば吏員に相当し、「その他の職員」とは嘱託、雇傭人等に相当する者をいう。これらの者は、上司の指揮を受けて監査委員に関する事務に従事するとされており、これは監査委員のみならず、事務局長その他職制上の上席の者の指揮命令を受けることになる。

　また、事務局を置かない市及び町村において、「書記長」という職員を置いている場合があるが、これは書記の先任者であるという意味では監査委員の内部的な職制とも考えられるが、法律上の職名ではない。

　また、書記という職名を使用せず「主事」とすることはできない（昭32・6・10行実）とされている。しかし、書記その他の職員は、必ずしも専任の職員でなければならないというものでもなく、団体の実情により法第180

条の3の規定に基づき長部局の職員をして兼務させても差しつかえない。
　「監査委員に関する事務」とは、監査その他監査委員本来の職務権限に関する事務のほか、監査委員に関する庶務的事項をも含むものであると解されており、このうち、監査委員に関する庶務的な事務は、代表監査委員が処理することとされている（法199条の3第2項）ところから、これら補助職員は、監査委員の本来的権限については各委員から命令を受けるが、庶務的事項については、もっぱら代表監査委員の命令に服することになるものである。

3　事務局長、書記その他職員の定数及び任免

　事務局長、書記その他の職員（臨時の職員を除く。）の定数は必ず条例で定められなければならないが、この場合の条例は、長局部等の他の職員とともに一の定数条例の中に規定しても、また、法第202条の規定に基づく監査委員独自の条例中に規定してもよい。定数の定め方として、原則的には専任職員の定数を定めるべきであろうが、兼務職員を含めた定数であっても差しつかえない（昭27・1・7行実）。
　事務局長、書記その他の職員に任免については、監査委員が2人以上いる団体においては、代表監査委員がこれを行うこととされ、他の監査委員には任免権はない。したがって、具体的な辞令も代表監査委員の名義をもって行うべきである（法200条5項）。

第 2 章

外部監査人による監査

第1項　外部監査の必要性

　わが国の地方公共団体監査は、明治32年の府県制において監査論の定義どおり、会計を担当した者以外の第三者がこれを担当するということで、議会が知事を監査する制度として出発した。しかし、その後昭和18年になって第二次世界大戦を遂行するため、中央集権的な行政組織とし、地方議会の実地検査権を議会から知事の方に移行した。やがて敗戦を迎え昭和22年になって地方自治法を制定するに及んで、地方議会から独立し、長からも独立した特別執行機関として監査委員制度を創設し、監査権を長から監査委員に移行した。
　その後、地方自治法は監査委員監査の独立性と専門性の強化・充実を図るため数次の改正が行われた。特に、昭和38年の改正と平成3年の改正は大規模なものであった。
　しかるに、いわゆる官官接待等に伴うカラ出張、カラ会議、カラ雇用等の公会計の不正経理事件が新聞等マスコミで報道されるに至って、現在の監査委員による地方公共団体の監査制度では「馴れ合い監査」「シロウト監査」の域を脱せず、「身内に甘い」ため、不正の摘発、未然防止には限界があるとして、監査委員制度とは別に、新たに外部監査制度を導入すべきであるという意見が急浮上してきた。
　いま、その一、二を紹介すると次のとおりである。

地方6団体「地方分権の推進に関する意見書」（平成6年9月26日）
第6　地方公共団体の行財政運営の民主化、公正・透明化及び効率化
　3　（監査機能の強化）
① 　地方公共団体の公正かつ効率的な財政運営を確保するため、地方公共団体は、現行の監査委員による監査に加え、財務監査については、外部監査制度を導入するものとする。
② 　地方公共団体は、共同して外部監査の実施機関として、連合監査機構

を設置することができる。
③　連合監査機構は、地方公共団体の長、議会又は住民（一定数以上の住民の連署を要件とする。）から請求があった場合に、外部監査を実施し、公表するものとする。

　これを受けて、平成8年3月29日の地方分権推進委員会第1次勧告の「第3章　地方公共団体における行政体制等の整備、3　公正の確保と透明性の向上」では、次のように外部監査機能の導入等監査機構の充実方策の検討を勧告している。

「地方公共団体の果たすべき役割の増大に伴い、行政の公正さと能率を確保することもますます重要となり、地方公共団体の行政を広く住民の監視の下に置くことが望ましい。
　このため、地方公共団体の監査機能を外部監査機能の導入も含め充実強化する必要がある。既に地方制度調査会においては、このような監査機能の充実強化策について審議中であり、当委員会としても早期にその結論が得られ、具体化されることを期待するものである。」

第24次地方制度調査会「地方行政の推進に関する答申」（平成6年11月22日）
　第5　地方行政体制の整備・確立
　　4　地方行政の公正の確保と透明性の向上
　　　行政の公正と透明性を確保するため、当調査会の答申を踏まえて監査委員制度の整備がなされてきたところがあるが、さらに地方公共団体の監査機能の充実を図るため、外部監査制度を検討する必要がある。

　さらに、地方制度調査会の「地方分権の推進に伴う地方行政体制の整備・確立についての専門小委員会」の平成8年4月16日の報告書は、次のように提言している。

第1 監査機能の充実について
　地方分権の推進に対応して、地方公共団体の役割と責任が高まっていくことに伴い地方行政の公正と能率を確保するため、地方公共団体自らの監査機能の充実強化を図る必要がある。
　また、最近、一部の地方公共団体の不適正な公費の執行が批判されており、地方自治に対する信頼が揺らいでいることは誠に残念である。公費の適正な執行を確保し、不正を防止するためのチェックを機能という面からも監査に期待される役割は大きい。
　この点に関して、現行の監査委員制度の一層の充実強化を図るとともに、外部監査制度を導入してはどうかという意見も多く見られる。
　当小委員会においては、こうした状況を踏まえながら、地方公共団体の監査機能の充実強化に関して審議した結果、現行の監査委員制度の充実強化と外部監査制度の導入の両面から検討すべきという点で意見の集約を見た。

1　現行の監査委員制度について
　監査委員制度は地方公共団体の行政の公正で効率的な運営を確保するための自己チェックシステムとして重要な役割を担っている。現行の監査委員制度については、これまでも本調査会の答申を踏まえて整備が行われきており、最近では、平成3年の地方自治法の一部改正により、行政監査の権限の付与、退職職員の選任制限の創設、一部常勤化の義務付けなど、その監査権限の充実や独立性・専門性の強化が図られたところである。
　しかしながら、最近の公費の支出をめぐる問題にも関連して、監査委員の監査が十分に機能していないのではないかとの批判があり、次のような問題点が指摘されている。
ア　監査委員の多くは、当該団体の職員経験者と議員であり、「身内に甘い」のではないか。
イ　監査委員を補佐する事務局職員は、長部局からの出向であり監査に当たって遠慮があるのではないか。また、経験年数も短く専門的な知識経験をもった職員が育ちにくいのではないか。
ウ　町村は事務局が設置できず職員もほとんどは他部局との兼任という実情にあり、監査委員を補佐する体制が十分ではないのではないか。

これらの指摘を考慮しつつ、現行の監査委員制度について、より高い独立性と専門性を確保するための方策として、退職職員の選任制限の強化、監査委員の定数・選任方法・選任資格の見直し、監査委員を補佐する事務局体制の充実方策等について検討する必要がある。また、規模の小さな町村の監査機能の充実方策については、小規模町村に対する補完・支援の方策とも併せて検討する必要がある。

2 外部監査制度の導入について
　(1) 外部監査制度の必要性
　　地方公共団体の執行機関の一つとして位置付けられている現行の監査委員制度については、監査を行う側と受ける側の緊張関係が薄くなりがちであり、従来の慣行にとらわれることのない実効ある監査を期待することができないとの意見もみられるところである。現行の監査委員制度の改善のみでは、こうした問題点を克服し、監査機能の独立性・専門性を十分に確保するという点では限界があるとする見方も多い。
　　これらのことから新たに外部監査制度を導入する必要があり、外部監査制度の導入は、現行の監査委員制度の活性化とも相まって監査機能の強化に果たす役割は大きいものと考えられる。
　(2) 外部監査制度の導入の検討に当たっての留意点
　　外部監査制度の導入の検討に当たっては、これに期待される役割が現実に果たせるような仕組みを築くため、特に次の点に留意すべきである。
　① 現行の監査委員制度と外部監査制度との関係について
　　新たに外部監査制度を設ける場合でも、現行の監査委員制度を廃止し外部監査制度だけで全地方公共団体の全ての監査を行うことは困難であることから、改善された監査委員制度と外部監査制度とを並立させることにより監査機能を強化すべきである。その場合、両者の役割分担や相互の関係について十分検討する必要がある。
　② 外部監査の対象
　　現行の監査委員制度に定める監査のうち、どの範囲を外部監査が行うことが適当であるかについては、客観的な基準に基づいて行われる財務監査の方がより適していると考えられる。これに対して、行政監査は、個々の地方公共団体の個別事項の事情を十分に把握する必要があるので、外部監査には必ずしもなじまないものと考えられる。
　　また、長・議会等からの要求監査（財務監査に限る）及び住民監査請

> 求に係る監査についても、一定の条件の下で外部監査の対象とすることができるよう検討すべきである。
> ③ 外部監査の方式
> 　外部監査の方式については、大別して、個々の地方公共団体がそれぞれ外部の監査能力を有する者の監査を受ける方式と、地方公共団体の共同の外部監査組織による監査を受ける方式とが考えられる。方式を定めるに当たっては、その実現可能性はもとより、外部監査の果たすべき役割、外部監査としての効率性、地方公共団体の監査事務の特性への対応性等を考慮し、現行の監査委員制度との関係にも配意しながら、十分検討する必要がある。

最後に、第25次地方制度調査会は、外部監査制度の導入と現行の監査委員制度の充実について、次のように答申している（平成9年2月24日）。

> ### 第1　答申に当たっての基本的な考え方
>
> 　現在、地方分権の推進は、内政上の最重要課題の一つとなっている。地方分権の推進に当たっては現在進められている国と地方公共団体の役割分担の見直しによる分権型行政システムへの転換に対応して、新たな役割を担うにふさわしい地方行政体制の整備・確立が求められている。
> 　地方分権の推進に伴い、国が行ってきた地方公共団体の行政に対する関与等は縮減することとなるが、地方公共団体自らチェック機能をさらに充実することが必要とされる。
> 　また、最近、一部の地方公共団体で見受けられる予算の不適正な執行について、各方面の厳しい指摘が続いている。このようなことは、地方公共団体に対する住民の信頼を著しく損なうとともに、これからの地方分権のあり方についても憂慮すべき影響を与えかねないと危惧されるものである。
> 　以上のようなことから地方公共団体の、予算執行の適正化、行政監理の充実、監査機能の強化などのチェック機能の向上を図ることが緊要である。
> 　なによりもまず、当事者である地方公共団体において、自ら率先して予算の執行の適正化を進めるとともに、監査委員制度の運用に当たっても、

制度の本来の趣旨が十分に果たせるように様々な方策を講ずることが重要であると考える。

監査委員制度については、最近では、平成3年の地方自治法の一部改正により行政監査の権限の付与、退職職員の選任制限の創設、監査委員の一部常勤化の義務付けなど、権限の充実や独立性・専門性の強化が行われたところであるが、前述のような状況を踏まえると、地方公共団体の行政の適正な運営を確保するためにも、新たな観点を含め、地方公共団体の監査制度の改革を進める必要があるものと考える。

第24次地方制度調査会「地方分権の推進に伴う地方行政体制の整備・確立についての専門小委員会報告」においては、現行監査委員制度について、退職職員の選任制限の強化、監査委員の定数等の見直し、監査委員を補佐する事務局体制の充実方策等について検討する必要があることを指摘するとともに、外部監査制度の導入については、現行の監査委員制度との関係、外部監査の対象、外部監査の方式に留意して検討すべきとされたところである。

当調査会においては、これらの監査機能の充実についての論点をもとに、地方公共団体の監査機能の改善をどのように行うべきかについて、引き続き審議を重ねてきた。

その結果、新たに外部監査制度を導入するとともに、現行の監査委員制度についてもその充実を図るなどの地方公共団体の監査制度について改革を行うことが適当であり、以下の方向に沿った措置を講ずべきであるという結論に達したものである。

なお、外部監査制度については、地方公共団体の組織に属さない者が監査に当たるという全く新しい概念であるため、制度の枠組みを明示する必要があり、現行の監査委員制度との関係に十分留意しつつ速やかに制度化を図るべきであると考える。

また、外部監査制度の導入に当たっては、この制度が監査委員制度と相反するものではなく、地方公共団体の適正な運営の確保という共通の目的に資する制度であるということを周知していく必要がある。

さらに、外部監査制度の実施に当たっては、現場の地方公共団体において大きな混乱を生じることのないよう制度の施行までに必要な準備期間を置くなどの配慮を行うべきであると考える。

第2　外部監査制度の導入

1　外部監査制度導入の趣旨
　(1)　地方公共団体の監査機能の専門性・独立性の強化という観点
　監査委員制度が地方公共団体の適正な運営の確保について果たしている役割は、ますます重要になっており、監査委員制度の本来の趣旨に即した運用に努力していく必要がある。しかしながら、地方公共団体の執行機関の1つとして位置付けられている現行の監査委員制度については、地方公共団体の監査機能の独立性・専門性の確保という観点からは自ずから限界があることも否定できないものと考える。
　この際、地方公共団体の組織に属さない外部の専門的な知識を有する者による外部監査を導入することにより、地方公共団体の監査機能の独立性・専門性を一層充実すべきであると考える。
　(2) 地方公共団体の監査機能に対する住民の信頼を高めるとういう観点
　地方公共団体の予算執行をめぐる住民の関心が高まっており、公費の執行に関するチェック機能について、住民の信頼に、より適切に応えられるものとしていく必要がある。
　現行の監査委員制度も、地方公共団体の適正な運営を確保するための経常的なチェック機構として重要な意義を有していると考えられるが、監査を行う側と受ける側との緊張関係が薄くなりがちであり、従来の慣行にとらわれることのない監査が行われにくいのではないかという見方がある。
　この際、地方公共団体の監査について、外部からの目による監査を導入することにより、地方公共団体の監査機能に対する住民の信頼感が一層向上することが期待される。

2　地方公共団体の外部監査制度の具体案
　(1)　当面導入すべき外部監査制度のあり方
　当調査会においては、地方公共団体に導入すべき外部監査制度の方式について、これまで大別して個々の地方公共団体がそれぞれ外部の監査能力を有する者の監査を受ける方式と、地方公共団体の共同の外部監査組織による監査を受ける方式とを念頭において検討してきた。
　現時点において外部監査制度を導入する場合においては、その実現可能性の観点、外部監査組織としての弾力性の観点などを考慮すると個々の地方公共団体がそれぞれ外部監査能力を有する者の監査を受ける方式をまず

導入することとし、その際には、民間の監査能力を有する者や公務の監理に精通した者を有効かつ弾力的に活用できるようにすべきであると考える。

なお、地方公共団体が共同の外部監査制度による監査を受ける方式については、上記の方式による外部監査の導入後の状況を踏まえさらに検討していくべきである。

以上により、今回導入する外部監査制度は、個々の地方公共団体が外部の監査能力を有する者と外部監査契約を締結して監査を受けるものとする。その際には、一定の地方公共団体に外部監査契約の締結を義務付けることとするほか、個々の地方公共団体の選択に応じて弾力的に外部監査を導入できる制度とすべきである。

(2) 外部監査契約の枠組みについて

ア　外部監査契約の概念

(1)のような要請を踏まえて、地方公共団体が締結することとなる外部監査契約は、包括外部監査契約（仮称。以下同じ。）と個別外部監査契約（仮称。以下同じ。）の二つの類型からなるものとする。

包括外部監査契約は、地方公共団体の事務や地方公共団体の長その他の執行機関の事務の適正な執行を確保するため、毎会計年度、地方公共団体が外部の専門的な知識を有する者の監査を受けるとともに監査結果報告の提出を受けることを内容とする契約をいうものとする（包括外部監査契約に基づく監査の具体的な内容については後述する）。

個別外部監査契約は、議会、長又は住民から、現行の地方自治法で認められた監査委員に対する要求や請求があった場合に、その要求や請求に係る事項について監査委員の監査に代えて外部の専門的な知識を有する者の監査を受けるとともに、監査結果報告の提出を受けることを内容とする契約をいうものとする（個別外部監査契約に基づく監査の具体的な内容については後述する）。

イ　外部監査契約の相手方

地方公共団体と外部監査契約を締結できる者は下記のいずれかに該当するものとする。

a　弁護士となる資格を有する者
b　公認会計士となる資格を有する者
c　国の行政機関や地方公共団体において監査等に関する行政事務に従事したことにより監査に関する実務に精通している者（当該地方公共団体の職員であった者を除く）

ウ　外部監査人の監査の枠組み
　外部監査人（地方公共団体と外部監査契約を締結している者をいう。以下同じ。）の行う監査は、外部の専門的な知識を有する者が監査委員とは異なる目で監査を行うという点に意義があるが、監査そのものは監査委員の行う監査と本質的に異なるものではない。それゆえ、地方公共団体の現場において監査委員の行う監査の実施と齟齬をきたすことのないよう制度の具体化に当たっては十分配慮する必要がある。
　このため、外部監査人は、外部監査契約に基づく監査を行うに当たっては監査委員の行う監査と相互に支障をきたさないよう配慮しなければならないこととする。
　また、外部監査人は、必要がある場合には監査の事務を他の者に補助させることができることとし、この場合の手続などについて定める必要がある。
　なお、外部監査人の監査を円滑に進めるという観点から、代表監査委員は、外部監査人の求めがある場合には、監査委員の監査の事務に支障のない範囲で監査事務局の職員を外部監査人の監査に協力させることができる根拠を設けるものとすることが適当である。
　エ　外部監査人の監査に対する議会の関与
　外部監査人は、監査委員と異なり地方公共団体の執行機関ではないが、監査委員と類似した職務を行うことになる。このため、外部監査契約の締結に当たっては、議会の議決を要することとするなど、議会の判断を重視すべきであると考える。
　また、議会は、外部監査人の監査について必要に応じて説明を求めたり、意見を述べたりすることができるものとすることが適当である。
（3）　包括外部監査人の監査について
　ア　包括外部監査契約を締結する地方公共団体
　その処理している事務の性格、団体の規模、今後の地方分権の推移の状況等を勘案して、当面、都道府県、政令指定都市、中核市の長は、毎会計年度、議会の議決を経て包括外部監査契約を締結しなければならないものとする。この場合においては、あらかじめ監査委員の意見をきかなければならないものとする。
　なお、上記の団体以外の市町村についても、自主的な判断により包括外部監査契約を締結することができるようにすべきである。具体的には、上記の団体以外の条例により包括外部監査の導入を定めた市町村の長も、毎会計年度、上記の団体と同様、包括外部監査契約を締結しなければならな

いものとすることが適当である。
　イ　包括外部監査契約の締結
　地方公共団体と包括外部監査人（地方公共団体と包括外部監査契約を締結している者をいう。以下同じ。）との好ましい緊張関係を維持するため、長の任期や監査委員の任期も勘案して、包括外部監査契約を同一の者と連続して長期にわたり締結することがないこととするような措置を講ずることが適当である。
　ウ　包括外部監査人の監査のあり方
　包括外部監査人の監査は、監査委員の監査に並んで行うものであり、監査委員の守備範囲との役割分担に特に配慮する必要がある。このため、現在監査委員の行っている監査のうち、いわゆる定期監査、例月出納検査などの監査については監査委員が専ら行うこととし、現在監査委員が必要に応じて随時に行うこととされている監査について、監査委員による監査と並んで、包括外部監査人の監査の対象とすることが適当である。
　また、包括外部監査人の監査が実質的に現在の監査委員が行っている定期監査と同一の監査とならないようにするよう配慮することが必要である。
　具体的には、包括外部監査人は、地方公共団体の事務や長その他の執行機関の権限に属する事務の適正な執行を確保するために必要であると判断した事件を特定して、自己のイニシアティブにより、地方公共団体の財務等に関する監査を行うことができるものとする。包括外部監査人は契約期間内に少なくとも１回はこの監査を行い、監査結果報告を提出しなければならないものとする。
　この場合においては、地方公共団体の組織に属さない外部の専門的な知識を有する者が監査を行うという外部監査の特性を活かすため、地方公共団体の組織及び運営が社会経済情勢の変化に適切に対応したものとなるよう合理化を図ることなど行政改革の観点についても特に留意するものとすべきである。
　また、地方公共団体が補助金を交付している団体などの監査についても包括外部監査人の監査の権限とすることを条例で定めた地方公共団体においては、包括外部監査人の判断により監査できることとすることが適当である。
　包括外部監査人は、契約期間内に監査結果報告を決定し、議会、長及び監査委員等に提出しなければならないものとし、監査委員はこれを公表しなければならないものとする。
　監査委員は、包括外部監査人の監査の結果に関し、必要があると認める

場合には、議会や長その他の執行機関に意見を提出することができるものとする。

　(4)　個別外部監査人の監査
　　ア　個別外部監査契約を締結する地方公共団体
　地方公共団体の実情に応じて、包括外部監査契約とは別に、議会、長又は住民から監査の要求や請求があった事案について個別に外部監査契約を締結する途を開くこととする必要がある。
　具体的には、次のそれぞれの事項について条例により個別外部監査契約に基づく監査によることができる旨を定める地方公共団体においては、地方自治法上それぞれの監査を要求することができることとされている議会、長又は住民は、本来の監査委員の監査に代えて個別外部監査人（地方公共団体と個別外部監査契約を締結している者をいう。以下同じ。）の監査によることを求めることができるものとする。
　　　a　有権者の50分の1以上の署名をもって請求する事務監査請求
　　　b　議会が請求する監査
　　　c　長が要求する監査
　　　d　住民が行う住民監査請求
　個別外部監査契約は、原則としてあらかじめ監査委員の意見をきいた上で議会の議決を経て締結するものとする。
　個別外部監査人は、請求に係る事項について契約期間内に監査を行い監査結果を決定し、議会、長及び監査委員等に提出するものとし、監査委員はこれを公表するものとする。
　また、包括外部監査契約を締結している地方公共団体がその契約期間内において包括外部監査人と個別外部監査契約を締結する場合における手続についても検討する必要がある。
　なお、住民監査請求に係る個別外部監査契約については、住民訴訟の前提となるものであることにかんがみ、特別の定めを検討する必要がある。

　　　　　　　第3　現行の監査委員制度の充実

1　現行監査委員制度の改正の趣旨
　現行の監査委員制度については、数次の地方自治法改正によってその充実を図ってきたところである。
　しかしながら、現行監査委員制度については、監査委員は当該団体の職

員経験者と議員が多いこと、監査委員事務局の職員は長部局からの出向であること、監査委員事務局の職員は経験年数が短いこと、町村には事務局を設置できないこと等、独立性、専門性の観点から問題があるのではないかという指摘がある。

地方公共団体の監査委員は、地方公共団体の行政運営の適正の確保に資するため、これまで以上に適切な監査を行っていく必要があり、外部監査制度を導入する場合も、現行の監査委員の監査機能のより一層の充実が望まれる。このためには、現行の監査委員制度についてもより高い独立性・専門性・透明性等を確保する観点から、さらに改善を図っていく必要がある。

2　現行監査委員制度の改正の具体案

(1)　監査委員の職務の独立性及び専門性の確保

現行制度においても、識見を有する者から選任される監査委員が2人以上いる場合は、少なくとも1人はその就任前5年間は当該地方公共団体の職員でなかった者でなければならないこととされている。

いわゆるOBの監査委員による監査については、当該団体の事務に精通しているということなどの長所があるものの、一方で「身内に甘い」のではないかとの批判もあることから、当該団体の職員であった者を監査委員に選任する場合は1人に限ることとする措置を講ずべきである。

議員から監査委員を選任することについては、議員は地方公共団体の行政全般にわたって幅広い見地からの監査を行うことが期待でき、監査の結果を実効あらしめるためには有意義であるという意見や、議会の有する本来の性格から執行機関をチェックするという監査委員の機能に適しているという意見がある。しかしながら、その一方で議員から選出される監査委員は短期で交代する例が多いことや、当該団体の内部にある者であり、その監査が形式的になりがちではないかという意見があるなど、賛否両論のあるところである。

また、現行制度では、監査委員は議会の同意を得て長が選任することとされているが、監査を受ける立場の長が、監査委員を選任していることについても議論がある。長からの監査委員の独立性をより確保する観点から、監査委員の選任方法を議会で選挙することについて、今後引続き検討していく必要がある。

さらに、議員選出監査委員の定数についても、現行どおりでよいとする意見があるが、その一方で上記のように監査委員を議会の選挙で選出することとするならば、議員から選任するか否かは当該団体の判断に委ねると

ともに上限を１人とすべきではないかという有力な意見もある。このような議論を踏まえて、議員選出の監査委員のあり方についても、今後引き続き検討していく必要がある。

なお、監査委員制度に係る議会の役割のあり方については、今後、地方分権の推進に伴う地方議会のあり方全体を考える中でさらに検討していくことが必要である。

(2) 監査の実施体制の充実

現在町村の監査委員の定数については、２人又は１人とされていることから、監査委員が議員選出監査委員１人のみとなっている団体がある。また、監査委員を補助する職員も少数のうえ他部局との兼任が大部分という状況にある。

町村における監査体制の充実を図る観点から、監査委員の定数を２人とするとともに、補助する職員の専任化を促進し監査委員を補助する体制を強化するため、町村にも監査委員事務局を設置することができることとすべきである。

その際、専門性の確保や事務の効率性の観点から、規模の小さな町村においては現行の地方自治法に規定されている都道府県知事による勧告制度も活用して、監査委員事務局の共同設置を推進することを検討すべきである。

また、有効な人材活用・育成という観点から、市町村の監査委員事務局への都道府県からの職員の派遣や、市町村間の人事交流を検討することも必要である。

これまでも監査委員や事務局職員の資質向上の目的で各種研修が行われてきているが、短期間の研修であることから、事務局職員の専門性をより高めるためにある程度長期にわたる専門研修が行えるような体制を検討すべきである。

このほか、それぞれの地方公共団体においても、その実状に応じて監査委員及び事務局の独立性・専門性を強化する運用を行うよう検討していくことを期待する。

(3) 監査の透明性等の確保

専門知識を要する監査について、現在も例えば工事監査に必要な調査を専門知識を有する者に委託するなどの方法が活用されているが、このように事案を特定して、外部の能力を有する者に監査の基礎となる事項の調査を委託した場合は、透明性・客観性を確保するため、委託した旨及びその

結果を当該監査結果の公表の際に明示することを進めるべきである。
　また、監査委員の監査結果の権威をより高め、監査結果に基づく改善措置を住民に対して明らかにするため、監査委員の監査の結果に基づく改善措置についての報告・公表を義務付けることとすべきである。

第2項　外部監査制度

　地方公共団体の外部監査制度としては、第二会計検査院のような全国単一の「外部監査機構」として地方公共団体監査公社等を設立する方法と、弁護士、公認会計士、税理士等が「外部監査人」として担当する方法とが考えられる。
　自治省行政局（現・総務省自治行政局）の「地方行政運営委員会、地方行政運営部会、地方公共団体における監査機能の充実に関する小委員会」は、平成7年度には主として前者の全国単一の外部監査機構について研究し、平成8年度においては現行監査委員制度と地方公共団体の外部監査人制度との二つの体制での監査機能の在り方を研究課題として種々研究を重ねてきた。
　地方公共団体の外部監査人制度とは、現行の監査委員制度とは別に、新たに弁護士や公認会計士、税理士等一定の条件を満たした地方公共団体の組織外の者に地方公共団体を監査させようとする制度である。
　このような地方公共団体の外部監査人監査を、前述したような長が行う内部監査や監査委員が実施する監査委員監査とを、各区分で比較すると、おおむね次頁に示す表2-1のようになる。

(1)　監査人
　ア　内部監査
　内部監査は、知事、市町村長のために知事、市町村長の補助機関（考査部、考査室等）が実施する監査であるから、当然のことながら監査人は長（知事、市町村長）ということになる。

■表2-1　各種監査比較表

区　分	内部監査	監査委員監査	外部監査人監査	備　考
1. 監査人	長	監査委員	外部監査人監査団結成	外部監査人は弁護士、公認会計士、税理士等
2. 選　任	公選	議会の同意を得て長が選任	議会の議決	外部監査人は長と監査契約を締結
3. 事務局	考査部・課補助職員	監査委員事務局補助職員	監査団事務局	監査団事務局は庁内に「外部監査室」設置
4. 権　限（監査の範囲）	行財政全般服務考査を含む	財務監査行政監査	財務監査行政監査	
5. 対　象	全地方公共団体	全地方公共団体	全地方公共団体	外部監査人監査は法令又は条例で経過的に都道府県、政令市、中核市等とすることは可能
6. 監査の仕方	重点項目別に行う精細監査各種調書対象	近代監査内部統制組織前提決算書、各種調書	近代監査内部統制組織前提各種調書	各種調書としては工事調書、契約書、土地調書、交際費調書、旅費調書等がある

　イ　監査委員監査

　監査委員監査は、独任制の執行機関としての監査委員が事務局、補助職員を使って実施する監査であるから、監査委員が監査人となる。非常勤の監査委員で、併任制の補助職員体制では地方自治法が予定している監査委員監査ができないので、平成9年の地方自治法の改正で町村においても監査委員事務局の設置が認められるようになった（法200条2項）。

　ウ　外部監査人監査

　外部監査人監査は、弁護士、公認会計士、税理士等の外部監査人が監査団を結成して実施する監査であるから、監査人は弁護士、公認会計士、税

理士等が外部監査人ということになる。外部監査人は1人でもよいが、契約期間中の事故等を考慮すると2人にしておく方がよい。この場合の監査責任は連帯責任となる。また、東京都のように大規模な団体では、一般会計はA監査人、水道事業会計はB監査人、交通事業会計はC監査人と契約する等、各会計ごとに異なる外部監査人と契約することが好ましい。

(2) 選任
　ア　内部監査
　内部監査の監査人である長は、公選制である。

　イ　監査委員監査
　監査委員監査の監査委員は、長が議会の同意を得て選任する。

　ウ　外部監査人監査
　外部監査の外部監査人は、長との監査契約に基づき実施する監査であるから、地方議会の議決により選ばれた者が長と監査契約を締結する（表2-1参照）。
　外部監査人の資格については地方自治法及び同法施行令で規定されているが、監査論の立場からは、独立性と専門性が強く要請されるので、監査に関する知識と監査の経験を有する者が選ばれるべきである。

(3) 事務局
　監査人の行う監査を実際に分担し、補助する職員が事務局を構成する。
　ア　内部監査
　内部監査の事務局は、考査部または考査室として、地方公共団体の一部局として設けられることになる。

　イ　監査委員監査
　監査委員監査の場合は、昭和38年及び平成9年に改正された地方自治法で設けられた監査委員事務局が担当することになる。

ウ　外部監査人監査

　外部監査人監査の場合には、通常、外部監査団を結成することになると思われるので、監査団事務局が設けられる。

　この場合の監査団事務局は、実際の監査仕事をする必要から、都道府県庁や市役所の庁舎内に「外部監査室」として常設される必要がある。外部監査は、いちいち被監査側に会議室等を外部監査の実施場所として設定するのではなくして、一定の外部監査室において常時被監査側の人達が監査を受けるようにすることが、効率的監査の実施という観点からみて合理的である。

(4) 権限（監査の範囲）

　ア　内部監査

　知事、市町村長は当然のことながら行財政の全般にわたって責任を有するので、内部監査の範囲は当該地方公共団体のすべての事務事業に及ぶ。したがって、財務監査、行政監査のほか職員の服務考査、汚職の未然防止等も当然に監査対象となる。

　イ　監査委員監査

　監査委員監査の権限は、財務監査、行政監査等で、地方自治法等で次のように規定されている。

　① 例月現金出納検査（法235条の2第1項）
　② 定期監査（法199条4項）
　③ 随時監査（法199条5項）
　④ 財政援助団体等監査（法199条7項）
　⑤ 決算審査（法233条2項）
　⑥ 指定金融機関等監査（法235条の2第2項）
　⑦ 基金運用審査（法241条5項）
　⑧ 職員の賠償責任監査（法243条の2）
　⑨ 共同設置機関の監査（法252条の11第4項）
　⑩ 公金の収納等の監査（地公企法27条の2）
　⑪ 地方公営企業の決算審査（地公企法30条2項）

⑫　住民の直接請求監査（法75条）
⑬　議会請求監査（法98条2項）
⑭　請願措置監査（法125条）
⑮　行政監査（法199条2項）
⑯　長の要求監査（法199条6項）
⑰　住民監査請求監査（法242条）
⑱　財政健全化法の審査（財政健全化法3条1項、22条1項）
⑲　財政健全化法の監査（財政健全化法26条1項）

　ウ　外部監査人監査
　外部監査人監査の範囲は、具体的には監査契約で決められるが、主として財務監査を担当し、必要に応じて行政監査等も対象に含めることができる。
　外部監査人の行う監査として予想されるものは、おおむね次のようになる。
Ⅰ　包括外部監査（法252条の37）
　ⅰ　普通会計監査
　　①　出納監査
　　②　事務事業監査
　ⅱ　公営企業会計監査
　　③　出納監査
　　④　事務事業監査
　ⅲ　工事監査（全庁対象）
　　⑤　工事監査
　ⅳ　財政援助団体等監査（法252条の37第4項）
Ⅱ　個別外部監査
　　⑥　財政援助団体等監査（法252条の42）
　　⑦　行政監査（法252条の40、252条の41）
　　⑧　住民事務監査請求監査（法252条の39）
　　⑨　議会請求監査（法252条の40）
　　⑩　住民監査請求監査（法252条の43）

⑪　長要求監査（法252条の41）

(5)　監査対象
　ア　内部監査
　内部監査は、内部統制組織の一環として、すべての地方公共団体で必ず実施すべきである。
　イ　監査委員監査
　監査委員監査は、昭和38年の地方自治法の改正によってすべての地方公共団体で実施されている。
　ウ　外部監査人監査
　外部監査人監査は、原則としてすべての地方公共団体で導入すべきであるが、さしあたり都道府県と法令指定都市及び中核市では必置とし、その他の市町村については監査委員監査を充実強化することを条件に当分の間、任意適用とすることも考えられる。

(6)　監査の仕方
　ア　内部監査
　内部監査は、内部統制組織の一環として毎年、重点的に交際費なら交際費、食糧費なら食糧費、旅費なら旅費について精細監査（精査）として実施されなければならない。内部監査の目的は、会計上の誤謬と不正の摘発を通じて積極的に不正経理を未然に防止することにある。したがって、一枚一枚の伝票すべてを監査対象として精査する必要がある。監査委員監査や外部監査のように試査主義（テスト・チェッキング）により、抜き取り監査の仕方をすることは妥当ではない。

　イ　監査委員監査
　監査委員監査は、内部監査、内部けん制組織を前提として、近代監査として実施される。
　近代監査とは、
　①　試査主義
　②　証拠中心主義

により実施される監査のことをいう。

　ウ　外部監査人監査

　外部監査人監査は、内部監査、監査委員監査の実施状況を前提として、内部統制組織の運用状況を監査し、内部監査、監査委員監査のウィーク・ポイント、すなわち弱点を重点的に近代監査として実施することになる。

　現行地方公共団体監査のウィーク・ポイントとしては、

① 公営企業会計監査
② 財政援助団体等監査
③ 工事監査

などが挙げられる。

　外部監査として工事監査を実施する場合には、事務屋としてはおのずから限界があるので、建築、土木、電気等の技術士を外部監査団のメンバーとして構成し、より専門的な監査を実施する必要がある。また、外部監査として行政監査を実施する場合にも、各種総合研究所（シンクタンク）の主任研究員等を外部監査団の構成員とすることによって、より専門的な監査を実施するようにしなければならない。

　なお、外部監査人監査の実施に当たっては、事前に監査調書（監査資料）の提出を求める必要がある。これらの調書については一定金額以上のものをリストアップするので、たとえば工事監査については工事請負契約金額が1億円以上のものとするようなことになろう。

　これら被監査側から提出された各種調書をもとに、内部監査、監査委員監査との重複を避けながら試査をすることになる。もちろん、外部監査人監査も監査委員監査と同様、常時監査の制度であるから、一年中、定期、随時にいつでも監査することができる。

　いうまでもないが外部監査人監査の結果の指摘事項は、すべて監査委員監査の決算審査に集約されることになる。

第3項　外部監査人による監査制度

1　外部監査人をめぐる法律関係

　法第252条の27〜第252条の46に規定する外部監査契約に基づく監査の外部監査人をめぐる法律関係を図示すると、次に示す図2-1のようになる。

■図2-1　外部監査人をめぐる法律関係

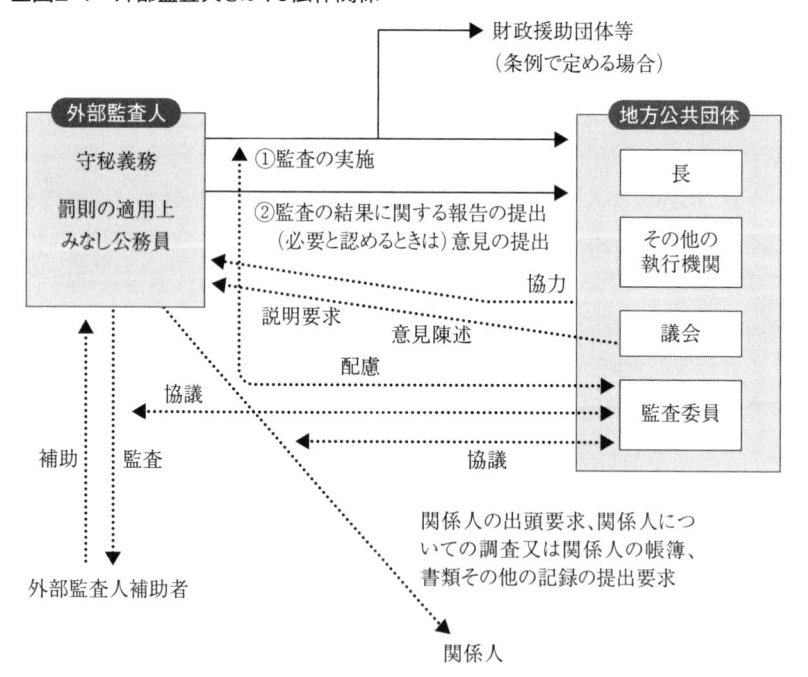

```
                          → 財政援助団体等
                             （条例で定める場合）

  ┌──────────┐                          ┌──────────┐
  │ 外部監査人 │                          │ 地方公共団体│
  │            │ ①監査の実施              │            │
  │ 守秘義務   │─────────────→          │   長       │
  │            │ ②監査の結果に関する報告の提出│            │
  │ 罰則の適用上│ （必要と認めるときは）意見の提出│ その他の  │
  │ みなし公務員│         協力              │ 執行機関   │
  │            │ 説明要求                  │            │
  │            │ 意見陳述                  │   議会     │
  │            │   配慮                    │            │
  │            │   協議                    │            │
  │            │←─────────────→        │ 監査委員   │
  │            │   協議                    │            │
  └──────────┘                          └──────────┘
       ↑  ↑
      補助 監査
       │
  外部監査人補助者

        関係人の出頭要求、関係人につ
        いての調査又は関係人の帳簿、
        書類その他の記録の提出要求
             ↓
           関係人
```

2　外部監査契約の締結手続

外部監査人との契約締結手続を図示すると、次に示す図2-2のようになる。

■図2-2　外部監査契約の締結手続

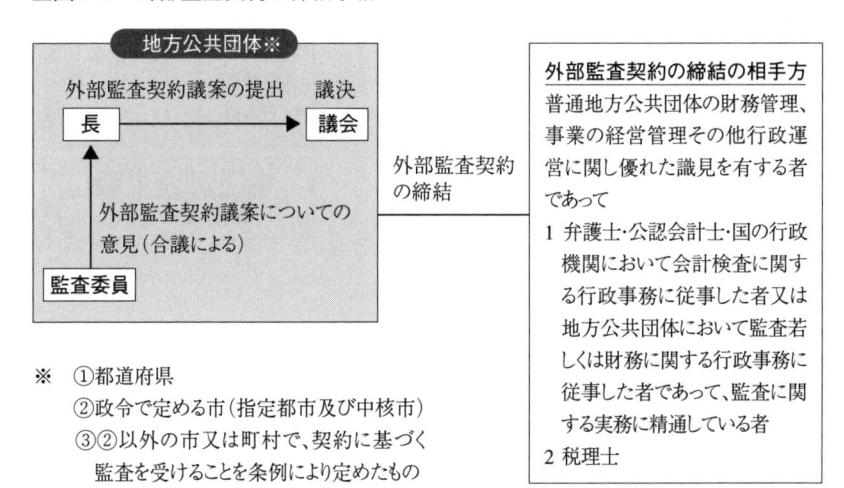

```
┌─────────────────────────────────┐
│       地方公共団体※              │
│                                  │
│   外部監査契約議案の提出　議決   │      ┌────────────────────────┐
│   ┌───┐ ──────────→ ┌────┐     │      │ 外部監査契約の締結の相手方 │
│   │ 長 │             │議会│     │      │ 普通地方公共団体の財務管理、│
│   └───┘             └────┘     │ 外部監査契約 │ 事業の経営管理その他行政運│
│     ↑                           │ の締結       │ 営に関し優れた識見を有する者│
│   外部監査契約議案についての     │ ─────→ │ であって                 │
│   意見（合議による）             │      │ 1　弁護士・公認会計士・国の行政│
│   ┌──────┐                      │      │   機関において会計検査に関す│
│   │監査委員│                    │      │   る行政事務に従事した者又は│
│   └──────┘                      │      │   地方公共団体において監査若│
│                                  │      │   しくは財務に関する行政事務に│
└─────────────────────────────────┘      │   従事した者であって、監査に関│
                                          │   する実務に精通している者 │
※　①都道府県                             │ 2　税理士                 │
　　②政令で定める市（指定都市及び中核市） └────────────────────────┘
　　③②以外の市又は町村で、契約に基づく
　　　監査を受けることを条例により定めたもの
```

3　包括外部監査契約に基づく事件の特定と監査の実施

包括外部監査契約に基づく監査における事件の特定と監査の実施を図示すると、次頁に示す図2-3のようになる。

4　個別外部監査契約に基づく事件の特定と監査の実施

個別外部監査契約に基づく監査における事件の特定と監査の実施を図示すると、次頁に示す図2-4のようになる。

■図2-3　包括外部監査契約に基づく監査における事件の特定と監査の実施

包括外部監査人
・事件を特定
・監査を実施

民生部○○課の支出に特定して監査を実施 →

土木部の旅費に特定して監査を実施 →

普通地方公共団体
総務部
企画部
民生部
衛生部
商工部
農林部
土木部

旅費　需用費　補助金

財政援助団体
（条例で定める場合）

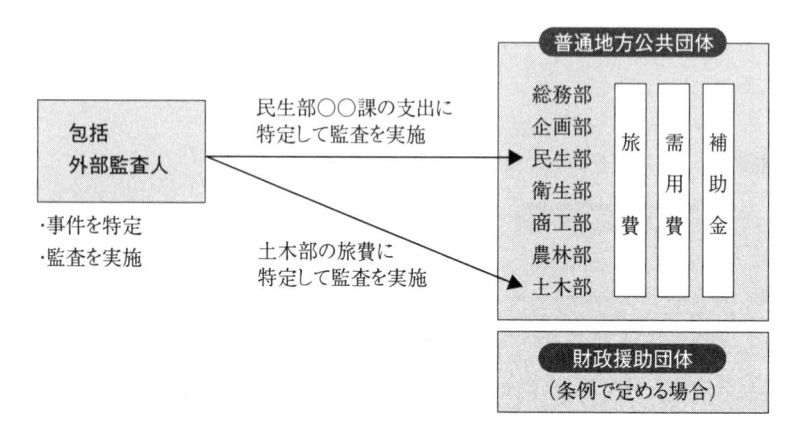

■図2-4　個別外部監査契約に基づく監査における事件の特定と監査の実施

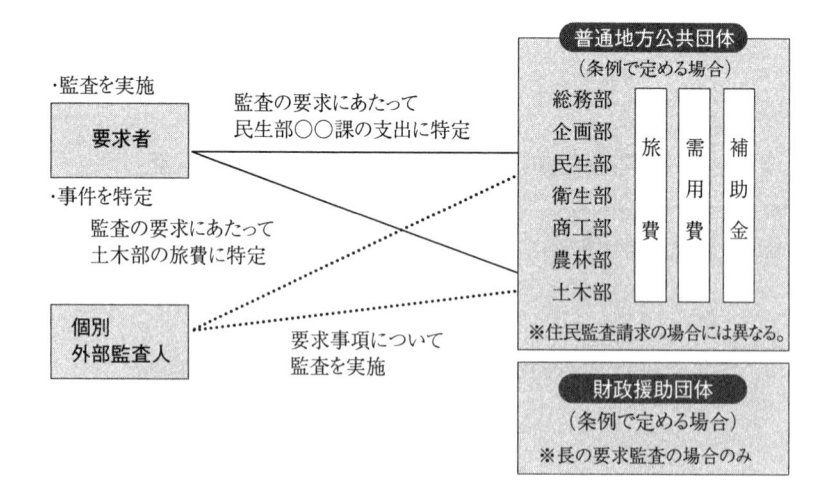

・監査を実施

要求者

・事件を特定

個別外部監査人

監査の要求にあたって民生部○○課の支出に特定

監査の要求にあたって土木部の旅費に特定

要求事項について監査を実施

普通地方公共団体
（条例で定める場合）
総務部
企画部
民生部
衛生部
商工部
農林部
土木部

旅費　需用費　補助金

※住民監査請求の場合には異なる。

財政援助団体
（条例で定める場合）
※長の要求監査の場合のみ

5　事務監査請求監査

　法第252条の39の規定に基づく「事務監査請求監査」の法律関係を図示すると、次に示す図2-5のようになる。

■図2-5　事務の監査請求に係る個別外部監査の請求による個別外部監査契約に基づく監査（第252条の39関係）

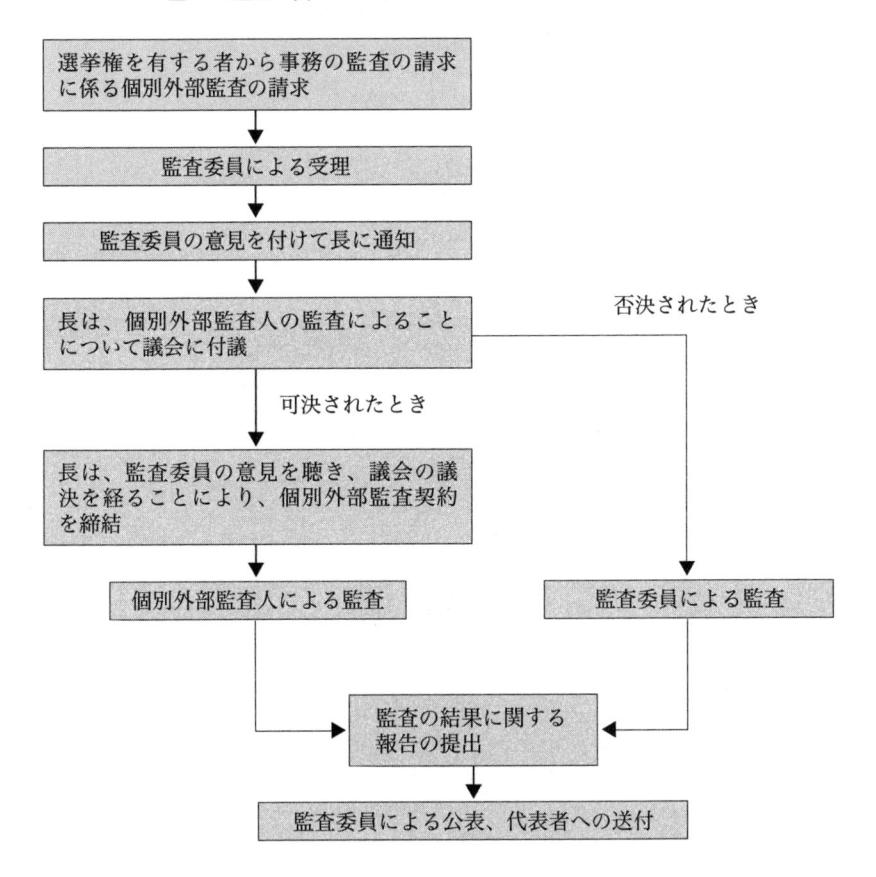

```
┌─────────────────────────┐
│ 選挙権を有する者から事務の監査の請求   │
│ に係る個別外部監査の請求             │
└─────────────────────────┘
            ↓
┌─────────────────────────┐
│      監査委員による受理            │
└─────────────────────────┘
            ↓
┌─────────────────────────┐
│   監査委員の意見を付けて長に通知      │
└─────────────────────────┘
            ↓
┌─────────────────────────┐           否決されたとき
│ 長は、個別外部監査人の監査によること   │─────────────┐
│ について議会に付議                 │             │
└─────────────────────────┘             │
            ↓ 可決されたとき                      │
┌─────────────────────────┐             │
│ 長は、監査委員の意見を聴き、議会の議   │             │
│ 決を経ることにより、個別外部監査契約   │             │
│ を締結                          │             │
└─────────────────────────┘             │
            ↓                                 ↓
┌─────────────────────────┐   ┌─────────────────┐
│   個別外部監査人による監査          │   │  監査委員による監査  │
└─────────────────────────┘   └─────────────────┘
            ↓                                 ↓
            └──────→ ┌───────────────┐ ←──────┘
                    │ 監査の結果に関する  │
                    │   報告の提出      │
                    └───────────────┘
                           ↓
                ┌─────────────────────┐
                │ 監査委員による公表、代表者への送付 │
                └─────────────────────┘
```

6　議会請求監査

法第252条の40の規定に基づく「議会請求監査」の法律関係を図示すると、次に示す図2-6のようになる。

■図2-6　議会からの個別外部監査の請求による個別外部監査契約に基づく監査（第252条の40関係）

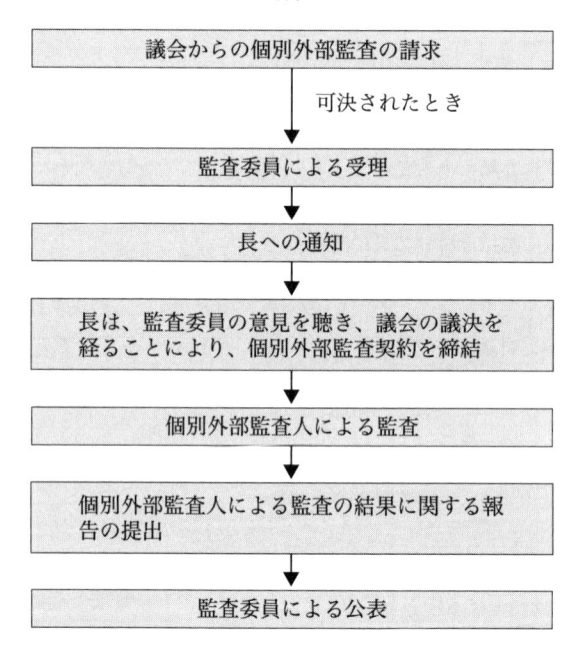

```
┌─────────────────────────────┐
│   議会からの個別外部監査の請求   │
└─────────────────────────────┘
              │ 可決されたとき
              ▼
┌─────────────────────────────┐
│       監査委員による受理        │
└─────────────────────────────┘
              │
              ▼
┌─────────────────────────────┐
│         長への通知            │
└─────────────────────────────┘
              │
              ▼
┌─────────────────────────────┐
│ 長は、監査委員の意見を聴き、議会の議決を │
│ 経ることにより、個別外部監査契約を締結  │
└─────────────────────────────┘
              │
              ▼
┌─────────────────────────────┐
│     個別外部監査人による監査      │
└─────────────────────────────┘
              │
              ▼
┌─────────────────────────────┐
│ 個別外部監査人による監査の結果に関する報 │
│ 告の提出                      │
└─────────────────────────────┘
              │
              ▼
┌─────────────────────────────┐
│       監査委員による公表        │
└─────────────────────────────┘
```

7　長要求監査及び財政援助団体等監査

　法第252条の41及び法第252条の42の「長要求監査」及び「財政援助団体等監査」の法律関係を図示すると、次に示す図2-7のようになる。

■図2-7　長からの個別外部監査の要求による個別外部監査契約に基づく監査（第252条の41、第252条の42関係）

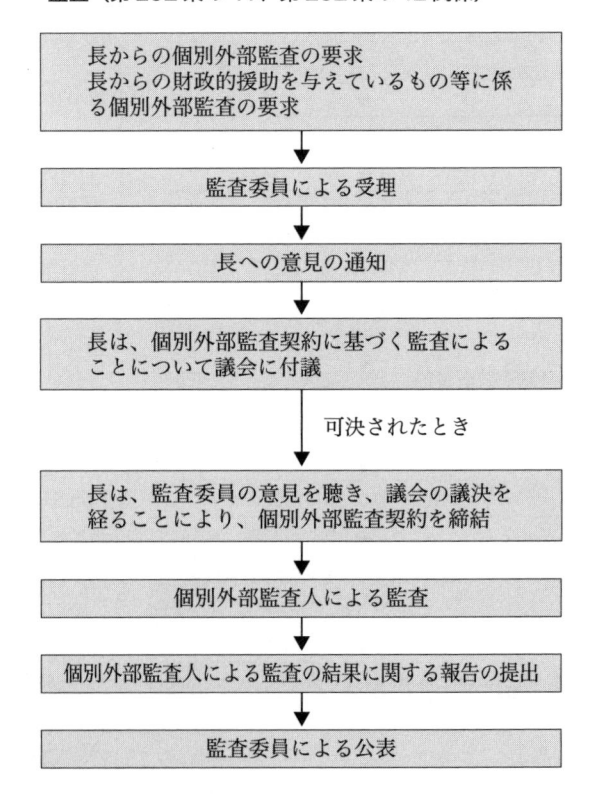

```
┌─────────────────────────────┐
│ 長からの個別外部監査の要求        │
│ 長からの財政的援助を与えているもの等に係 │
│ る個別外部監査の要求             │
└─────────────────────────────┘
              ↓
┌─────────────────────────────┐
│ 監査委員による受理              │
└─────────────────────────────┘
              ↓
┌─────────────────────────────┐
│ 長への意見の通知               │
└─────────────────────────────┘
              ↓
┌─────────────────────────────┐
│ 長は、個別外部監査契約に基づく監査による │
│ ことについて議会に付議           │
└─────────────────────────────┘
              ↓　可決されたとき
┌─────────────────────────────┐
│ 長は、監査委員の意見を聴き、議会の議決を │
│ 経ることにより、個別外部監査契約を締結   │
└─────────────────────────────┘
              ↓
┌─────────────────────────────┐
│ 個別外部監査人による監査          │
└─────────────────────────────┘
              ↓
┌─────────────────────────────┐
│ 個別外部監査人による監査の結果に関する報告の提出 │
└─────────────────────────────┘
              ↓
┌─────────────────────────────┐
│ 監査委員による公表              │
└─────────────────────────────┘
```

8　住民監査請求監査

法第252条の43の「住民監査請求監査」の法律関係を図示すると、次に示す図2-8のようになる。

■図2-8　監査請求に係る個別外部監査の請求による個別外部監査契約に基づく監査
（第252条の43関係）

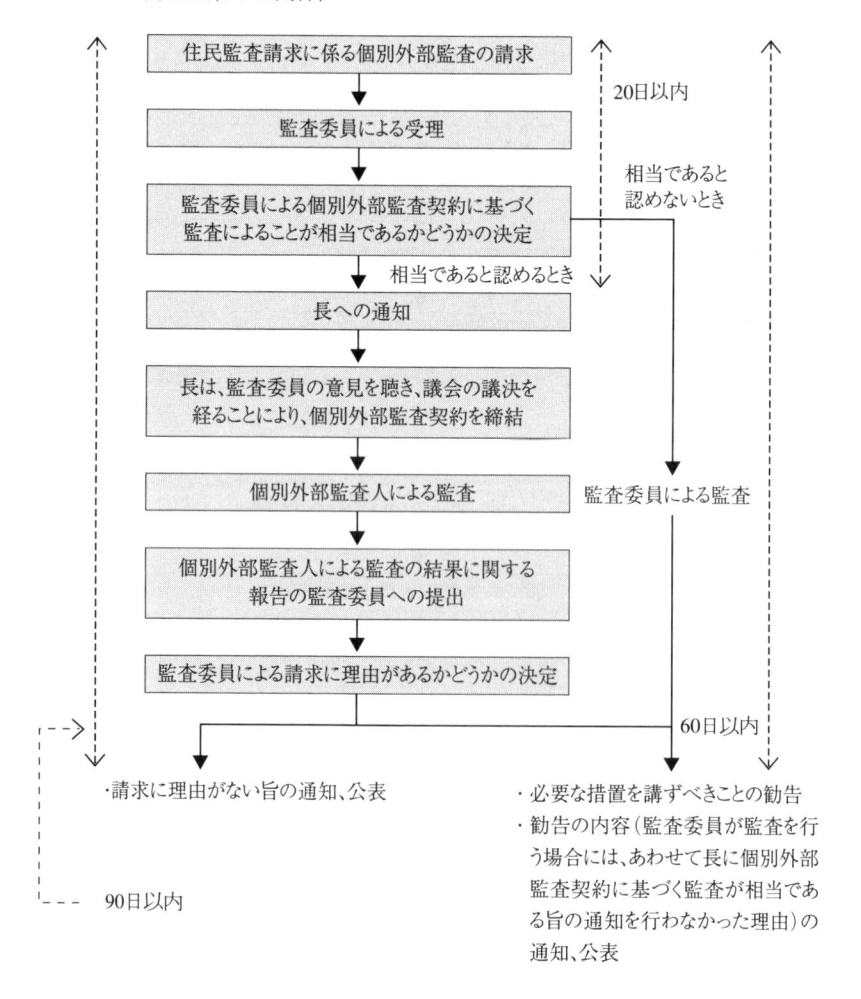

```
          ┌─────────────────────────────────┐
          │ 住民監査請求に係る個別外部監査の請求 │
          └─────────────────────────────────┘
                        ↓                          20日以内
          ┌─────────────────────────────────┐
          │        監査委員による受理         │
          └─────────────────────────────────┘
                        ↓
          ┌─────────────────────────────────┐      相当であると
          │ 監査委員による個別外部監査契約に基づく │      認めないとき
          │ 監査によることが相当であるかどうかの決定 │──────────┐
          └─────────────────────────────────┘              │
                        ↓  相当であると認めるとき             │
          ┌─────────────────────────────────┐              │
          │           長への通知              │              │
          └─────────────────────────────────┘              │
                        ↓                                  │
          ┌─────────────────────────────────┐              │
          │ 長は、監査委員の意見を聴き、議会の議決を│              │
          │ 経ることにより、個別外部監査契約を締結   │              │
          └─────────────────────────────────┘              │
                        ↓                                  │
          ┌─────────────────────────────────┐    ┌──────────┐
          │     個別外部監査人による監査       │    │監査委員による監査│
          └─────────────────────────────────┘    └──────────┘
                        ↓
          ┌─────────────────────────────────┐
          │ 個別外部監査人による監査の結果に関する │
          │    報告の監査委員への提出          │
          └─────────────────────────────────┘
                        ↓
          ┌─────────────────────────────────┐
          │ 監査委員による請求に理由があるかどうかの決定 │
          └─────────────────────────────────┘
                    ↓              ↓             60日以内
        ・請求に理由がない旨の通知、公表    ・必要な措置を講ずべきことの勧告
                                        ・勧告の内容（監査委員が監査を行
              90日以内                    う場合には、あわせて長に個別外部
                                        監査契約に基づく監査が相当であ
                                        る旨の通知を行わなかった理由）の
                                        通知、公表
```

9　外部監査人監査の導入の仕方

　都道府県、政令指定市、中核市を除く市町村等、条例に基づき外部監査を導入する地方公共団体の条例の制定等は、次のように行うことになる。

(1)　条例の制定

　財政健全化法第26条第1項の規定に基づく長要求個別外部監査については条例の制定は必要ないとされているが、そのほかの外部監査人監査は条例の制定が前提となっているので、第三セクターの長要求監査等に備えて条例の制定を行っておいた方がよい。

○○市外部監査契約に基づく監査に関する条例

（目的）
第1条　この条例は、地方自治法（昭和22年法律第67号）第252条の27第1項に規定する外部監査契約に基づく監査に関し必要な事項を定めることを目的とする。
（包括外部監査契約に基づく監査）
第2条　市は、地方自治法第252条の27第2項に規定する包括外部監査契約（以下「包括外部監査契約」という。）に基づく監査を受けるものとする。
2　市と包括外部監査契約を締結した地方自治法第252条の29に規定する包括外部監査人は、必要があると認めるときは、次に掲げるものについて監査することができる。
　一　市が地方自治法199条第7項に規定する財政的援助を与えているものの出納その他の事務の執行で当該財政的援助に係るもの。
　二　市が出資しているもので地方自治法第199条第7項の政令で定めるものの出納その他の事務の執行で当該出資に係るもの。
　三　市が借入金の元金若しくは利子の支払を保証しているものの出納その他の事務の執行で当該保証に係るもの。
　四　市が受益権を有する信託で地方自治法第199条第7項の政令で定め

るものの出納その他の事務の執行で当該信託に係るもの。
　五　市が地方自治法第244条の2第3項の規定に基づき公の施設の管理を委託しているものの出納その他の事務の執行で当該委託に係るもの。
（個別外部監査契約に基づく監査）
第3条　市民のうち地方自治法第75条第1項の選挙権を有する者は、同項の請求をする場合において、併せて当該請求に係る監査について監査委員の監査に代えて同法第252条の27第3項に規定する個別外部監査契約（以下「個別外部監査契約」という。）に基づく監査によることを求めることができる。
2　市の議会は、地方自治法第98条第2項の請求をする場合において、併せて当該請求に係る監査について監査委員の監査に代えて個別外部監査契約に基づく監査によることを求めることができる。
3　市長は、地方自治法第199条第6項の要求をする場合において、併せて当該要求に係る監査について監査委員の監査に代えて個別外部監査契約に基づく監査によることを求めることができる。
4　市長は、財政健全化法第26条第1項の規定に基づき地方自治法第199条第6項の要求をする場合においては、監査委員の監査に代えて個別外部監査契約に基づく監査によることを求めなければならない。
5　市長は、次に掲げるものについて地方自治法第199条第7項の要求をする場合において、併せて当該要求に係る監査について監査委員の監査に代えて個別外部監査契約に基づく監査によることを求めることができる。
　一　市が地方自治法第199条第7項に規定する財政的援助を与えているものの出納その他の事務の執行で当該財政的援助に係るもの。
　二　市が出資しているもので地方自治法第199条第7項の政令で定めるものの出納その他の事務の執行で当該出資に係るもの。
　三　市が借入金の元金若しくは利子の支払を保障しているものの出納その他の事務の執行で当該保証に係るもの。
　四　市が受益権を有する信託で地方自治法第199条第7項の政令で定めるものの受託者の出納その他の事務の執行で当該信託に係るもの。
　五　市が地方自治法第244条の2第3項の規定に基づき公の施設の管理を委託しているものの出納その他の事務の執行で当該委託に係るもの。
6　市民は、地方自治法第242条第1項の請求をする場合において、併せて当該請求に係る監査について監査委員の監査に代えて個別外部監査契約に基づく監査によることも求めることができる。

> 附則　この条例は平成　年　月　日から執行する。

(2) 包括外部監査人の選定議案書の作成

> 　　　　　　　包括外部監査契約の締結に関する議案
>
> 議案　第　号
>
> 　　　　　　　　包括外部監査契約の締結について
>
> 　次のとおり包括外部監査契約を締結する。
>
> 一　契約の目的　　当該契約に基づく監査及び監査の結果に関する報告
> 二　契約の始期　　平成　　年　　月　　日
> 三　契約の金額　　　　　　円を上限とする額
> 四　費用の支払方法　監査の結果に関する報告提出後に一括払い
> 五　契約の相手方　　住所
> 　　　　　　　　　　氏名
> 　　　　　　　　　　資格
>
> ［提案理由］
> 　包括外部監査契約を締結する場合においては、地方自治法第252条の36第1項の規定により、あらかじめ議会の議決を経る必要がある。これがこの案件を提出する理由である。

(3) 包括外部監査契約書の作成

包括外部監査契約書

○○市（以下「甲」という。）と○○○○（以下「乙」という。）とは、次のとおり地方自治法第252条の27第2項に規定する包括外部監査契約を締結する。
（目的）
第1条 乙は、地方自治法その他関係法令及びこの契約書に定めるところにより、監査を行い、監査の結果に関する報告を提出するものとする。また、甲は、金○○円を限度として次条に定めるところにより算定した包括外部監査契約に基づく監査に要する費用（以下「監査費用」という。）を乙に支払うものとする。
（監査費用の額の算定方法）
第2条 監査費用の額は、別表で定める基本費用の額並びに別表で定めるところにより算定した執務費用及び実費の額を合算した金額とする。
（契約の期間の始期）
第3条 この契約の期間の始期は、平成　年　月　日とする。
（一身上に関する事件等に関する相互の情報の提供）
第4条 甲乙双方は、地方自治法第252条の29の規定に基づく特定の事件についての監査の制限の判断に資するため、この契約の締結後において、乙若しくは乙の父母、祖父母、配偶者、子、孫若しくは兄弟姉妹の一身上に関する事件又は乙若しくはこれらの者の従事する業務に直接の利害関係に該当する事実の有無につき相互に十分な情報を提供しなければならない。
（便宜供与）
第5条 甲は、乙からの要請がある場合は、乙によるこの契約に基づく監査の実施に適する場所を提供するものとする。
（監査の実施の通知）
第6条 乙は、甲による乙の監査の適正かつ円滑な遂行への協力に資するため、監査を実施するに当たっては、その○○日前までに、その旨を監査委員に文書をもって通知するものとする。

（監査の結果に関する報告）
第7条　乙は、監査の結果に関する報告を書面により提出しなければならない。
第8条　乙は、会計年度末日以前であっても、乙が監査をすることが必要と認めた特定の事件に関するこの契約に基づく監査の結果に関する報告を決定した場合には、これを遅滞なく提出しなければならない。
（監査の結果に関する報告の内容）
第9条　監査の結果に関する報告は、次に掲げる事項を内容としなければならない。
　一　監査を実施した期間
　二　監査の対象とした事件名及びその概要
　三　監査の結果
　四　その他必要と認める事項
（監査の結果に関する資料の提出要求）
第10条　甲は、地方自治法第252条の38第4項の規定に基づき乙の監査の結果に関し意見を提出するために必要であると認めるときは、乙に対し、監査の結果に関する資料の提出を求めることができる。
2　乙は、前項の提出の要求があったときは、特別の事情がない限り、監査の結果に関する資料を提出するものとする。
（監査費用の額の確定）
第11条　甲は、乙より監査の結果に関する報告を受けたときは、速やかに甲が乙に対して支払うべき監査費用の額を確定しなければならない。その際、乙は、監査費用の額を確定するために必要な資料を提出しなければならない。また、甲は、必要があると認めるときは、乙に対し書類の提出及び説明を求めることができる。
（監査費用の支払方法）
第12条　乙は、監査の結果に関する報告を提出したときは、甲に対して監査費用の支払を請求するものとする。
2　前項の支払請求は、書面によりこれを行わなければならない。
3　甲は、前項の支払の請求があったときは、その日から〇〇日以内に監査費用を乙に支払うものとする。
4　甲は、甲の責めに帰する理由により前項の監査費用の支払が遅れたときは、当該支払に係る未払額につき、その遅延日数に応じ、年〇〇パーセントの割合で計算して得た額の遅延利息を乙に支払わなければならない。

（履行遅滞等）
第13条　乙は、乙の責めに帰する理由によりこの契約の期間内に監査の結果に関する報告を甲に提出することが困難となったときは、その延長日数に〇〇円を乗じて得た額の違約金を甲に支払わなければならない。ただし、甲が、地方自治法第252条の35第1項又は第2項の規定によりこの契約を解除することを妨げられない。

（契約が解除された場合の取扱）
第14条　甲が地方自治法第252条の35第1項若しくは第2項の規定によりこの契約を解除した場合又は乙が同条第3項の規定によりこの契約を解除した場合において、甲が乙に対して支払うべき監査費用の額は、甲が認める正当な既履行部分に相当する額とする。ただし、乙の責めに帰さない事由によりこの契約が解除された場合において甲が乙に対して支払うべき監査費用の額は、甲と乙の協議により定めるものとする。

（損害賠償）
第15条　甲又は乙は、この契約に違反したときは、相手方に対しその損害を賠償するものとする。

（監査に要した諸資料の取扱）
第16条　乙は、監査の実施に当たり用いた資料又はその写し（甲と乙の協議により、乙が保存することが不適当とされたものを除く。）を、この契約の期間の終期から〇〇年間保存しなければならない。

（契約に定めのない事項の処理）
第17条　この契約に定めるもののほか、必要な事項については、甲と乙の協議により決定するものとする。

　上記の契約の成立を称するため、この契約書2通を作成し、甲乙記名押印の上、各自その1通を所持するものとする。

　　平成　年　月　日
　　　　甲　　　〇〇市
　　　　　　　　代表者　〇〇市長　〇〇〇〇
　　　　乙　　　〇〇〇〇

　　（別表）省略

(4) 個別外部監査契約に基づく監査とすることの議案書の作成（事務監査請求監査の場合）

個別外部監査契約に基づく監査によることに関する議案

議案　第　号

個別外部監査契約に基づく監査によることについて

　事務監査請求について、監査委員の監査に代えて個別外部監査契約に基づく監査によることとする。

［提案理由］
　監査委員から、個別外部監査契約に基づく監査によることが求められた地方自治法第75条第1項の請求があった旨の通知があったときは、同法第252条の39第4項の規定により、当該請求について監査委員の監査に代えて個別外部監査契約に基づく監査によることについて、議会に付議する必要がある。これが、この案件を提案する理由である。

---

(5) 個別外部監査人の選定議案書の作成（住民監査請求監査の場合）

個別外部監査契約の締結に関する議案

議案　第　号

個別外部監査契約の締結について

　住民監査請求について、次のとおり個別外部監査契約を締結する。
一　契約の目的　　　当該契約に基づく監査及び監査の結果に関する報告
二　契約の期間　　　平成　年　月　日から平成　年　月　日まで

```
　三　契約の金額　　　　　　　円を上限とする額
　四　費用の支払方法　監査の結果に関する報告提出後に一括払い
　五　契約の相手方　　住所
　　　　　　　　　　　氏名
　　　　　　　　　　　資格
［提案理由］
　個別外部監査契約を締結する場合においては、地方自治法第252条の39第6項の規定により、あらかじめ議会の議決を経る必要がある。これが、この案件を提出する理由である。
```

(6) 個別外部監査人の選定議案書の作成（長要求監査の場合）

```
　　　　　　　　　個別外部監査契約の締結に関する議案

　　議案　第　号

　　　　　　　　　　個別外部監査契約の締結について

　　長要求監査について、次のとおり個別外部監査契約を締結する。
　一　契約の目的　　　当該契約に基づく監査及び監査の結果に関する報告
　二　契約の期間　　　平成　年　月　日から平成　年　月　日まで
　三　契約の金額　　　　　　　円を上限とする額
　四　費用の支払方法　監査の結果に関する報告提出後に一括払い
　五　契約の相手方　　住所
　　　　　　　　　　　氏名
　　　　　　　　　　　資格
［提案理由］
　個別外部監査契約を締結する場合においては、地方自治法第252条の41第1項の規定により、あらかじめ議会の議決を経る必要がある。これが、この案件を提出する理由である。
```

(7) 個別外部監査契約書の作成（住民監査請求監査の場合）

個別外部監査契約書

　〇〇市（以下甲という。）と〇〇〇〇（以下「乙」という。）とは、次のとおり、地方自治法第 252 条の 43 第 2 項に規定する住民監査請求に係る個別外部監査の請求(以下「住民監査請求に係る個別外部監査の請求」という。)に係る事項についての地方自治法第 252 条の 27 第 3 項に規定する個別外部監査契約を締結する。

（目的）
第 1 条　乙は、地方自治法その他関係法令及びこの契約書に定めるところにより、監査を行い、監査の結果に関する報告を提出するものとする。また、甲は、金〇〇円を限度として次条に定めるところにより算定したこの契約に基づく監査に要する費用（以下「監査費用」という。）を乙に支払うものとする。

（監査費用の額の算定方法）
第 2 条　監査費用の額は、別表で定める基本費用の額並びに別表で定めるところにより算定した執務費用及び実費の額を合算した金額とする。

（住民監査請求に係る個別外部監査の請求に係る事項）
第 3 条　乙が監査を行う住民監査請求に係る個別外部監査の請求に係る事項は、～（〇〇市職員に対する措置請求）とする。

（契約の期間）
第 4 条　この契約の期間は、平成　年　月　日から平成△年△月△日までとする。

（一身上に関する事件等に関する相互の情報の提供）
第 5 条　甲乙双方は、地方自治法第 252 条の 29 の規定に基づく特定の事件についての監査の制限の判断に資するため、この契約の締結後において、乙若しくは乙の父母、祖父母、配偶者、子、孫若しくは兄弟姉妹の一身上に関する事件又は乙若しくはこれらの者の従事する業務に直接の利害関係に該当する事実の有無につき相互に十分な情報を提供しなければならない。

（便宜供与）
第 6 条　甲は、乙からの要請がある場合は、乙によるこの契約に基づく監

査の実施に適する場所を提供するものとする。

(監査の実施の通知)
第7条　乙は、甲による乙の監査の適正かつ円滑な遂行への協力に資するため、監査を実施するに当たっては、その〇〇日前までに、その旨を監査委員に文書をもって通知するものとする。

(監査の結果に関する報告)
第8条　乙は、監査の結果に関する報告を書面により提出しなければならない。

第9条　乙は、平成△年△月△日以前であっても、住民が監査請求に係る個別外部監査の請求に係る事項に関するこの契約に基づく監査の結果に関する報告を決定した場合には、これを遅滞なく提出しなければならない。

(監査の結果に関する報告の内容)
第10条　監査の結果に関する報告は、次に掲げる事項を内容としなければならない。
　一　監査を実施した期間
　二　監査を対象とした事項名及びその概要
　三　監査の結果
　四　その他必要と認める事項

(監査の結果に関する資料の提出要求)
第11条　甲は、住民監査請求に理由があるかどうかの決定を行うために必要があると認めるときは、乙に対し、監査の結果に関する資料の提出を求めることができる。
2　乙は、前項の提出の要求があったときは、特別の事情がない限り、監査の結果に関する資料を提出するものとする。

(監査費用の額の確定)
第12条　甲は、乙より監査の結果に関する報告を受けたときは、速やかに甲が乙に対して支払うべき監査費用の額を確定しなければならない。その際、乙は、監査費用の額を確定するために必要な資料を提出しなければならない。また、甲は、必要があると認めるときは、乙に対し書類の提出及び説明を求めることができる。

(監査費用の支払い方法)
第13条　乙は、監査の結果に関する報告を提出したときは、甲に対して監査費用の支払を請求するものとする。

2　前項の支払の請求は、書面によりこれを行わなければならない。
3　甲は、前項の支払の請求があったときは、その日から〇〇日以内に監査費用を乙に支払うものとする。
4　甲は、甲の責めに帰する理由により前項の監査費用の支払が遅れたときは、当該支払に係る未払額につき、その遅延日数に応じ、年〇〇パーセントの割合で計算して得た額の遅延利息を乙に支払わなければならない。

（履行遅滞等）
第14条　乙は、乙の責めに帰する理由によりこの契約の期間内に監査の結果に関する報告を甲に提出することが困難となったときは、その延長日数に〇〇円を乗じて得た額の違約金を甲に支払わなければならない。ただし、甲が、地方自治法第252条の35第1項若しくは第2項又は第252条の44の規定によりこの契約を解除することを妨げられない。

（契約が解除された場合の取扱）
第15条　甲が地方自治法第252条の35第1項若しくは第2項又は第252条の44の規定によりこの契約を解除した場合又は乙が同法第252条の35の規定によりこの契約を解除した場合において、甲が乙に対して支払うべき監査費用の額は、甲が認める正当な既履行部分に相当する額とする。ただし、乙の責めに帰さない事由により、この契約が解除された場合において甲が乙に対して支払うべき監査費用の額は、甲と乙の協議により定めるものとする。

（損害賠償）
第16条　甲又は乙は、この契約に違反したときは、相手方に対しその損害を賠償するものとする。

（監査に要した諸資料の取扱）
第17条　乙は、監査の実施に当たり用いた資料又はその写し（甲と乙の協議により、乙が保管することが不適当とされたものを除く。）を、この契約の期間の終期から〇〇年間保管しなければならない。

（契約に定めのない事項の処理）
第18条　この契約に定めるものほか、必要な事項については、甲と乙の協議により決定するものとする。

　上記の契約の成立を証するため、この契約書2通を作成し、甲乙記名押印の上、各自その1通を所持するものとする。

平成　年　月　日
　　甲　　○○市
　　　　　代表者　○○市長　○○○○
　　乙　　　○○○○

（別表）省略

(8) 個別外部監査契約書の作成（長要求監査の場合）

個別外部監査契約書

　○○長（村）（以下「甲」という。）と○○○○（以下「乙」という。）とは、次のとおり、財政健全化法第26条第1項の規定に基づく長要求監査に係る個別外部監査に係る事項についての地方自治法第252条の27第3項に規定する個別外部監査契約を締結する。

（目的）
第1条　乙は、地方自治法その他関係法令及びこの契約書に定めるところにより、監査を行い、監査の結果に関する報告を提出するものとする。また、甲は、金○○円を限度として次条に定めるところにより算定したこの契約に基づく監査に要する費用（以下「監査費用」という。）を乙に支払うものとする。
（監査費用の額の算定方法）
第2条　監査費用の額は、別表で定める基本費用の額並びに別表で定めるところにより算定した執務費用及び実費の額を合算した金額とする。
（長要求に基づく個別外部監査に係る事項）
第3条　乙が監査を行う長要求に基づく個別外部監査に係る事項は、財政健全化法第26条第1項に規定する○○長（村）の財政健全化計画の策定とする。
（契約の期間）

第4条　この契約の期間は、平成　年　月　日から平成△年△月△日までとする。

（一身上に関する事件等に関する相互の情報の提供）

第5条　甲乙双方は、地方自治法第252条の29の規定に基づく特定の事件ついての監査の制限の判断に資するため、この契約の締結後において、乙若しくは乙の父母、祖父母、配偶者、子、孫若しくは兄弟姉妹の一身上に関する事件又は乙若しくはこれらの者の従事する業務に直接の利害関係に該当する事実の有無につき相互に十分な情報を提供しなければならない。

（便宜供与）

第6条　甲は、乙からの要請がある場合は、乙によるこの契約に基づく監査の実施に適する場所を提供するものとする。

（監査の実施の通知）

第7条　乙は、甲による乙の監査の適正かつ円滑な遂行への協力に資するため、監査を実施するに当たっては、その〇〇日前までに、その旨を監査委員に文書をもって通知するものとする。

（監査の結果に関する報告）

第8条　乙は、監査の結果に関する報告を書面により提出しなければならない。

第9条　乙は、平成△年△月△日以前であっても、長要求に基づく個別外部監査に係る事項に関するこの契約に基づく監査の結果に関する報告を決定した場合には、これを遅滞なく提出しなければならない。

（監査の結果に関する報告の内容）

第10条　監査の結果に関する報告は、次に掲げる事項を内容としなければならない。
　(1)　監査を実施した期間
　(2)　監査の対象とした事項名及びその概要
　(3)　監査の結果
　(4)　その他必要と認める事項

（監査の結果に関する資料の提出要求）

第11条　甲は、長要求に理由があるかどうかの決定を行うために必要があると認めるときは、乙に対し、監査の結果に関する資料の提出を求めることができる。

2　乙は、前項の提出の要求があったときは、特別の事情がない限り、監査

の結果に関する資料を提出するものとする。

（監査費用の額の確定）

第12条　甲は、乙より監査の結果に関する報告を受けたときは、速やかに甲が乙に対して支払うべき監査費用の額を確定しなければならない。その際、乙は、監査費用の額を確定するために必要な資料を提出しなければならない。また、甲は、必要があると認めるときは、乙に対し書類の提出及び説明を求めることができる。

（監査費用の支払方法）

第13条　乙は、監査の結果に関する報告を提出したときは、甲に対して監査費用の支払を請求するものとする。

2　前項の支払の請求は、書面によりこれを行わなければならない。

3　甲は、前項の支払の請求があったときは、その日から〇〇日以内に監査費用を乙に支払うものとする。

4　甲は、甲の責めに帰する理由により前項の監査費用の支払が遅れたときは、当該支払に係る未払額につき、その遅延日数に応じ、年〇〇パーセントの割合で計算して得た額の遅延利息を乙に支払わなければならない。

（履行遅滞等）

第14条　乙は、乙の責めに帰する理由によりこの契約の期間内に監査の結果に関する報告を甲に提出することが困難となったときは、その延長日数に〇〇円を乗じて得た額の違約金を甲に支払わなければならない。ただし、甲が、地方自治法第252条の35第1項若しくは第2項又は第252条の44の規定によりこの契約を解除することを妨げられない。

（契約が解除された場合の取扱）

第15条　甲が地方自治法第252条の35第1項若しくは第2項又は第252条の44の規定によりこの契約を解除した場合又は乙が同法第252条の35の規定によりこの契約を解除した場合において、甲が乙に対して支払うべき監査費用の額は、甲が認める正当な既履行部分に相当する額とする。ただし、乙の責めに帰さない事由によりこの契約が解除された場合において甲が乙に対して支払うべき監査費用の額は、甲と乙の協議により定めるものとする。

（損害賠償）

第16条　甲又は乙は、この契約に違反したときは、相手方に対しその損害を賠償するものとする。

（監査に要した諸資料の取扱）

第17条 乙は、監査の実施に当たり用いた資料又はその写し（甲と乙の協議により、乙が保管することが不適当とされたものを除く。）を、この契約の期間の終期から○○年間保存しなければならない。

（契約に定めのない事項の処理）
第18条 この契約に定めるもののほか、必要な事項については、甲と乙の協議により決定するものとする。

　上記の契約の成立を称するため、この契約書2通を作成し、甲乙記名押印の上、各自その1通を所持するものとする。

　平成　年　月　日

　　　甲　　○○町（村）
　　　　　　代表者　○○町（村）長　○○○○
　　　乙　　○○○○

（別表）省略

第 3 章

財政健全化法監査

第1項　財政健全化法の概要

　従来、財政状況の悪化した地方公共団体は地方財政再建促進特別措置法及び地公企法第43条以下第7章に規定されていた財政再建制度によって再建されることになっていた。当時は赤字を生じた地方公共団体が自ら財政再建計画を策定し、総務大臣の同意を経て計画的な財政再建を行う仕組みであった。

　標準財政規模に対する普通会計の赤字の比率が、道府県で5％、市町村で20％以上となった場合に、地方財政再建促進特別措置法に基づく財政再建を行わない限り、災害関連事業等に係るものを除き、地方債をもって地方財政法第5条第5号に掲げる経費の財源とすることができないことになっていた。

　また、地公企法の適用を受ける公営企業については、同法第43条の規定による「不良債務」（流動負債－流動資産）の発生により財政再建団体とされてきた。

　このような制度では、
① 早期是正・再生という観点からのわかりやすい財政情報の開示や、正確性を担保する手段が不十分であること
② 再建団体の基準しかなく、早期是正機能がないこと
③ 普通会計を中心にした収支の指標のみで、ストックの財政状態に問題があっても再建の対象とならないこと
④ 公営企業にも早期是正機能がないこと

等が課題として指摘されていた。

　そこで新しい財政健全化法は、
① 財政指標を整備し、財政状況が健全な段階から、その指標を毎年度監査委員の審査に付した上で議会に報告し公表すること等の情報開示の徹底の仕組みを設けること
② 指標が一定程度悪くなれば、自主的な改善努力が義務付けられる財

政の早期健全化の段階に移行すること
③　さらに財政状況が悪化した場合には、国等の関与による確実な財政の再生を図る段階に移行すること
④　公営企業については、従来の地方公営企業法の再建制度に替えて、公営企業の経営の健全化のスキームを設けること

といった内容の新しい再生制度が整備されている。

第2項　財政指標の算式と解説

1　普通会計

　財政健全化法は、地方公共団体の財政指標として普通会計について財政の健全性に関する次の四つの比率（健全化判断比率）を規定している。
　①　実質赤字比率
　②　連結実質赤字比率
　③　実質公債費比率
　④　将来負担比率

(1) 諸比率の算式

ア　$$実質赤字比率 = \frac{繰上充用額 + （支払繰延額 + 事業繰越額）}{標準財政規模}$$

○　一般会計等を対象とした実質赤字の標準財政規模に対する比率
・繰上充用額＝歳入不足のため、翌年度歳入を繰り上げて充用した額
・支払繰延額＝実質上歳入不足のため、支払を翌年度に繰り延べた額
・事業繰越額＝実質上歳入不足のため、事業を繰り越した額

イ　連結実質赤字比率 ＝ $\dfrac{(A+B)-(C+D)}{標準財政規模}$

○　全会計を対象とした実質赤字（又は資金の不足額）の標準財政規模に対する比率
・一般会計及び公営企業（地公企法適用企業・非適用企業）以外の特別会計のうち、実質赤字を生じた会計の実質赤字の合計額……C
・公営企業の特別会計のうち、資金の不足額を生じた会計の資金の不足額の合計額……D
・一般会計及び公営企業以外の特別会計のうち、実質黒字を生じた会計の実質黒字の合計額……A
・公営企業の特別会計のうち、資金の剰余額を生じた会計の資金の剰余額の合計額……B

ウ　実質公債費比率 ＝ $\dfrac{(元利償還金＋準元利償還金（E））－(特定財源＋元利償還金・準元利償還金に係る基準財政需要額算入額)}{標準財政規模－(元利償還金・準元利償還金に係る基準財政需要額算入額)}$ の3か年平均

○　一般会計等が負担する元利償還金及び準元利償換金の標準財政規模に対する比率
・準元利償還金（E）の内容
　①　満期一括償還地方債について、償還期間を30年とする元金均等年賦償還をした場合の1年当たりの元金償還金相当額
　②　一般会計等から一般会計等以外の特別会計への繰出金のうち、公営企業債の償還に充てたと認められるもの
　③　組合・地方開発事業団（組合等）への負担金・補助金のうち、組合等が起こした地方債の償還の財源に充てたと認められるもの
　④　債務負担行為に基づく支出のうち公債費に準ずるもの

| エ | 将来負担比率 | = | 将来負担額（F）−（充当可能基金額＋特定財源見込額＋地方債現在高等に係る基準財政需要額算入見込額） / 標準財政規模−（元利償還金・準元利償還金に係る基準財政需要額算入額） |

○ 一般会計等が将来負担すべき実質的な負債の標準財政規模に対する比率
・将来負担額（F）の内容
　① 一般会計等の地方債現在高
　② 債務負担行為に基づく支出予定額（地方財政法第5条各号の経費等に係るもの）
　③ 一般会計等以外の会計の地方債の元金償還に充てる一般会計等からの繰入見込額
　④ 当該団体が加入する組合等の地方債の元金償還に充てる当該団体からの負担等見込額
　⑤ 退職手当支給予定額（全職員に対する期末要支給額）のうち、一般会計等の負担見込額
　⑥ 設立した一定の法人の負債の額、その者のために債務を負担している場合の当該債務の額のうち、当該法人等の財務・経営状況を勘案した一般会計等の負担見込額
　⑦ 連結実質赤字額
　⑧ 組合等の連結実質赤字額相当額のうち一般会計等の負担見込額

(2) 諸比率の解説
　ア 実質赤字比率
　当該地方公共団体のいわゆる普通会計に相当する一般会計及び特別会計（以下、「一般会計等」という。）を対象とした実質赤字の標準財政規模に対する比率である。実質赤字とは、翌年度歳入を繰り上げて充用した額（繰上充用額）のほか、実質上の歳入不足のため生じた支払繰延額や事業繰越額の合算額となっており、現行制度における赤字比率とほぼ同様のものとなっている。

イ　連結実質赤字比率

　当該地方公共団体の普通会計に相当する会計だけでなく、公営企業や国民健康保険事業などの公営事業に係る特別会計も含め、当該団体のすべての会計を対象とした実質赤字（法適用企業については、資金不足額）の標準財政規模に対する比率であり、財政健全化法で新たに整備された指標である。

　現行制度では、再建法が普通会計等の実質収支の赤字ととらえる一方、その他の特別会計については、地公企法の当然適用事業（水道、交通事業など7事業）と一部適用事業（病院事業）についてのみ、地公企法に基づく再建制度があり、地方財政法上の公営企業であっても、地公企法の適用義務が無いものについては、いずれの再建制度の対象にもなっていなかった。国民健康保険事業や介護保険事業等の会計についても同様である。新しい地方財政再生制度研究会報告書（以下「報告書」という。）ではこの点について、「当該地方公共団体全体の赤字を把握し、これを住民に開示することが、当該地方公共団体の財政運営上の課題を把握し、チェック機能を働かせるためにも重要であり、また、当該団体全体の財政運営責任という観点からも、地方公共団体が設けている各会計をカバーする新たなフロー指標を整備すべきである」と指摘しており、本比率はこの報告を受けて整備されることとなった。

ウ　実質公債費比率

　一般会計等が負担する元利償還金及び準元利償還金の標準財政規模に対する比率である。これは地方財政法第5条の4に基づき、平成18年度から地方債の協議・許可制度において既に用いられている指標である。なお、準元利償還金には、一部事務組合等への負担金・補助金のうち、当該一部事務組合等が起こした地方債の償還の財源に充てたと認められるものについても含まれることになった。

エ　将来負担比率

　一般会計等が将来負担すべき実質的な負債の標準財政規模に対する比率である。将来負担比率も、イとともに「報告書」に基づき財政健全化法で

新たに導入されることとなった指標である。ちなみに「報告書」ではアからウはフローの指標、エはストックの指標と呼ばれている。

本比率の分子のうち、将来負担額は、①一般会計等の地方債残高に加え、②債務負担行為に基づく支出予定額で地方財政法第5条各号の経費等に係るもの（例、PFI事業に係る将来支出見込額など）、③一般会計等以外の会計の地方債の元金償還に充てる一般会計等からの繰入見込額（例：公営企業債残高のうち、その償還に一般会計による繰出金や負担金を予定しているもの）、④当該団体が加入する組合等の地方債の元金償還に充てる当該団体からの負担等見込額、⑤退職手当支給予定額（全職員に対する期末要支給額）のうち、一般会計等の負担見込額、⑥設立した一定の法人の負債の額、その者のために債務を負担している場合の当該債務の額のうち、当該法人等の財務・経営状況を勘案した一般会計等の負担見込額（例：土地開発公社が負っている債務や、当該地方公共団体が損失補償を行っている第三セクターの債務のうち、その財務・経営状況を勘案して一般会計等の負担が見込まれる額）、⑦連結実質赤字額、⑧組合等の連結実質赤字額相当額のうち一般会計等の負担見込額の合算額となっている。

以上の将来負担額から、将来負担を減ずる要素となる、①将来負担に充当可能な基金の額（例：財政調整基金、減債基金など）、②特定財源の見込額（例：転貸債の償還財源として見込まれる転貸資金の償還額、公営住宅債の償還財源として見込まれる公営住宅家賃収入など）、③地方債現在高等に係る基準財政需要額算入見込額を控除したものを分子とし、これを標準財政規模から元利償還金・準元利償還金に係る基準財政需要額算入額を控除したもので割ったものが将来負担比率となっている。

2　公営企業会計

次に公営企業会計について経営健全化を判断する指標として資金不足比率を規定している。

資金不足比率の算式は、資金不足額／事業規模を用いることになっている。分子の資金不足額は旧地公企法第43条の不良債務に相当するもので流動負債の額から流動資産の額を控除した額であり、分母の事業規模の額

は損益計算書の営業収益を採用することになろう。

　資金不足比率の算出に当たっては貸借対照表の流動負債について一年以内に償還する予定の企業債の額を加える必要がある。また、流動資産については、営業未収金に含まれている不納欠損額を貸倒引当金として控除し、有価証券については一年基準を適用し、投資有価証券を控除しなければならない。

　地方公共団体の長は、毎年度、前年度の決算の提出を受けた後、速やかに、健全化判断比率並びにその算定の基礎となる事項を記載した書類を監査委員の審査に付し、その意見をつけて当該健全化判断比率を議会に報告し、かつ公表しなければならない。また、その算定基礎書類は当該団体の事務所に備え付けなければならないこととされている。さらに、健全化判断比率について、都道府県と政令市においては総務大臣へ報告、その他の市区町村においては都道府県知事に報告し、報告を受けた都道府県知事は総務大臣にその概要を報告すること、報告を受けた都道府県知事や総務大臣はその概要を取りまとめて公表することとされており、全国的な状況の把握と他団体との比較可能性が確保されるものとなっている。

第3項　財政の早期健全化

　地方公共団体は、健全化判断比率のいずれかが早期健全化基準以上である場合には、当該健全化判断比率を公表した年度の末日までに、財政健全化計画を定めなければならない。早期健全化基準は、財政の早期健全化（地方公共団体が、財政収支が不均衡な状況その他の財政状況が悪化した状況において、自主的かつ計画的にその財政の健全化を図ることをいう。）を図るべき基準として、各健全化判断比率ごとに政令で数値として定められる（「地方公共団体財政健全化法における基準等について」（総務省説明会資料）357頁参照）。

　財政健全化計画の内容については、できるだけ当該団体の自主性を尊重すべきであるという考え方に基づき、法律では計画の枠組みのみが示され

た簡素な規定となっている。すなわち、財政の状況が悪化した要因の分析の結果をふまえ、財政の早期健全化を図るため必要な最小限度の期間内に、実質赤字額がある場合にあっては一般会計等における歳入と歳出との均衡を実質的に回復することを、連結実質赤字比率、実質公債費比率又は将来負担比率が早期健全化基準以上である場合にあってはそれぞれの比率を早期健全化基準未満とすることを目標として定めるものとされている。

　財政健全化計画は、議会の議決を経て定め、速やかに公表することとされている。また、総務大臣や都道府県知事に報告され、都道府県内や全国的な状況についても公表される。財政健全化計画を定めた地方公共団体（財政健全化団体）の長は、毎年、前年度における決算との関係を明らかにした財政健全化計画の実施状況を議会に報告し、かつ、これを公表しなければならない。さらに、財政健全化計画は総務大臣又は都道府県知事に報告しなければならないこととされ、総務大臣・都道府県知事は、毎年度、財政健全化計画の実施状況に係る報告を取りまとめ、その概要を公表することとされている。

　以上のとおり、早期健全化の段階では、当該団体の自助努力・住民自治の発揮による財政の健全化が期待されているが、当該団体の財政健全化計画の実施状況をふまえ、財政の早期健全化が著しく困難であると認められるときは、総務大臣又は都道府県知事は、当該財政健全化団体の長に対し、必要な勧告をすることができることとされている。これは、あくまで「計画の実施状況について住民に注意喚起するとともに、適切な対処のあり方について幅広い検討を求める」との観点に基づくものであり、勧告に従うべき法的義務まで生じるものではないが、当該勧告は公表されるとともに、勧告を受けた財政健全化団体の長は、速やかに当該勧告の内容を当該財政健全化団体の議会に報告し、かつ監査委員（包括外部監査対象団体である財政健全化団体にあっては、監査委員及び包括外部監査人）に通知しなければならないこととされている。このようにして当該団体の議会や住民等による財政健全化に向けた前向きな取組みを喚起することが期待されているものと考えられる。

第4項　財政の再生

1　再生判断比率

　地方公共団体は、健全化判断比率のうち、将来負担比率を除いた三つの比率を再生判断比率と定義し、そのいずれかが財政再生基準以上である場合には、当該再生判断比率を公表した年度の末日までに、財政再生計画を定めなければならない。将来負担比率を再生判断比率に含めていないのは、報告書において指摘されているように、①再生段階は、国等の強い関与を伴う段階であることから、財政悪化が切迫したことを示す指標として、フローの指標である実質赤字比率、実質公債費比率及び新たなフロー指標を念頭に検討すべきであること、②ストック指標は、将来のフロー悪化の可能性をとらえているものの、それ自体では直ちに財政悪化が切迫した状況とは必ずしもいえず、現実に切迫した状況はフロー指標でとらえられること、によるものである。

　財政再生基準は、財政の再生（地方公共団体が、財政収支の著しい不均衡その他の財政状況の著しい悪化により自主的な財政の健全化を図ることが困難な状況において、計画的にその財政の健全化を図ることをいう。）を図るべき基準として、早期健全化基準の数値を超えるものとして政令で定められている（「地方公共団体財政健全化法における基準等について」（総務省説明会資料）357頁参照）。

2　財政再生計画

　財政再生計画は、財政の状況が著しく悪化した要因の分析の結果をふまえ、財政の再生を図るため必要な最小限度の期間内に、実質赤字額がある場合にあっては一般会計等における歳入と歳出との均衡を実質的に回復す

ることを、連結実質赤字比率、実質公債費比率又は将来負担比率が早期健全化基準以上である場合にあってはそれぞれの比率を早期健全化基準未満とすることを、再生振替特例債を起こす場合にあっては当該再生振替特例債の償還を完了することを目標として定めるものとされている。

その内容については、財政の早期健全化とは異なり、できるだけ財政の再生に向けた具体策を計画に明示することが必要であるとの観点に基づき、要因の分析、計画期間、基本方針に加え、事務及び事業の見直し、組織の合理化その他の歳出の削減を図るための措置に関する計画や歳入を確保するための具体的な計画、さらに特に必要な場合には、地方税の超過課税や法定外普通税による地方税の増収計画を策定し、これに伴う歳入又は歳出の増減額を含む各年度ごとの歳入及び歳出に関する総合的な計画を策定することとされている。

財政再生計画は、地方公共団体の長が作成し、議会の議決を経て定めなければならない。また、地方公共団体は、財政再生計画を定めたときは、速やかに、これを公表するとともに、総務大臣に報告しなければならないこととされている。

3　計画の実効性の確保

財政再生計画の策定が義務付けられている一方で、地方公共団体は、財政再生計画について、議会の議決を経て、総務大臣と協議し、その同意を求めることができることとされている。これは、財政再生計画に同意を求めるか否かに当該団体に選択の余地を残しているものであるが、さらなる財政悪化を防止する観点から、再生判断比率が財政再生基準以上であって、財政再生計画に総務大臣の同意を得ていない場合には、当該団体は、災害復旧事業費の財源とする場合等政令で定める場合を除き、建設事業債のほか、公営企業債、貸付債、出資債、借換債、特別法による地方債を含めすべての地方債の発行が制限されることとされている。

他方、財政再生計画について総務大臣の同意を得ている場合には、再生計画期間中の安定的な資金を確保するという観点から、収支不足額を地方債に振り替えることにより、当該収支不足額を財政再生計画の計画期間内

に計画的に解消するため、当該収支不足額の範囲内で、償還年限が財政再生計画の計画期間内である地方債（再生振替特例債）を起こすことができる。再生振替特例債は、財政再生計画の計画期間内に償還しなければならないとともに、当該再生振替特例債の各年度の償還額も財政再生計画に記載しなければならない。他方で、国は再生振替特例債に関し、法令の範囲内において、資金事情の許す限り適切な配慮をするものとされている。

財政再生計画を策定した団体（財政再生団体）の名称は、各省各庁の長に通知される。その各省各庁の長は、土木事業その他の政令で定める事業を財政再生団体に負担金を課して国が直轄で行おうとするときは、当該事業の実施に着手する前に、あらかじめ、当該事業に係る経費の総額及び当該財政再生団体の負担額を総務大臣に通知しなければならないこととされている。総務大臣は、通知を受けた場合において当該通知に係る事項が財政再生計画に与える影響を勘案して必要と認めるときは、各省各庁の長に対し、意見を述べることができる。このほか、財政再生団体は、財政再生計画により、当該財政再生団体の長の補助機関である職員を当該財政再生団体の議会や委員会等の事務を補助する職員と兼務等をさせるなどの事務局の簡素化を図ることができること、地方公共団体の議会が財政再生計画の策定等に関する議案を否決したとき等には、当該地方公共団体の長は、それぞれ当該議決があった日から起算して10日以内に、理由を示してこれを再議に付することができるものとすることなど、再建法に準じた規定が設けられている。

財政再生計画の実施状況については、財政健全化計画と同様、毎年度、議会に報告し、かつ、これを公表するとともに、総務大臣に報告しなければならないこととされている。総務大臣は、毎年度、財政再生計画の実施状況に係る報告を取りまとめ、その概要を公表するものとされている。

財政の再生の段階は、国等の関与により確実な再生を担保すべき段階であり、総務大臣は、必要に応じ、財政再生計画の実施状況について調査し、又は報告を求めることができるものとされている。財政再生団体の財政の運営がその財政再生計画に適合しないと認められる場合その他財政再生団体の財政の再生が困難であると認められる場合においては、当該財政再生団体の長に対し、予算の変更、財政再生計画の変更その他必要な措置を講

ずることを勧告できるものとされている。この勧告についても、財政再生団体の長は、速やかに、当該勧告の内容を当該財政再生団体の議会に報告するとともに、監査委員に通知しなければならないこととされ、早期健全化段階の勧告と同様、当該団体における財政健全化に向けた議論の喚起が期待されているところである。この場合の勧告についても法第245条の4に規定する勧告の範疇にあるものであるが、当該団体の長は、勧告に基づいて講じた措置について総務大臣に報告しなければならないこととされている。また、財政再生団体に対しては、財政再生団体が財政再生計画を円滑に実施することができるように、国及び他の地方公共団体の配慮規定が置かれている。

第5項　公営企業の経営健全化

　公営企業の経営の健全化については、ほぼ前記第2項、第3項に準じたスキームがとられている。すなわち、公営企業を経営する地方公共団体の長は、毎年度、当該公営企業の前年度の決算の提出を受けた後、速やかに、資金不足比率及びその算定の基礎となる事項を記載した書類を監査委員の審査に付し、その意見を付けて当該資金不足比率を議会に報告し、かつ、当該資金不足比率を公表しなければならないこととされている。

　資金不足比率が経営健全化基準以上である場合には、当該公営企業について、当該資金不足比率を公表した年度の末日までに、経営健全化計画を定めなければならないこと、経営健全化計画は、当該公営企業の経営の状況が悪化した要因の分析の結果をふまえ、当該公営企業の経営の健全化を図るための必要な最小限度の期間内に、資金不足比率を経営健全化基準未満とすることを目標として定めるものとすること等が規定されている。資金不足比率は翌年度償還予定の企業債を流動負債に計上して、「実質資金不足比率」として算定する必要がある。

第6項　外部監査

　財政健全化計画等の策定に当たっては、外部の専門家の視点を入れることで当該団体の財政健全化に向けた課題を的確に把握することが重要であるとの観点から、財政健全化法では、財政健全化計画、財政再生計画または経営健全化計画を策定することとなった地方公共団体の長は、地方自治法上の個別外部監査契約に基づく監査を求めなければならないこととしている。すなわち、これらの計画を定めるに当たっては、あらかじめ、当該地方公共団体の財政の健全化のために改善が必要と認められる事務の執行について、監査委員に対し、法第199条第6項の監査の要求を行うことを義務付け、この場合に、当該団体の長は同項の要求と併せて理由を付して監査委員の監査に代えて個別外部監査契約による監査によることを求めなければならないことになっている（財政健全化法26条1項）。

第7項　財政健全化法の監査、審査、調査

　平成19年6月に成立した「地方公共団体の財政の健全化に関する法律」が規定する監査と、地方自治法及び地方公営企業法が規定する監査委員監査及び外部監査人監査との関係を財政健全化法監査を中心に考えると、次のようになっている。
　① 　監査委員による財政健全化審査（財政健全化法3条1項）
　② 　包括外部監査人による財政健全化調査（財政健全化法3条7項）
　③ 　監査委員による公営企業の経営健全化審査（財政健全化法第22条1項）
　④ 　包括外部監査人による公営企業の経営健全化調査（財政健全化法22条3項）

⑤ 監査委員による財政健全化計画、財政再生計画又は経営健全化計画の長要求監査（財政健全化法26条1項）
⑥ 個別外部監査人による財政健全化計画、財政再生計画又は経営健全化計画の長要求監査（財政健全化法26条1項）
⑦ 包括外部監査人による財政健全化団体、財政再生団体又は経営健全化団体の監査（財政健全化法26条2項）

財政健全化法の監査の共通着眼点としては、次のような諸点が挙げられる。

① 「健全化判断比率」「再生判断比率」の算定は適正に行われているか。
② 「健全化判断比率」「再生判断比率」の算定の基礎となる事項を記載した書類は適正に作成されているか。
③ 財政健全化計画、財政再生計画、公営企業の経営健全化計画は適正に策定されているか。
④ 財政健全化のために是正改善を要する事務の執行は、適切に行われているか。
⑤ 財政健全化団体、財政再生団体又は経営健全化団体の財務に関する事務の執行及び経営に係る事業の管理が、財政の早期健全化、財政の再生又は公営企業の経営の健全化を図る観点から適切であるかどうか。

1 監査委員の財政健全化審査

　平成21年4月1日から施行される財政健全化法第3条第1項、第2項は、「地方公共団体の長は、毎年度、前年度の決算の提出を受けた後、速やかに、実質赤字比率、連結実質赤字比率、実質公債費比率及び将来負担比率（以下「健全化判断比率」という。）並びにその算定の基礎となる事項を記載した書類を監査委員の審査に付し、その意見を付けて当該健全化判断比率を議会に報告し、かつ、当該健全化判断比率を公表しなければならない。2　前項の規定による意見の決定は、監査委員の合議によるものとする。」と規定し、平成20年度の決算審査から都道府県、市町村及び特別区の監査委員は、地方自治法、地方公営企業法の規定に基づく決算審査意

見書とは別に財政健全化法に基づく財政健全化審査意見書を作成しなければならないことになった。

なお、健全化判断比率は平成19年度分から公表されることになっている（附則1条ただし書）。

財政健全化審査は、長から提出された健全化判断比率の算定とその算定の基礎となる事項を記載した書類の作成が適正に行われているかどうかを主眼として実施することになる。

今、無限定の適正財政健全化審査意見書の様式を示すと、次の別紙1のようになる。

別紙1
監査委員の財政健全化審査（財政健全化法3条1項）

<u>平成20年度　財政健全化審査意見書</u>

1　審査の概要
　この財政健全化審査は、（市）長から提出された健全化判断比率及びその算定の基礎となる事項を記載した書類が適正に作成されているかどうかを主眼として実施した。
2　審査の結果
　審査に付された下記、健全化判断比率及びその算定の基礎となる事項を記載した書類は、いずれも適正に作成されているものと認められる。

記

健全化判断比率	平成19年度	平成20年度	早期健全化基準
①実質赤字比率	（%）	（%）	（%）
②連続実質赤字比率			
③実質公債費比率			
④将来負担比率			

ほとんどの地方公共団体の場合は、別紙1と別紙3の無限定の適正財政健全化審査意見書（別紙1）及び公営企業の経営健全化審査意見書（別紙3、

329頁）になると考えられる。
　なお、共通的な指摘事項としては次のような場合が考えられる。
① 　健全化判断比率の算定が間違っている場合
② 　健全化判断比率の基礎となった事項を記載した書類に間違いが発見された場合

2　包括外部監査人の財政健全化調査

　包括外部監査人の財政健全化調査については、財政健全化法第3条第7項に、「包括外部監査対象団体（地方自治法第252条の36第1項に規定する包括外部監査対象団体をいう。以下同じ。）においては、包括外部監査人（同法第252条の29に規定する包括外部監査人をいう。以下同じ。）は、同法第252条の37第1項の規定による監査のため必要があると認めるときは、第1項の規定により公表された健全化判断比率及びその算定の基礎となる事項を記載した書類について調査することができる。」（傍点筆者）と規定し、包括外部監査人は平成20年度分から監査対象とした事件（テーマ）によって、必要があると認める場合には健全化判断比率及びその算定の基礎となる事項を記載した書類についても調査することができることになった。
　財政健全化調査報告書の様式は、別紙2のようになる。

別紙2
包括外部監査人の財政健全化調査（財政健全化法3条7項）

平成20年度　財政健全化調査報告書

　1　調査の概要
　この財政健全化調査は、（市）長から提出された健全化判断比率及びその算定の基礎となる事項を記載した書類が適正に作成されているかどうかを主眼として実施した。
　2　調査の結果

調査に付された下記、健全化判断比率及びその算定の基礎となる事項を記載した書類は、いずれも適正に作成されているものと認められる。

記

健全化判断比率	平成19年度	平成20年度	早期健全化基準
①実質赤字比率	(%)	(%)	(%)
②連続実質赤字比率			
③実質公債費比率			
④将来負担比率			

3　監査委員の公営企業の経営健全化審査

　公営企業の経営健全化については、財政健全化法第22条第1項に、「公営企業を経営する地方公共団体の長は、毎年度、当該公営企業の前年度の決算の提出を受けた後、速やかに、資金不足比率及びその算定の基礎となる事項を記載した書類を監査委員の審査に付し、その意見を付けて当該資金不足比率を議会に報告し、かつ、当該資金不足比率を公表しなければならない。」と規定し、公営企業を経営している都道府県、市町村及び特別区の監査委員は、平成20年度の決算審査から、決算審査意見書とは別に各公営企業会計ごとに経営健全化審査意見書を作成しなければならないことになった。

　なお、経営健全化審査意見の決定は、監査委員の合議によることになっている（財政健全化法22条3項）。

　また、資金不足比率は平成19年度分から公表されることになっている（財政健全化法附則1条ただし書）。

　経営健全化審査は、長から提出された資金不足比率の算定と、その算定の基礎となる事項を記載した書類の作成が適正に行われているかどうかを主眼として実施することになる。

　経営健全化審査意見書の様式は、別紙3のようになる。

第3章 財政健全化法監査　329

別紙3

監査委員の公営企業の経営健全化審査（財政健全化法 22 条 1 項）

平成 20 年度　経営健全化審査意見書

1　審査の概要
　この経営健全化審査は、（市）長から提出された資金不足率及びその算定の基礎となる事項を記載した書類が適正に作成されているかどうかを主眼として実施した。
2　審査の結果
　審査に付された下記、資金不足率及びその算定の基礎となる事項を記載した書類は、いずれも適正に作成されているものと認められる。

記

比率名	平成 19 年度	平成 20 年度	経営健全化基準
①資金不足比率	（％）	（％）	（％）

4　包括外部監査人の公営企業の経営健全化調査

　包括外部監査対象団体においては、包括外部監査人は、包括外部監査のため必要があると認めるときは、公営企業の資金不足比率及びその算定の基礎となる事項を記載した書類についても平成 20 年度分から調査することができる（財政健全化法 22 条 3 項）（傍点筆者）ことになった。
　経営健全化調査報告書の様式は別紙 4 のようになる。

別紙4

外部監査人の公営企業の経営健全化調査（財政健全化法 22 条 3 項）

平成 20 年度　経営健全化調査報告書

1　調査の概要

この調査は、包括外部監査人の実施する公営企業の経営健全化調査で、(市)長から提出された資金不足比率及びその算定の基礎となる事項を記載した書類が適正に作成されているかどうかを主眼として実施した。

2　調査の結果

調査に付された下記、資金不足比率及びその算定の基礎となる事項を記載した書類は、いずれも適正に作成されているものと認められる。

記

比率名	平成19年度	平成20年度	経営健全化基準
①資金不足比率	(％)	(％)	(％)

5　長要求による監査委員の監査

長要求に基づく監査委員の監査について財政健全化法第26条第1項は、「財政健全化計画、財政再生計画又は経営健全化計画を定めなければならない地方公共団体の長は、これらの計画を定めるに当たっては、あらかじめ、当該地方公共団体の財政の健全化のために改善が必要と認められる事務の執行について、監査委員に対し、地方自治法第199条第6項の監査の要求をしなければならない。(以下略)」と規定している。

①　そして、財政健全化法第4条は、四つの健全化判断比率のいずれかが早期健全化基準以上である場合(当該健全化判断比率のいずれかが財政再生基準以上である場合を除く。)には財政健全化計画を定めなければならないと規定している。

②　また、財政健全化法第8条は、実質赤字比率、連結実質赤字比率及び実質公債費比率(以下「再生判断比率」という。)のいずれかが財政再生基準以上である場合には、財政再生計画を定めなければならないと規定している。

③　さらに、財政健全化法第23条は、公営企業の資金不足比率が公営企業の経営の健全化を図るべき基準として政令で定める経営健全化基準以上である場合には、経営健全化計画を定めなければならないと規定してい

る。
　したがって、これらの計画を定めなければならない地方公共団体の長は、平成21年度から監査委員に対して財政健全化法上の監査を要求することになる。
　監査委員は、
　①　財政健全化計画の策定手続（財政健全化法5条）
　②　財政再生計画の策定手続（財政健全化法9条）
　③　経営健全化計画の策定手続（財政健全化法23条1項）
を対象に監査を実施することになる。
　知事、市町村長は、財政健全化計画（財政健全化法5条1項）、財政再生計画（財政健全化法9条1項）、経営健全化計画の策定（財政健全化法第23条1項）に当たっては、個別外部監査人の監査を要求することになっているが、個別外部監査人は必ずしも、当該計画の策定の専門家とは限らないので、法第174条の専門委員を活用するのが妥当である。専門委員として学者、公認会計士、金融機関等の総合研究所の主任研究員等を3名ないし5名程度を委嘱する必要がある。
　筆者は昭和50年以降20有余年にわたって政令指定市であるK市の専門委員として、水道料金、下水道使用料等の改定を担当し、期間10年間、20年間の事業計画、財政計画の策定に深く関与した経験から、財政健全化法に基づく財政健全化計画等の策定に当たっては、各分野の専門家の知恵と知識と経験を活用することが最善の方法であると考えている。
　長要求監査報告書の様式は、別紙5のようになる。

別紙5
監査委員の長要求に基づく財政健全化計画（財政再生計画、経営健全化計画）監査（財政健全化法26条1項）

平成21年度　財政健全化計画監査報告書

　1　監査の概要
　この監査は、財政健全化計画を定めなければならない地方公共団体とし

て、財制健全化のために改善が必要と認められる事務の執行について、監査委員が長から監査要求されたもので、次の諸点を主眼として実施した。
① 健全化判断比率及びその算定の基礎となる事項を記載した書類が適正に作成されているかどうか。
② 財政健全化計画の策定が適正に行われているかどうか。
③ 財政健全化計画の実施状況は妥当か。

2 監査の結果

(市)長の要求に基づく監査の対象となった下記、健全化判断比率及びその算定の基礎となる事項を記載した書類は、いずれも適正に作成されているものと認められる。

また、平成21年度の財政健全化計画の策定に当たって財政の健全化のために改善が必要と認められる事務の執行についても適正に執行されているものと認められる。

記

健全化判断比率	平成20年度	平成21年度	早期健全化基準（財政再生基準、経営健全化基準）
①実質赤字比率 ②連続実質赤字比率 ③実質公債費比率 ④将来負担比率	(％)	(％)	(％)

長要求に基づく監査委員の監査は、主として財政健全化法第6条第1項の規定による財政健全化計画の実施状況について監査をすることになる。

6 長要求による外部監査人の個別外部監査

財政健全化法第26条第1項は、「財政健全化計画、財政再生計画又は経営健全化計画を定めなければならない地方公共団体の長は、これらの計画を定めるに当たっては、あらかじめ、当該地方公共団体の財政の健全化のために改善が必要と認められる事務の執行について、監査委員に対し、地方自治法第199条第6項の監査の要求をしなければならない。」と規定

し、この場合においては、財政健全化法第26条第1項の規定に基づく法第199条第6項の要求に係る監査について同法の規定により財政健全化計画、財政再生計画又は経営健全化計画を定めなければならない地方公共団体の長は、同項の要求と併せて、理由を付して、監査委員の監査に代えて個別外部監査契約に基づく監査によることを求めなければならない、と外部監査人による個別外部監査の規定を設けている。

　財政健全化計画、財政再生計画又は経営健全化計画を定めなければならない地方公共団体の長は、これらの計画を定めるに当たっては、あらかじめ、当該地方公共団体の財政の健全化のために改善が必要と認められる事務の執行について、外部監査人に対し、法第252条の41の規定に基づき、財政健全化法第26条第1項の規定の個別外部監査を求めなければならないことになっている。

　平成21年4月1日以降、財政健全化計画等を定める場合には、前述5の監査委員の長要求監査に代えて個別外部監査契約に基づく監査を求めなければならない。

　長要求による個別外部監査報告書の様式は、別紙6のようになる。

別紙6
外部監査人の長要求に基づく個別外部監査（財政健全化法26条1項）

<u>平成20年度　長要求に基づく個別外部監査報告書</u>

　1　監査の概要
　この監査は、財政健全化法第26条第1項の規定に基づき、①（市）長から提出された健全化判断比率及びその算定の基礎となる事項を記載した書類が適正に作成されているかどうか、②財政健全化法の規定による財政健全化計画が適正に作成されているかどうか、を主眼として実施した。
　2　監査の結果
　監査の対象とした下記、財政健全化判断比率及びその策定の基礎となる事項を記載した書類は、いずれも適正に作成されているものと認められる。
　また、平成20年度の財政健全化計画は、適正に策定されているものと認められる。

記

健全化判断比率	平成19年度	平成20年度	早期健全化基準
①実質赤字比率	（％）	（％）	（％）
②連続実質赤字比率			
③実質公債費比率			
④将来負担比率			

　なお、個別外部監査契約の締結に当たっては、市町村の場合でも50万円から500万円程度の監査報酬が必要になると思われるので、財政健全化計画等の初年度のみとし、2年度以降は計画の変更時（財政健全化法第5条第3項の政令で定める軽微な変更の場合は除く。）でたりると思う。

　財政健全化計画等の全期間にわたる毎年度の長要求監査は、法第199条第6項の規定に基づく監査委員監査で対応するようにすればよい。財政健全化計画の実施状況中心の監査は、計画と実績の対比、良否が評価の対象となる。

7　包括外部監査人による財政健全化団体等の監査

　財政健全化法第26条第2項は、「財政健全化団体、財政再生団体又は経営健全化団体（以下この項において「財政健全化団体等」という。）が包括外部監査対象団体である場合にあっては、当該財政健全化団体等の包括外部監査人は、地方自治法第252条の37第1項の規定による監査をするに当たっては、同条第2項の規定によるほか、当該財政健全化団体等の財務に関する事務の執行及び当該財政健全化団体等の経営に係る事業の管理が財政の早期健全化、財政の再生又は公営企業の経営の健全化を図る観点から適切であるかどうかに、特に、意を用いなければならない。」と規定し、平成21年度から包括外部監査人に対して特定の事件（テーマ）に対する監査をする場合には、監査対象団体の財政の健全化、公営企業の経営の健全化についても特に意を用いた監査をするように規定している。

　財政健全化監査報告書の様式は、別紙7のようになる。

別紙7
外部監査人の財政健全化団体（財政再生団体、経営健全化団体）の監査（財政健全化法26条2項）

<u>平成21年度　財政健全化団体監査報告書</u>

1　監査の概要
　財政健全化法第26条第2項の規定に基づく財政健全化団体の監査は、①（市）長から提出された健全化判断比率及びその算定の基礎となる事項を記載した書類が適正に作成されているかどうか、②財政健全化法の財務に関する事務の執行及び経営に係る事業の管理が、財政の早期健全化を図る観点から適正であるかどうか、を主眼として実施した。

2　監査の結果
　監査の対象となった下記、健全化判断比率及びその算定の基礎となる事項を記載した書類は、いずれも適正に作成されているものと認められる。
　また、財政健全化団体としての財務に関する事務の執行及び経営に係る事業の管理について、財政の早期健全化を図る観点から監査した結果についても適正であると認められる。

記

健全化判断比率	平成20年度	平成21年度	早期健全化基準（財政再生基準、経営健全化基準）
①実質赤字比率 ②連続実質赤字比率 ③実質公債費比率 ④将来負担比率	（％）	（％）	（％）

8　財政分析に当たっての留意点

　①実質赤字比率、②連結実質赤字比率、③実質公債費比率、④将来負担比率の財政健全化判断比率四つの比率のうちの一つでも早期健全化基準以

上になっている都道府県、市町村、特別区は、財政健全化計画を策定して、自主再建の手続きをとる必要がある。

　この場合、②の連結実質赤字比率を算出するに当たっての分子の連結実質赤字額及び④の将来負担比率を算出するに当たっての分子の連結実質借入金について、職員の退職手当条例に基づいて計算した各会計年度末、事業年度末現在における全職員の退職給与金を、退職給与引当金として100パーセント算入しているかどうかが問題になる。

　ある県の場合には、普通会計では100パーセント計上すると要支給額が1兆4000億円になり、水道会計の貸借対照表には固定負債として200億円（20パーセント相当額）が計上されており、病院会計の貸借対照表には零円（0パーセント）となっているという実体がある。

　連結決算をする場合には、市の各会計の退職給与引当金を統一基準（連結ベース）で計上するとともに、さらに、連結範囲に含まれる一定規模の出資、出捐団体等の決算も統一基準で調整する必要がある。

9　個別外部監査の受け方

　財政健全化法第26条第1項の長要求に基づく外部監査人の個別外部監査は、主として財政健全化計画の策定の妥当性について監査を実施することになる。

　そこで、筆者が昭和50年以降20有余年にわたって経験したK市の専門委員（法174条）として、水道料金及び下水道使用料等の改定実務を担当したときの財政計画の策定事務を参考にするとよいと思う。

　以下、公営企業の経営健全化計画の策定を中心に財政（経営）健全化計画の策定実務を述べることにする。

　専門委員は、まず、今後5年間、10年間、20年間の①事業計画と②財政計画を要求し、提出された諸計画数値を慎重に審議し、それらの数値を基に水道料金算定基準、下水道使用料算定基準にあてはめて、レート・メーキング（料金算定）をし、市長に対して、いつといつに、何パーセントの料金値上げをすべきであると提言することになる。市長は、これら専門委員の提言を基に条例改正案を作成し、市議会に提案し、議決を経るという

経過をたどる。

　市町村の場合の財政健全化計画、経営健全化計画の策定を担当する専門委員は、経済、経営の予測の専門家（学者、公認会計士、金融機関の総合研究所の主任研究員等）3名ないし5名程度でよい。

　専門委員が慎重に審議し、策定した財政（経営）健全化計画について市長は個別外部監査人の監査を要求することになる。

　外部監査人による個別外部監査は、当該計画初年度及び計画変更時（政令で規定する軽微な変更は除く。）において当該計画内容の妥当性について監査することになる。

　そして、監査委員は地方自治法上の特別執行機関として
　① 　財政（経営）健全化審査（財政健全化法3条1項、22条1項）
　② 　財政（経営）健全化計画監査（財政健全化法26条1項）
の審査、監査を実施し財政（経営）健全化計画の実施状況を見守ることになる。

10　財政健全化審査の仕方

　監査委員は、平成20年度の決算から毎年度、財政健全化法第3条第1項及び同法第22条第1項の規定に基づき「財政健全化審査」「経営健全化審査」を実施しなければならない。

　監査委員による財政（経営）健全化審査は、地方自治法及び地方公営企業法の規定に基づく決算審査と同様に全地方公共団体において実施することになる。

　監査委員による財政健全化審査は、決算が作成されてから毎年実施されることになるが、地方公共団体の財政状況が悪化して、健全化判断比率のうちのいずれかが早期健全化基準以上となってから、換言すると財政健全化団体になって、財政健全化計画を策定しなければならなくなってからでは遅いので、できれば早期に予防措置が講じられるよう、地方公共団体においても民間企業で一般に行われている「月次決算制」を採用することが合理的だということになる。

　財政（経営）健全化審査の仕方は、毎年実施される決算審査が、その

部分監査として例月出納検査、定期監査等を実施しているのと同様に、毎年度の決算が作成されてから健全化審査をすれば足りるというものではなく、民間企業の監査のように毎月「月次決算制」を前提に、部分監査として「例月健全化監査」として実施する必要がある。

具体的には、後述する「月次予算統制表」を作成して健全化判断比率の算出基礎となる事項について、より良好な比率が算出されるように毎月予算の執行状況を監査し、改善を指導することが必要である。

そして、財政健全化判断比率である、
① 実質赤字比率
② 連結実質赤字比率
③ 実質公債費比率
④ 将来負担比
の四つの比率のうちの一つでも「早期健全化基準」の数値を超えて「財政健全化団体」になった場合には、自主再建の方法として「財政健全化計画」の監査を実施することになる。

11 財政健全化計画の監査

財政健全化計画の監査（財政健全化法26条1項）は、計画期間の初年度については長の要求に基づき個別外部監査人による監査が実施されることになっているが、個別外部監査は予算措置が必要となるので、計画変更のあったような場合を除いて、計画期間の2年度目からは計画の実施状況の監査が中心になり、監査委員が前述のように「例月健全化監査」として実施することが合理的である。

以下、監査委員が実施すべき財政健全化団体の財政健全化計画の実施状況の監査の方法について述べることにする。

財政健全化団体の監査委員監査の主たる着眼点は、次のとおりである。
① 計画の策定は適切に行われているか。
　・計画の策定に当たって専門家による専門委員（法174条）の活用を図っているか。
　・長要求に基づく個別外部監査人の監査は適切に行われているか。

② 計画の実施状況は妥当か。
　　・長は財政健全化計画等の策定に当たっては専門家（専門委員）を有効に活用すべきである。

　財政健全化計画の実施状況の監査は、長による財政健全化計画の管理状況を監査対象とする。

　財政健全化計画（財政健全化法5条1項）は、策定すればおわりというものではなく、財政健全化計画期間における計画の実施状況、改善状況の良否が問題になる。

　したがって、監査委員による財政健全化計画の監査は、例月健全化監査として毎月、計画の実施状況を監査する必要がある。

　財政健全化計画の管理の仕方については、法令に何らの規定もないので、民間企業の経営管理の仕方に準じて、計画、実施、統制のマネージメントサイクルを繰り返す方法を採用するとよい。

　例月健全化監査の資料は、次のような月次予算統制のための「月次決算書」を中心とした「財政健全化計画、管理月報」を作成することが合理的である。

12　財政健全化計画、管理月報

　地方公共団体の経営破綻を未然に防止する予算による財政管理の方法としては、地方公営企業の「月次経営統制」の仕方が参考となる。したがって、公営企業会計の経営健全化のための月次経営統制の仕方を念頭において、普通会計における財政健全化計画、管理月報の作成（月次予算統制）の仕方を考えてみるとよい。

(1)　月次予算統制

　地方公共団体が財政破綻を未然に防止し、自主再建するための財政管理の方法としては、普通会計については予算による月次予算統制の方法、公営企業会計については月次経営統制の方法が考えられる。

　月次予算統制、月次経営統制制度を採用するためには、その前提として月次決算制を採用する必要がある。

長及び管理者は、普通会計の財政健全化の判断比率及び公営企業会計の資金不足比率の算出について、月次決算制を採用し、後述するような月次予算統制表を作成して、各比率が早期健全化基準及び経営健全化基準以上にならないようにあらかじめ予算の執行を管理しなければならない。

前述した財政健全化審査意見書、財政健全化調査報告書、財政健全化監査報告書の作成事例は、いずれも無限定の適正監査報告書の場合なので、監査委員及び外部監査人が財政健全化計画の実施状況を監査した場合の是正改善を要する事項としては内部統制の方法として普通会計の財政の健全化及び公営企業会計の経営の健全化のため、予算による月次予算統制及び月次経営統制を実施すべきであるという意見を構成することになろう。

予算による月次予算統制及び月次経営統制は、次のように行われる。なお、財政及び経営の健全な地方公共団体の場合には、毎月ではなくて上半期、下半期の年2回、又は四半期毎の年4回の報告制度でもよい。

(2) 月次予算統制表の作成

地方公共団体の月次予算統制は、その前提として次のような月次決算制を採用し、財政健全化分析表を作成する必要がある。

その様式を示すと表3-1のようになる。

13 財政健全化分析、経営健全化分析

月次予算統制を有効に実施するためには、毎年度決算を作成してから算出する各種財政分析比率及び経営分析比率を、毎月決算時に算出するよう工夫する必要がある。

後述、14で述べる月次予算統制表作成の留意点を前提に、月次財政健全化分析表及び月次経営健全化分析表を作成すると、表3-2、表3-3のようになる。

■表 3-1　月次予算統制表

1　普通会計の月次決算書（税込み）

平成 21 年 4 月分　　　　　　　　　　　　　　　　　　　　（単位　千円）

予算科目	当年度予算額	月次予算額	月次決算額	差引額	前年度決算額	備考
何々 何々						
歳入合計						
何々 何々						
歳出合計						
差引額						
退職給与引当金繰入額 連結実質赤字額						
地方債現在高 連結実質借入額						
将来負担額						
元利償還金						

2　公営企業の月次決算書（税込み）

(1)　平成 21 年 4 月分収支計算書　　　　　　　　　　　　　（単位　千円）

予算科目	当年度予算額	月次予算額	月次決算額	差引額	前年度決算額	備考
営業収益						
収益的収入合計						
資本的収入						
収入合計						
収益的支出						
資本的支出						
支出合計						

(2) 平成21年4月分　月次貸借対照表　　　　　　　　　　　（単位　千円）

勘定科目	前年度決算額	当年度予算額	月次予算額	月次決算額	差引額	備考
固定資産						
流動資産						
資産合計						
固定負債						
流動負債						注①
負債合計						
資本金合計						
資本剰余金						
利益剰余金						
資本合計						

（注）① 翌年度に償還する予定の企業債の額は、一年基準により流動負債に計上すること。

■表3-2　月次財政健全化分析表

平成21年4月分　　　　　　　　　　　　　　　　　　　　（単位　％）

	比率名	前年度決算	当年度予算(改善目標比率)	月次予算(改善目標比率)	月次決算(改善実績比率)	前年同月決算	注②早期健全化基準
1	実質赤字比率	注①					
2	連続実質赤字比率	〃①					
3	実質公債費比率	〃①					
4	将来負担比率	〃①					

（注）① 前年度決算欄は平成20年度の決算比率を記入すること。
　　　② 財政再生団体の場合には財政再生基準となる。

■表3-3　月次経営健全化分析表

平成21年4月分　　　　　　　　　　　　　　　　　　　　　　　　　　（単位　%）

比率名	前年度決算	当年度予算（改善目標比率）	月次予算（改善目標比率）	月次決算（改善実績比率）	前年同月決算	経営健全化基準
1　資金不足比率	注①					注②
2　流動比率						

（注）① 前年度決算欄は平成20年度の決算比率を記入すること。
　　　② 経営再生基準値とする場合もある。
　　　③ 資金不足比率（流動負債－流動資産）／営業収益の分子の資金不足額は基本的には前年度決算の（流動負債－流動資産）の額である。
　　　④ 資金不足比率の分母は、前年度決算の営業収益の額である。
　　　⑤ 流動比率の算式は流動資産／流動負債×100とすること。

14　月次予算統制表作成上の留意点

　毎月決算及び毎月財政分析、経営分析を実施するに当たっては、退職給与引当金繰入額等のように年度末に決算しなければ予算執行をしないような科目については、年間の予算額を12分の1にして毎月の決算額に計上するように工夫をしなければならない。
　財政分析に使用する標準財政規模等の数字についても前年度の決算額を12分の1にして毎月の比率を算出するように工夫する必要がある。

(1) 普通会計

　① 月次決算書の退職給与引当金の月次予算額、決算額の欄は、当年度予算額の12分の1の額を計上する。
　② 退職給与引当金の当年度予算額及び前年度決算額の欄には、毎年度末の要支給額を計上する。実際の現金支出額（退職給与金）ではない。
　③ 健全化判断比率の当年度予算（改善目標比率）には、財政健全化計画の初年度の改善予定数値を計上する。
　④ 月次予算（改善目標比率）は、財政健全化計画の月別改善目標比率

の数値を計上する。
⑤ 月次決算（改善実質比率）の分母の財政標準規模等の数値は、前年度決算の数値を使用する。分子の月次決算額は実績数値を使用して比率を算出する。

(2) 公営企業会計
① 収益的支出の月次決算額には退職給与引当金、期末手当及び減価償却費については、年間予算額の12分の1の額を計上する。
② 経営健全化計画の当年度予算（改善目標比率）には、経営健全化計画の初年度の改善予定数値を計上する。
③ 月次予算（改善目標比率）は、経営健全化計画の月別改善目標比率の数値を計上する。
④ 月次決算（改善実績比率）の分母の事業の規模の額は、前年度の決算の数値を使用する。分子の月次決算額は実績数値により算出する。
⑤ 翌年度に償還する企業債の予定額は、一年基準により流動負債の額に計上し、資金不足額（流動負債－流動資産）を計算する。

第8項　決算審査と財政健全化審査

1　地方自治法の決算審査と財政健全化法の財政健全化審査

地方自治法の規定に基づく決算審査と財政健全化法に基づく財政健全化審査の財政分析は、次のようになっている。

(1) 決算審査
法第233条の規定に基づき実施する監査委員の普通会計（一般会計と特別会計（公営企業会計を除く。））の決算審査は、①まず、決算計数の正確性を検証するため、歳入決算額が現金の収入済額と一致しているのかどう

かを検証し、②次いで歳出決算額が現金の支出済額と一致しているかどうかを検証し、その結果を決算審査意見書に記載することになる。

さらに当該会計年度の財政運営と資金繰り状況の良否について、次のような財政分析を行って前年度、前々年度との対比で良否の意見を構成することになっている。
・形式収支
・実質収支
・実質収支比率
・経常収支比率
・交際費比率
・公債費負担比率
・起債制限比率
・財政力指数

(2) 財政健全化審査

これに対して財政健全化法第3条の規定に基づく普通会計の財政健全化審査は、次の四つの「健全化判断比率」を算出し、前年度、前々年度との対比で財政運営状況の良否について意見を構成することになっている。
・実質赤字比率
・連結実質赤字比率
・実質公債費比率
・将来負担比率

そして、四つの健全化判断比率の一つでも「早期健全化基準」値をオーバーしている場合には、財政健全化法第5条の規定に基づき財政健全化計画を策定しなければならないことになる。

なお、財政健全化計画の策定については、財政健全化法第26条第1項の規定に基づき、個別外部監査人の監査を受けなければならないことになっているので、知事、市町村長は、法第174条の専門委員を活用して、事業計画、財政計画の策定を実施するとよいと思う。

専門委員は、学者、公認会計士、銀行の調査部長、経済総合研究所の主任研究員クラスの専門家によって3名ないし5名で構成するとよい。

2　地方公営企業法の決算審査と財政健全化法の経営健全化審査

　地方公営企業法の規定に基づく決算審査と財政健全化法に基づく経営健全化審査の経営分析は、以下のようになる。

(1) 決算審査

　普通会計の財政健全化審査は、公営企業会計の経営健全化審査と違って各財政分析比率の計算間違い以外、故意に粉飾する事例は少ないと思われるが、公営企業会計の場合には財務諸表を粉飾することによって、故意に資金不足比率をよくみせることは可能である。したがって、監査委員の地公企法に基づく決算審査が、今まで以上に一層重要性を増してくる。
　地公企法第30条第2項、第3項の規定に基づき実施する監査委員の公営企業会計の決算審査は、
　ア　まず、地公企法第20条の経理の方法の規定及び地公企令第9条の会計の原則の規定に基づいて、
　・決算報告書
　・損益計算書
　・剰余金計算書（欠損金計算書）
　・剰余金処分計算書（欠損金処理計算書）
　・貸借対照表
の五つの決算書の決算計数の正確性を検証し、決算諸表が適正に作成されているかどうかを減点法により評価し、
　イ　次いで地公企法第30条第3項の規定に基づいて経済性発揮度の評価を行って専任管理者の経営責任（地公企法7条の2第7項）を追求することになっている。
　具体的には、①管理者の業務執行が適当であったかどうか。②経営状況が悪化していないかどうか、ということを公営企業経営の三要素である、お金と物と人に分けて、ムダ、ムリ、ムラがないかどうかという能率の三原則を適用して経営分析を行い、経営状況の良否について前年度、前々年度の比率と比較して意見を構成することになる。

お金の経済性については、経営資本営業利益率、経営資本回転率、営業収益営業利益率で判断し、次のような場合には年々悪くなっていると判断することになる。

比率名	算式	平成01年度	平成02年度	平成03年度
経営資本営業利益率（％）	$\dfrac{営業利益}{経営資本} \times 100$	3.4	2.9	1.7
経営資本回転率（回）	$\dfrac{営業収益}{経営資本}$	0.12	0.13	0.13
営業収益営業利益率（％）	$\dfrac{営業利益}{営業収益} \times 100$	29.3	22.4	13.3

物の経済性については、水道事業の場合、施設利用率、負荷率、最大稼働率で判断し、次のような場合には平成02年度には良化し、平成03年度には悪化していると判断することになる。

比率名	算式	平成01年度	平成02年度	平成03年度
施設利用率（％）	$\dfrac{平均配水量}{配水能力} \times 100$	67.3	71.3	52.7
負荷率（％）	$\dfrac{平均配水量}{最大配水量} \times 100$	78.8	71.3	73.9
最大稼働率（％）	$\dfrac{最大配水量}{配水能力} \times 100$	85.4	99.9	71.4

人の経済性については、平均給与、労働生産性、労働分配率で判断し、次のような場合には平成02年度は平均給与の上昇が労働生産性の向上でまかなわれており、労働分配率は減少するという好ましい状況となっているが、平成03年度には平均給与の上昇を労働生産性の向上でまかなうことができず、その一部を労働分配率の上昇でまかなったという好ましくない状況になっていると判断することになる。

区 分	算 式	平成01年度	平成02年度	平成03年度
平均給与（千円）	人件費 / 損益勘定職員数	983	1,307	1,634
労働生産性（千円）	営業収益 / 損益勘定職員数	3,058	4,098	4,531
労働分配率（％）	人件費 / 営業収益 × 100	32.1	31.9	36.1

(2) 経営健全化審査

これに対して財政健全化法第22条第1項の規定に基づく公営企業会計の経営健全化審査は、「資金不足比率」で経営状況の健全性を判断することになっている。

資金不足比率の算式は次のとおりである。

$$\frac{流動負債 - 流動資産}{営業収益 - 受託工事収益} \times 100$$

この算式の分子の流動負債は、貸借対照表の流動負債の決算額をそのまま使用することはできない。

一年基準（ワンイヤー・ルール）に基づいて翌事業年度償還予定の企業債を加算する必要がある。

監査委員としては、「修正資金不足比率」又は「実質資金不足比率」として意見を構成すべきである。

また、分子の流動資産についても、①営業未収金、医業未収金に含まれている不納欠損予想額等、回収可能性のない金銭債権については、民間企業や金融機関と同様に貸倒引当金として控除する必要がある。

②有価証券（国債等）についても一年基準を適用して投資有価証券に計上すべきものが含まれていないかどうか。あれば当然、控除して資金不足額を計算する必要がある。

③分母の営業収益の額は前年度の損益計算書の決算額でよいと思う。し

かし、不納欠損額を特別損失の過年度損益修正損として損益計算書に計上している場合には減額する必要がある。

病院事業においては、診療報酬の基金請求額の査定減の額は、医業収益から減額する必要がある。

以上のようにして、監査委員としては楽観的な資金不足比率の算出は厳に慎むべきである。どちらかというと悪く比率が算出されるよう悲観的な態度で意見を構成することが財政健全化法の目的にかなっていると考えられる。

資金不足比率が経営健全化基準を超える地方公営企業は、財政健全化法第24条の規定に基づき経営健全化計画を策定し、前述した普通会計の場合と同様、個別外部監査人の監査を受けなければならないことになっているので、経営健全化計画の策定に当たっては、事業計画、経営計画の策定について法第174条の専門家による専門委員の活用を図るべきである。

(3) 繰越欠損金

財政健全化法第23条の経営健全化団体の条件として、地方公営企業法適用企業の場合には、繰越欠損金のある場合となっているが、この繰越欠損金は剰余金のうちの利益剰余金がマイナスになっているということで、繰越決損金の額が資本剰余金の額を越えていて剰余金合計がマイナスとなっている場合と解すべきだと思う。

なぜかなれば、繰越欠損金は地公企令第24条の3第2項の規定によって、議会の議決をもって資本剰余金でうめることができるからである。

2007年の7月以降、病院事業を中心に繰越欠損金を処理するため資本剰余金を取りくずすことが可能かどうかという質問が急増している。おそらく財政健全化法第23条の規定の影響ではなかろうかと推測される。

(4) 経営健全化審査の仕方

財政健全化法による公営企業会計の経営健全化を判断する資金不足比率の算出に当たっては、その前提として、流動資産、流動負債を適正に区分経理されているかを主眼とする決算審査が行われていなければならない。

公営企業会計の財務諸表は地公企法第20条の計理の方法の規定と、地

公企令第9条の会計の原則の規定に基づいて作成されることになっている。

　そして、旧地公企法第43条は、地方公営企業の財政再建団体の条件として不良債務（流動負債－流動資産）の発生を条件としていた。今回の財政健全化法第22条第1項は不良債務を資金不足額としてこれを営業収益で除して資金不足比率を算出することになっている。

　ア　今から40年近く前に、東京都の交通事業において、知事が法定財政再建を回避して、自主財政再建にすべきであると主張したこともあって、交通局は、固定資産の投資の部に計上されていた投資有価証券（東京電力株式会社の株券等）を一年基準に基づいて一年以内に売却処分する予定だとして流動資産に計上し貸借対照表を作成して法定再建団体となることを免れたことがあった。実際には決算時までに売却されなかったので、明らかに粉飾決算であった。この経理により、東京都は、旧地公企法第43条の法定財政再建団体の適用は免れることができた。もっとも、東京都の場合は、長期にわたって粉飾状態を続ける意図はなく、都電、都バスの車庫用地に一般会計でゲタばきの都営住宅を建設する予定があったので後日、日本経済のバブル期に予想を超える所有土地の値上がりにより一般会計への売却により、一挙に不良債務を解消して健全な経営状況に改善し、今日に至っている。

　このようなこともあって、今回の財政健全化法は不良債務を工夫をして資金不足比率としたように思われる。

　監査委員としては、まず決算審査を厳正に執行し、粉飾の有無を審査し、さらに経営健全化審査に当たっては経営分析を一層厳しく実施し「実質資金不足」の有無を審査し警鐘を鳴らす必要がある。

　すなわち、翌事業年度に償還を予定している企業債は、一年基準に基づき流動負債として分析するようにしなければならない。

　イ　次に流動負債の包括性、網羅性検討を行って、一時借入金の計上モレがないかも留意しなければならない。夕張市の財政破綻は一時借入金による粉飾決算であったといえよう。

夕張市の場合、歴代の監査委員が、法第235条の2第1項に基づく例月現金出納検査を監査論が予定しているヤミ借金が無いかどうかを検討するため、毎月末現在の金融機関の発行する貸付金残高証明書によって適正にチェックしていれば、最初に法第235条の3第3項に違反して一時借入金を翌年度に繰越したときに是正改善を要する事項として指摘し、莫大なヤミ借金はできなかったと思われる。したがって、一連の観光施設への投資なども不可能となったであろう。その結果財政破綻も未然に防止することができたと思う。

やはり監査委員の例月現金出納検査が不十分であったということが財政破綻をもたらす一因になったと厳しく批判され、反省されるべきであったと考えられる。

ウ　企業債は地公企令第15条の規定に基づき借入資本金として資本の部に計上されている。しかし、経営分析を実施する場合には企業債を固定負債として計上し分析することになっている。

財政健全化法で資金不足額を流動負債から流動資産を控除した額として計算する場合には翌事業年度中に償還する予定の企業債は当然一年基準を適用して流動負債に算入して経営分析をする必要がある。

監査委員が財政健全化法で経営健全化審査をする場合には企業債の翌年度償還予定額は、当然流動負債に算入する必要がある。経営健全化審査を厳格に実施すべきである。

エ　次に、監査委員は決算審査に当たって、流動資産側については実在性検証を実施しなければならない。
① 現金については釣銭の金種別表をチェックする。すでに3月分の月次試算表により例月現金出納検査で4月下旬に実施されているはずである。
② 預金については、各金融機関の預金残高証明書により例月現金出納検査でその実在性を検証されているはずである。
③ 営業未収金については年齢調を行い、不納欠損予定額を査定し貸倒引当金として減額する必要がある。

④　有価証券については投資有価証券が含まれていないかどうかをチェックする必要がある。

オ　分母の営業収益は算式では事業の規模となっているが、具体的には「営業収益」の額が適正であるかどうかということで平成21年度の資金不足比率の算出に当たっては平成20年度の決算額を適用することになる。

　水道事業の場合、主たる営業収益である給水収益の決算額が適正であるか、水道料金の調定が適切に行われているかどうかを従来にも増して厳しく審査する必要がある。

終　章──むすびにかえて

1　平成 19 年度決算についての特例

　財政健全化法の施行は、附則第 1 条により平成 21 年 4 月 1 日とされているが、同条ただし書で「第 2 条、第 3 条及び第 22 条の規定は、公布の日から起算して 1 年を超えない範囲内において政令で定める日から施行する。」となっており、監査委員は平成 19 年度の決算から財政健全化審査及び経営健全化審査を実施しなければならないことになっている。いま、監査委員の財政(経営)健全化審査のスケジュールを示すと、次のようになる。

(公営企業会計)
(1)　平成 20 年 4 月 1 日～5 月 31 日
　　　平成 19 年度決算の作成（地公企法 30 条 1 項）
(2)　平成 20 年 6 月 1 日～7 月 31 日
　　　平成 19 年度決算審査（同法 30 条 2 項）
(3)　平成 20 年 8 月 1 日～8 月 31 日
　　　平成 19 年度経営健全化審査（財政健全化法 22 条 1 項）
(4)　平成 20 年 9 月 1 日以降開催される 9 月定例会に提出
　　　①　平成 19 年度決算審査意見書（認定又は議決）
　　　　　（地公企法 30 条 4 項）
　　　②　平成 19 年度経営健全化審査意見書（報告）
　　　　　（財政健全化法 22 条 1 項）
(5)　資金不足比率の公表（同法、同条）

(普通会計)
(1)　平成 20 年 4 月 1 日～5 月 31 日
　　　出納整理期間

(2) 平成20年6月1日～8月31日
　　平成19年度決算の作成（法233条1項）
(3) 平成20年9月1日～9月30日
　　平成19年度決算審査（法233条2項）
(4) 平成20年9月1日～9月30日
　　平成19年度財政健全化審査（財政健全化法3条1項）
(5) 平成20年9月30日　9月定例会に提出
　　① 平成19年度決算審査意見書（継続審議）
　　② 平成19年度財政健全化審査意見書（報告）
　　　（財政健全化法3条1項）
(6) 健全化判断比率の公表（同法、同条）

2　平成20年度以降の財政（経営）健全化計画の作成及び監査

(1) 平成21年10月1日～12月20日頃
　　財政（経営）健全化計画の策定、議決（財政健全化法5条1項）
(2) 平成21年12月21日～平成22年2月10日頃
　　個別外部監査の実施（財政健全化法26条1項）
(3) 平成23年4月1日以降の財政（経営）健全化計画の実施状況の監査は、監査委員が法第199条第6項の規定に基づき長要求監査として実施する。

3　財政（経営）健全化審査意見書の様式

　平成19年度の財政（経営）健全化審査意見書の様式を示すと、次のようになる。

平成 19 年度　普通会計財政健全化審査意見書

1　審査の概要
　この財政健全化審査は、市長から提出された健全化判断比率及びその算定の基礎となる事項を記載した書類が適正に作成されているかどうかを主眼として実施した。

2　審査の結果
(1) 総合意見
　審査に付された下記、健全化判断比率及びその算定の基礎となる事項を記載した書類は、いずれも適正に作成されているものと認められる。

記

健全化判断比率	平成 19 年度	早期健全化基準	備　考
①実質赤字比率	(％)	(％)	
②連結実質赤字比率			
③実質公債費比率			
④将来負担比率			

(2) 個別意見
　①　実質赤字比率について
　　　平成 19 年度の実質赤字比率は〇〇％となっており、早期健全化基準の〇〇％と比較すると、これを下回り良くなっている。
　②　連結実質赤字比率について
　　　平成 19 年度の連結実質赤字比率は〇〇％となっており、早期健全化基準の〇〇％と比較すると、これを下回り良くなっている。
　③　実質公債費比率について
　　　平成 19 年度の実質公債費比率は〇〇％となっており、早期健全化基準の〇〇％と比較すると、これを下回り良くなっている。
　④将来負担比率について
　　　平成 19 年度の将来負担比率は〇〇％となっており、早期健全化基準の〇〇％と比較すると、これを下回り良くなっている。

(3) 是正改善を要する事項
　特に指摘すべき事項はない。

平成19年度　水道事業会計経営健全化審査意見書

1　審査の概要
　この経営健全化審査は、市長から提出された資金不足比率及びその算定の基礎となる事項を記載した書類が適正に作成されているかどうかを主眼として実施した。

2　審査の結果
(1) 総合意見
　審査に付された下記、資金不足比率及びその算定の基礎となる事項を記載した書類は、いずれも適正に作成されているものと認められる。

記

比率名	平成19年度	経営健全化基準	備　考
①資金不足比率	（％）	20.0（％）	

(2) 個別意見
　①　資金不足比率について
　　　決算審査意見書に記載した水道事業の財務の短期流動性を表示する流動比率は○○％となっているが、経営健全化審査における現金不足比率を算出するにあたって、実質的な資金不足額を把握するため平成20年度に償還する企業債の予定額を「1年基準」に基づき流動負債に算入して計算すると実質流動比率は○○％となる。
　　　したがって、実質的な資金不足比率は○○％となるが、経営健全化基準の20.0％と比較すると、なお、良好な状態にあると認められる。

(3) 是正改善を要する事項
　特に指摘すべき事項はない。

[留意事項]
(1) 公営企業会計の決算審査と経営健全化審査の関係
　①　病院、下水道事業、交通事業等の場合で自己資本構成比率がマイナスになっている場合は債務超過の財政状態になっていることを明記すること。

②　流動比率については経営健全化審査意見書において個別意見として記載すること。

(2) 経営健全化計画監査は平成21年度からとなる。
①　平成20年度決算に基づく経営健全化審査の結果、平成20年度中に平成21年度を初年度とする経営健全化計画（期間3年〜5年）を作成しなければならない。
②　平成20年度の経営健全化計画の監査は個別外部監査として実施する。
③　平成21年度からの経営健全化計画の実施状況の監査は監査委員が実施する。

〈参考〉　　　　　　　　　　　　　　　　　　　　　（総務省説明会資料）

地方公共団体財政健全化法における基準等について

平成20年1月

地方公共団体財政健全化法における
早期健全化基準、財政再生基準、経営健全化基準について

1　実質赤字比率
（1）早期健全化基準については、現行の地方債協議・許可制度における許可制移行基準（市町村※2.5%〜10%、都道府県2.5%）と財政再生基準との中間の値をとり、市町村は財政規模に応じ11.25%〜15%、都道府県は3.75%とする。※特別区を含む。以下同じ。
（2）財政再生基準については、財政規律を確保する上で事実上の規範として定着している現行再建法の記載制限の基準を用い、市町村は20%、都道府県は5%とする。

2　連結実質赤字比率
（1）早期健全化基準は、実質赤字比率の早期健全化基準に、公営企業会計等における経営健全化等を踏まえ 5% 加算し、市町村については財政規模に応じ 16.25 〜 20%、都道府県については 8.75% とする。
（2）財政再生基準は、実質赤字比率の財政再生基準に（1）と同様の観点から 10% 加算し、市町村は 30%、都道府県は 15% とする。
　　※　連結実質赤字比率は、法で導入された新しい指標であることに鑑み、財政運営に大きな制約を与える財政再生基準については、3 年間の経過的な基準（10 〜 5% 引上げ）を設ける。

3　実質公債費比率
（1）早期健全化基準については、市町村・都道府県とも、現行の地方債協議・許可制度において一般単独事業の許可が制限される基準とされている 25% とする。
（2）財政再生基準は、市町村・都道府県とも、現行の地方債協議・許可制度において、公共事業等の許可が制限される基準とされている 35% とする。

4　将来負担比率
実質交際費比率の早期健全化基準に相当する将来負担額の水準と平均的な地方債の償還年数を勘案し、市町村は 350%、都道府県及び政令市 400% とする。

5　公営企業における資金不足比率
経営健全化基準（早期健全化基準に相当する基準）は、現行の地方債協議・許可制度における許可制移行基準の 2 倍である 20% とする。
（営業収益／年の 5% 程度の合理化努力× 4 年のイメージ）

（注）1　都の実質赤字比率及び連結実質赤字比率の基準については、現行再建法と同様、財政制度の特例に伴う計算調整がある。
　　　2　財政健全化計画の内容は、地方公共団体の自主性に委ねられることを踏まえ、実質交際費比率に基づく地方債同意等基準における 3(1)(2) の間の記載制限の事業区別は撤廃する方向。

地方公共団体の財政の健全化の推進

- ○ 「地方公共団体の財政の健全化に関する法律」を平成19年6月に制定。
- ○ 財政指標の公表は平成19年度決算から、計画策定の義務付けは平成20年度決算から適用。
- ○ 早期健全化、財政再生等の基準を定める政令を平成19年12月28日に公布。

財政の早期健全化

財政健全化計画の策定、外部監査の要求　等

財政の再生

財政再生計画の策定、計画について国の同意手続、地方債の制限、再生振替特例債　等

	早期健全化基準	財政再生基準
○実質赤字比率 ・一般会計等の実質赤字の比率	都道府県：3.75% 市町村：財政規模に応じ11.25〜15%	都道府県：5% 市町村：20%
○連結実質赤字比率 ・全ての会計の実質赤字の比率	都道府県：8.75% 市町村：財政規模に応じ16.25〜20%	都道府県：15%（※） 市町村：30%（※）
○実質公債費比率 ・公債費及び公債費に準じた経費の比重を示す比率	都道府県・市町村：25%	都道府県・市町村：35%
○将来負担比率 ・地方債残高のほか一般会計等が将来負担すべき実質的な負債を捉えた比率	都道府県・政令市：400% 市町村：350%	－
○公営企業における資金不足比率 ・公営企業ごとの資金不足の比率	20%	－

※ 連結実質赤字比率の財政再生基準については、3年間の経過的な基準（市町村は40%→40%→35%）を設ける。

〈資料〉
地方公共団体の財政の健全化に関する法律

(平成十九年六月二十二日　法律第九十四号)

第一章　総則

(目的)
第一条　この法律は、地方公共団体の財政の健全性に関する比率の公表の制度を設け、当該比率に応じて、地方公共団体が財政の早期健全化及び財政の再生並びに公営企業の経営の健全化を図るための計画を策定する制度を定めるとともに、当該計画の実施の促進を図るための行財政上の措置を講ずることにより、地方公共団体の財政の健全化に資することを目的とする。

(定義)
第二条　この法律において、次の各号に掲げる用語の意義は、当該各号に定めるところによる。
　一　実質赤字比率　地方公共団体(都道府県、市町村及び特別区に限る。以下この章から第三章までにおいて同じ。)の当該年度の前年度の歳入(一般会計及び特別会計のうち次に掲げるもの以外のもの(以下「一般会計等」という。)に係る歳入で、一般会計等の相互間の重複額を控除した純計によるものをいう。以下この号において同じ。)が歳出(一般会計等に係る歳出で、一般会計等の相互間の重複額を控除した純計によ

るものをいう。以下この号において同じ。)に不足するため当該年度の歳入を繰り上げてこれに充てた額並びに実質上当該年度の前年度の歳入が歳出に不足するため、当該年度の前年度に支払うべき債務でその支払を当該年度に繰り延べた額及び当該年度の前年度に執行すべき事業に係る歳出に係る予算の額で当該年度に繰り越した額の合算額(以下「実質赤字額」という。)を当該年度の前年度の地方財政法(昭和二十三年法律第百九号)第五条の四第一項第二号に規定する標準的な規模の収入の額として政令で定めるところにより算定した額(以下「標準財政規模の額」という。)で除して得た数値
　　イ　地方公営企業法(昭和二十七年法律第二百九十二号)第二条の規定により同法の規定の全部又は一部を適用する企業(以下「法適用企業」という。)に係る特別会計
　　ロ　地方財政法第六条に規定する政令で定める公営企業のうち法適用企業以外のもの(次号において「法非適用企業」という。)に係る特別会計
　　ハ　イ及びロに掲げるもののほか、政令で定める特別会計
　二　連結実質赤字比率　地方公共団体

の連結実質赤字額（イ及びロに掲げる額の合算額がハ及びニに掲げる額の合算額を超える場合における当該超える額をいう。第四号において同じ。）を当該年度の前年度の標準財政規模の額で除して得た数値
　イ　一般会計又は公営企業（法適用企業及び法非適用企業をいう。以下同じ。）に係る特別会計以外の特別会計ごとの当該年度の前年度の決算において、当該年度の前年度の歳入が歳出に不足するため当該年度の歳入を繰り上げてこれに充てた額並びに実質上当該年度の前年度の歳入が歳出に不足するため、当該年度の前年度に支払うべき債務でその支払を当該年度に繰り延べた額及び当該年度の前年度に執行すべき事業に係る歳出に係る予算の額で当該年度に繰り越した額の合算額がある場合にあっては、当該合算額を合計した額
　ロ　公営企業に係る特別会計ごとの当該年度の前年度の決算において、政令で定めるところにより算定した資金の不足額がある場合にあっては、当該資金の不足額を合計した額
　ハ　一般会計又は公営企業に係る特別会計以外の特別会計ごとの当該年度の前年度の決算において、歳入額（当該年度に繰り越して使用する経費に係る歳出の財源に充てるために繰り越すべき金額を除く。）が歳出額を超える場合にあっては、当該超える額を合計した額
　ニ　公営企業に係る特別会計ごとの当該年度の前年度の決算において、政令で定めるところにより算定した資金の剰余額がある場合にあっては、当該資金の剰余額を合計した額
三　実質公債費比率　地方公共団体の地方財政法第五条の四第一項第二号に規定する地方債の元利償還金（以下この号において「地方債の元利償還金」という。）の額と同項第二号に規定する準元利償還金（以下この号において「準元利償還金」という。）の額との合算額から地方債の元利償還金又は準元利償還金の財源に充当することのできる特定の歳入に相当する金額と地方交付税法（昭和二十五年法律第二百十一号）の定めるところにより地方債の元利償還金及び準元利償還金に係る経費として普通交付税の額の算定に用いる基準財政需要額に算入される額として総務省令で定めるところにより算定した額（特別区にあっては、これに相当する額として総務大臣が定める額とする。以下この号及び次号において「算入公債費等の額」という。）との合算額を控除した額を標準財政規模の額から算入公債費等の額を控除した額で除して得た数値で当該年度前三年度内の各年度に係るものを合算したものの三分の一の数値
四　将来負担比率　地方公共団体のイからチまでに掲げる額の合算額がリからルまでに掲げる額の合算額を超える場合における当該超える額を当該年度の前年度の標準財政規模の額から算入公債費等の額を控除した額で除して得た数値
　イ　当該年度の前年度末における一般会計等に係る地方債の現在高
　ロ　当該年度の前年度末における地方自治法（昭和二十二年法律第六十七号）第二百十四条に規定す

る債務負担行為（ヘに規定する設立法人以外の者のために債務を負担する行為を除く。）に基づく支出予定額（地方財政法第五条各号に規定する経費その他の政令で定める経費の支出に係るものとして総務省令で定めるところにより算定した額に限る。）

ハ　当該年度の前年度末までに起こした一般会計等以外の特別会計に係る地方債の元金の償還に充てるため、一般会計等からの繰入れが必要と見込まれる金額の合計額として総務省令で定めるところにより算定した額

ニ　当該年度の前年度末までに当該地方公共団体が加入する地方公共団体の組合又は当該地方公共団体が設置団体である地方開発事業団が起こした地方債の元金の償還に充てるため、当該地方公共団体による負担又は補助が必要と見込まれる金額の合計額として総務省令で定めるところにより算定した額

ホ　当該年度の前年度の末日における当該地方公共団体の職員（地方自治法第二百四条第一項の職員をいい、都道府県にあっては市町村立学校職員給与負担法（昭和二十三年法律第百三十五号）第一条及び第二条に規定する職員を含み、市町村及び特別区にあっては当該職員を除く。）の全員が同日において自己の都合により退職するものと仮定した場合に支給すべき退職手当の額のうち、当該地方公共団体の一般会計等において実質的に負担することが見込まれるものとして総務省令で定めるところにより算定した額

ヘ　当該年度の前年度末における当該地方公共団体が単独で又は他の地方公共団体と共同して設立した法人で政令で定めるもの（以下この号において「設立法人」という。）の負債の額及び当該地方公共団体が設立法人以外の者のために債務を負担している場合における当該債務の額のうち、これらの者の財務内容その他の経営の状況を勘案して当該地方公共団体の一般会計等において実質的に負担することが見込まれるものとして総務省令で定めるところにより算定した額

ト　連結実質赤字額

チ　当該年度の前年度末における当該地方公共団体が加入する地方公共団体の組合又は当該地方公共団体が設置団体である地方開発事業団の連結実質赤字額に相当する額のうち、当該地方公共団体の一般会計等において実質的に負担することが見込まれるものとして総務省令で定めるところにより算定した額

リ　イに規定する地方債の償還額又はロからヘまでに掲げる額に充てることができる地方自治法第二百四十一条の基金として総務省令で定めるものの当該年度の前年度末における残高の合計額

ヌ　イに規定する地方債の償還額又はロからニまでに掲げる額に充てることができる特定の歳入の見込額に相当する額として総務省令で定めるところにより算定した額

ル　地方交付税法の定めるところにより、イに規定する地方債の償還、ロに規定する債務負担行為に基づく支出、ハに規定する一般会計等

からの繰入れ又はニに規定する地方公共団体による負担若しくは補助に要する経費として普通交付税の額の算定に用いる基準財政需要額に算入されることが見込まれる額として総務省令で定めるところにより算定した額（特別区にあっては、これに相当する額として総務大臣が定める額とする。）

五　早期健全化基準　財政の早期健全化（地方公共団体が、財政収支が不均衡な状況その他の財政状況が悪化した状況において、自主的かつ計画的にその財政の健全化を図ることをいう。以下同じ。）を図るべき基準として、実質赤字比率、連結実質赤字比率、実質公債費比率及び将来負担比率のそれぞれについて、政令で定める数値をいう。

六　財政再生基準　財政の再生（地方公共団体が、財政収支の著しい不均衡その他の財政状況の著しい悪化により自主的な財政の健全化を図ることが困難な状況において、計画的にその財政の健全化を図ることをいう。以下同じ。）を図るべき基準として、実質赤字比率、連結実質赤字比率及び実質公債費比率のそれぞれについて、早期健全化基準の数値を超えるものとして政令で定める数値をいう。

（健全化判断比率の公表等）

第三条　地方公共団体の長は、毎年度、前年度の決算の提出を受けた後、速やかに、実質赤字比率、連結実質赤字比率、実質公債費比率及び将来負担比率（以下「健全化判断比率」という。）並びにその算定の基礎となる事項を記載した書類を監査委員の審査に付し、その意見を付けて当該健全化判断比率を議会に報告し、かつ、当該健全化判断比率を公表しなければならない。

2　前項の規定による意見の決定は、監査委員の合議によるものとする。

3　地方公共団体の長は、第一項の規定により公表した健全化判断比率を、速やかに、都道府県及び地方自治法第二百五十二条の十九第一項の指定都市（以下「指定都市」という。）の長にあっては総務大臣に、指定都市を除く市町村（第二十九条を除き、以下「市町村」という。）及び特別区の長にあっては都道府県知事に報告しなければならない。この場合において、当該報告を受けた都道府県知事は、速やかに、当該健全化判断比率を総務大臣に報告しなければならない。

4　都道府県知事は、毎年度、前項前段の規定による報告を取りまとめ、その概要を公表するものとする。

5　総務大臣は、毎年度、第三項の規定による報告を取りまとめ、その概要を公表するものとする。

6　地方公共団体は、健全化判断比率の算定の基礎となる事項を記載した書類をその事務所に備えて置かなければならない。

7　包括外部監査対象団体（地方自治法第二百五十二条の三十六第一項に規定する包括外部監査対象団体をいう。以下同じ。）においては、包括外部監査人（同法第二百五十二条の二十九に規定する包括外部監査人をいう。以下同じ。）は、同法第二百五十二条の三十七第一項の規定による監査のため必要があると認めるときは、第一項の規定により公表された健全化判断比率及びその算定の基礎となる事項を記載した書類について調査することができる。

第二章　財政の早期健全化

（財政健全化計画）

第四条　地方公共団体は、健全化判断比率のいずれかが早期健全化基準以上である場合（当該健全化判断比率のいずれかが財政再生基準以上である場合を除く。）には、当該健全化判断比率を公表した年度の末日までに、当該年度を初年度とする財政の早期健全化のための計画（以下「財政健全化計画」という。）を定めなければならない。ただし、この項の規定により既に財政健全化計画を定めている場合、第八条第一項の規定により同項の財政再生計画を定めている場合その他政令で定める場合は、この限りでない。

2　財政健全化計画は、財政の状況が悪化した要因の分析の結果を踏まえ、財政の早期健全化を図るため必要な最小限度の期間内に、実質赤字額がある場合にあっては一般会計等における歳入と歳出との均衡を実質的に回復することを、連結実質赤字比率、実質公債費比率又は将来負担比率が早期健全化基準以上である場合にあってはそれぞれの比率を早期健全化基準未満とすることを目標として、次に掲げる事項について定めるものとする。

一　健全化判断比率が早期健全化基準以上となった要因の分析
二　計画期間
三　財政の早期健全化の基本方針
四　実質赤字額がある場合にあっては、一般会計等における歳入と歳出との均衡を実質的に回復するための方策
五　連結実質赤字比率、実質公債費比率又は将来負担比率が早期健全化基準以上である場合にあっては、それぞれの比率を早期健全化基準未満とするための方策
六　各年度ごとの前二号の方策に係る歳入及び歳出に関する計画
七　各年度ごとの健全化判断比率の見通し
八　前各号に掲げるもののほか、財政の早期健全化に必要な事項

3　財政健全化計画は、その達成に必要な各会計ごとの取組が明らかになるよう定めなければならない。

（財政健全化計画の策定手続等）

第五条　財政健全化計画は、地方公共団体の長が作成し、議会の議決を経て定めなければならない。財政健全化計画を変更する場合も、同様とする。

2　地方公共団体は、財政健全化計画を定めたときは、速やかに、これを公表するとともに、都道府県及び指定都市にあっては総務大臣に、市町村及び特別区にあっては都道府県知事に、報告しなければならない。この場合において、当該報告を受けた都道府県知事は、速やかに、当該財政健全化計画の概要を総務大臣に報告しなければならない。

3　前項の規定は、財政健全化計画を変更した場合（政令で定める軽微な変更をした場合を除く。）について準用する。

4　都道府県知事は、毎年度、第二項前段（前項において準用する場合を含む。）の規定による報告を取りまとめ、その概要を公表するものとする。

5　総務大臣は、毎年度、第二項（第三項において準用する場合を含む。）の規定による報告を取りまとめ、その概要を公表するものとする。

（財政健全化計画の実施状況の報告等）

第六条　財政健全化計画を定めている地方公共団体（以下「財政健全化団体」という。）の長は、毎年九月三十日までに、前年度における決算との関係を明らかにした財政健全化計画の実施状況を議会に報告し、かつ、これを公表するとともに、都道府県及び指定都市の長にあっては総務大臣に、市町村及び特別区の長にあっては都道府県知事に当該財政健全化計画の実施状況を報告しなければならない。この場合において、当該報告を受けた都道府県知事は、速やかに、その要旨を総務大臣に報告しなければならない。

2　都道府県知事は、毎年度、前項前段の規定による報告を取りまとめ、その概要を公表するものとする。

3　総務大臣は、毎年度、第一項の規定による報告を取りまとめ、その概要を公表するものとする。

（国等の勧告等）

第七条　総務大臣又は都道府県知事は、前条第一項前段の規定による報告を受けた財政健全化団体の財政健全化計画の実施状況を踏まえ、当該財政健全化団体の財政の早期健全化が著しく困難であると認められるときは、当該財政健全化団体の長に対し、必要な勧告をすることができる。

2　総務大臣は、前項の勧告をしたときは、速やかに、当該勧告の内容を公表するものとする。

3　都道府県知事は、第一項の勧告をしたときは、速やかに、当該勧告の内容を公表するとともに、総務大臣に報告しなければならない。

4　財政健全化団体の長は、第一項の勧告を受けたときは、速やかに、当該勧告の内容を当該財政健全化団体の議会に報告するとともに、監査委員（包括外部監査対象団体である財政健全化団体にあっては、監査委員及び包括外部監査人）に通知しなければならない。

第三章　財政の再生

（財政再生計画）

第八条　地方公共団体は、実質赤字比率、連結実質赤字比率及び実質公債費比率（以下「再生判断比率」という。）のいずれかが財政再生基準以上である場合には、当該再生判断比率を公表した年度の末日までに、当該年度を初年度とする財政の再生のための計画（以下「財政再生計画」という。）を定めなければならない。ただし、この項の規定により既に財政再生計画を定めている場合は、この限りでない。

2　財政健全化団体が前項の規定により財政再生計画を定めたときは、当該財政健全化団体の財政健全化計画は、その効力を失う。

3　財政再生計画は、財政の状況が著しく悪化した要因の分析の結果を踏まえ、財政の再生を図るため必要な最小限度の期間内に、実質赤字額がある場合にあっては一般会計等における歳入と歳出との均衡を実質的に回復することを、連結実質赤字比率、実質公債費比率又は将来負担比率が早期健全化基準以上である場合にあってはそれぞれの比率を早期健全化基準未満とすることを、第十二条第二項に規定する再生振替特例債を起こす場合にあっては当該再生振替特例債の償還を完了することを目標として、次に掲げる事項について定めるものとする。ただし、第四号ホに掲げる事項については、財政の再生のため特に必要と認められる地方公共団体に限る。

一　再生判断比率が財政再生基準以上となった要因の分析
二　計画期間
三　財政の再生の基本方針
四　次に掲げる計画（ロ及びハに掲げる計画にあっては、実施の要領を含む。次号において同じ。）及びこれに伴う歳入又は歳出の増減額
　イ　事務及び事業の見直し、組織の合理化その他の歳出の削減を図るための措置に関する計画
　ロ　当該年度以降の年度分の地方税その他の収入について、その徴収成績を通常の成績以上に高めるための計画
　ハ　当該年度の前年度以前の年度分の地方税その他の収入で滞納に係るものの徴収計画
　ニ　使用料及び手数料の額の変更、財産の処分その他の歳入の増加を図るための措置に関する計画
　ホ　地方税法（昭和二十五年法律第二百二十六号）第四条第二項若しくは第五条第二項に掲げる普通税について標準税率を超える税率で課し、又は同法第四条第三項若しくは第五条第三項の規定による普通税を課することによる地方税の増収計画
五　前号の計画及びこれに伴う歳入又は歳出の増減額を含む各年度ごとの歳入及び歳出に関する総合的な計画
六　第十二条第二項に規定する再生振替特例債を起こす場合には、当該再生振替特例債の各年度ごとの償還額
七　各年度ごとの健全化判断比率の見通し
八　前各号に掲げるもののほか、財政の再生に必要な事項
4　財政再生計画は、その達成に必要な各会計ごとの取組が明らかになるよう定めなければならない。
（財政再生計画の策定手続等）
第九条　財政再生計画は、地方公共団体の長が作成し、議会の議決を経て定めなければならない。財政再生計画を変更する場合も、同様とする。
2　地方公共団体は、財政再生計画を定めたときは、速やかに、これを公表するとともに、総務大臣に（市町村及び特別区にあっては、都道府県知事を経由して総務大臣に）報告しなければならない。
3　前項の規定は、財政再生計画を変更した場合（政令で定める軽微な変更をした場合を除く。）について準用する。
4　財政再生計画を定めている地方公共団体（以下「財政再生団体」という。）の長は、財政再生計画に基づいて予算を調製しなければならない。
（財政再生計画の同意）
第十条　地方公共団体は、財政再生計画について、議会の議決を経て、総務大臣に（市町村及び特別区にあっては、都道府県知事を通じて総務大臣に）協議し、その同意を求めることができる。
2　総務大臣は、財政再生計画について同意をするかどうかを判断するための基準を定め、これを公表するものとする。
3　総務大臣は、第一項の規定による協議を受けた財政再生計画が、前項の基準に照らして適当なものであると認められるときは、これに同意するものとする。
4　総務大臣は、第二項の基準の作成及び前項の同意については、地方財政審議会の意見を聴かなければならない。
5　地方公共団体は、第三項の同意を得たときは、速やかに、その旨を公表し

なければならない。
6 地方公共団体は、第三項の同意を得ている財政再生計画を変更しようとするときは、あらかじめ、総務大臣に協議し、その同意を得なければならない。ただし、災害その他緊急やむを得ない理由により、あらかじめ、総務大臣に協議し、その同意を得る時間的余裕がないときは、事後において、遅滞なく、その変更について総務大臣に協議し、その同意を得なければならない。
7 第二項から第五項までの規定は、前項の変更の同意について準用する。
（地方債の起債の制限）
第十一条 地方公共団体は、再生判断比率のいずれかが財政再生基準以上であり、かつ、前条第三項（同条第七項において準用する場合を含む。以下同じ。）の同意を得ていないときは、地方財政法その他の法律の規定にかかわらず、地方債をもってその歳出の財源とすることができない。ただし、災害復旧事業費の財源とする場合その他の政令で定める場合においては、この限りでない。
（再生振替特例債）
第十二条 財政再生団体は、その財政再生計画につき第十条第三項の同意を得ている場合に限り、収支不足額（標準財政規模の額に、実質赤字比率と連結実質赤字比率から連結実質赤字比率について早期健全化基準として定める数値を控除して得た数値とのいずれか大きい数値を乗じて得た額を基準として総務省令で定める額をいう。）を地方債に振り替えることによって、当該収支不足額を財政再生計画の計画期間内に計画的に解消するため、地方財政法第五条の規定にかかわらず、当該収支不足額の範囲内で、地方債を起こすことができる。
2 前項の地方債（当該地方債の借換えのために要する経費の財源に充てるために起こす地方債を含む。次項において「再生振替特例債」という。）は、財政再生計画の計画期間内に償還しなければならない。
3 国は、再生振替特例債については、法令の範囲内において、資金事情の許す限り、適切な配慮をするものとする。
（地方債の起債の許可）
第十三条 財政再生団体及び財政再生計画を定めていない地方公共団体であって再生判断比率のいずれかが財政再生基準以上である地方公共団体は、地方債を起こし、又は起債の方法、利率若しくは償還の方法を変更しようとする場合は、政令で定めるところにより、総務大臣の許可を受けなければならない。この場合においては、地方財政法第五条の三第一項の規定による協議をすること並びに同法第五条の四第一項及び第三項から第五項までに規定する許可を受けることを要しない。
2 財政再生計画につき第十条第三項の同意を得ている財政再生団体についての前項の許可は、当該財政再生計画に定める各年度ごとの歳入に関する計画その他の地方債に関連する事項及び当該財政再生計画の実施状況を勘案して行うものとする。
3 地方財政法第五条の三第三項の規定は、第一項に規定する許可を得た地方債について、同条第四項の規定は、第一項に規定する許可を得た地方債に係る元利償還に要する経費について準用する。
4 総務大臣は、第一項の総務大臣の許可については、地方財政審議会の意見を聴かなければならない。

（財政再生団体に係る通知等）
第十四条　総務大臣は、第九条第二項の規定により財政再生計画の報告を受けたときは、速やかに、当該財政再生計画を定めた地方公共団体の名称を各省各庁の長（財政法（昭和二十二年法律第三十四号）第二十条第二項に規定する各省各庁の長をいう。以下この条において同じ。）に通知しなければならない。
2　各省各庁の長は、土木事業その他の政令で定める事業を財政再生団体に負担金を課して国が直轄で行おうとするときは、当該事業の実施に着手する前（年度を分けて実施する場合にあっては、年度ごとの事業の実施に着手する前）に、あらかじめ、当該事業に係る経費の総額及び当該財政再生団体の負担額を総務大臣に通知しなければならない。当該事業の事業計画の変更により財政再生団体の負担額に著しい変更を生ずる場合も、同様とする。
3　総務大臣は、前項の規定による通知を受けた場合において当該通知に係る事項が財政再生計画に与える影響を勘案して必要と認めるときは、各省各庁の長に対し、意見を述べることができる。

（財政再生計画についての公表）
第十五条　総務大臣は、毎年度、第九条第二項（同条第三項において準用する場合を含む。）の規定により報告を受けた財政再生計画の内容並びに第十条第一項及び第六項の規定による協議の結果を公表するものとする。

（事務局等の組織の簡素化）
第十六条　財政再生団体は、財政再生計画で定めるところにより、当該財政再生団体の長の補助機関である職員を、当該財政再生団体の議会若しくは当該財政再生団体に執行機関として置かれる委員会及び委員並びに当該委員会の管理に属する機関（以下この条において「委員会等」という。）の事務を補助する職員と兼ねさせ、若しくは当該議会若しくは委員会等の事務を補助する職員に充て、又は当該議会若しくは委員会等の事務に従事させることができる。

（長と議会との関係）
第十七条　地方公共団体の議会の議決が次に掲げる場合に該当するときは、当該地方公共団体の長は、地方自治法第百七十六条及び第百七十七条の規定によるもののほか、それぞれ当該議決があった日から起算して十日以内に、理由を示してこれを再議に付することができる。
一　財政再生計画の策定又は変更に関する議案を否決したとき。
二　第十条第一項の規定による協議に関する議案を否決したとき。
三　財政再生計画の達成ができなくなると認められる議決をしたとき。

（財政再生計画の実施状況の報告等）
第十八条　財政再生団体の長は、毎年九月三十日までに、前年度における決算との関係を明らかにした財政再生計画の実施状況を議会に報告し、かつ、これを公表するとともに、総務大臣に（市町村及び特別区の長にあっては、都道府県知事を経由して総務大臣に）当該財政再生計画の実施状況を報告しなければならない。
2　総務大臣は、毎年度、前項の報告を取りまとめ、その概要を公表するものとする。

（財政再生計画の実施状況の調査等）
第十九条　総務大臣は、必要に応じ、財政再生計画の実施状況について調査

(国の勧告等)
第二十条　総務大臣は、財政再生団体の財政の運営がその財政再生計画に適合しないと認められる場合その他財政再生団体の財政の再生が困難であると認められる場合においては、当該財政再生団体の長に対し、予算の変更、財政再生計画の変更その他必要な措置を講ずることを勧告することができる。

2　財政再生団体の長は、前項の規定による勧告を受けたときは、速やかに、当該勧告の内容を当該財政再生団体の議会に報告するとともに、監査委員(包括外部監査対象団体である財政再生団体にあっては、監査委員及び包括外部監査人)に通知しなければならない。

3　第一項の規定による勧告を受けた財政再生団体の長は、当該勧告に基づいて講じた措置について、総務大臣に報告しなければならない。

4　総務大臣は、前項の規定による報告を受けたときは、速やかに、当該報告の内容を公表するものとする。

(国及び他の地方公共団体の配慮)
第二十一条　国及び他の地方公共団体は、財政再生団体が財政再生計画を円滑に実施することができるよう配慮するものとする。

第四章　公営企業の経営の健全化

(資金不足比率の公表等)
第二十二条　公営企業を経営する地方公共団体の長は、毎年度、当該公営企業の前年度の決算の提出を受けた後、速やかに、資金不足比率及びその算定の基礎となる事項を記載した書類を監査委員の審査に付し、その意見を付けて当該資金不足比率を議会に報告し、かつ、当該資金不足比率を公表しなければならない。

2　前項に規定する「資金不足比率」とは、公営企業ごとに、政令で定めるところにより算定した当該年度の前年度の資金の不足額を政令で定めるところにより算定した当該年度の前年度の事業の規模で除して得た数値をいう。

3　第三条第二項から第七項までの規定は、資金不足比率について準用する。

(経営健全化計画)
第二十三条　地方公共団体は、公営企業(事業を開始する前の公営企業を除き、法適用企業にあっては、繰越欠損金があるものに限る。)の資金不足比率が公営企業の経営の健全化を図るべき基準として政令で定める数値(以下「経営健全化基準」という。)以上である場合には、当該公営企業について、当該資金不足比率を公表した年度の末日までに、当該年度を初年度とする公営企業の経営の健全化のための計画(以下「経営健全化計画」という。)を定めなければならない。ただし、この項の規定により既に当該公営企業について経営健全化計画を定めている場合その他政令で定める場合は、この限りでない。

2　経営健全化計画は、当該公営企業の経営の状況が悪化した要因の分析の結果を踏まえ、当該公営企業の経営の健全化を図るため必要な最小限度の期間内に、資金不足比率を経営健全化基準未満とすることを目標として、次に掲げる事項について定めるものとする。

一　資金不足比率が経営健全化基準以上となった要因の分析
二　計画期間
三　経営の健全化の基本方針
四　資金不足比率を経営健全化基準未満とするための方策

五　各年度ごとの前号の方策に係る収入及び支出に関する計画
六　各年度ごとの資金不足比率の見通し
七　前各号に掲げるもののほか、経営の健全化に必要な事項

（準用）
第二十四条　第五条から第七条までの規定は、経営健全化計画について準用する。この場合において、第六条第一項並びに第七条第一項及び第四項中「財政健全化団体」とあるのは「経営健全化団体」と、同条第一項中「財政の早期健全化」とあるのは「公営企業の経営の健全化」と読み替えるものとする。

第五章　雑則

（財政健全化計画又は財政再生計画と経営健全化計画との調整）
第二十五条　財政健全化団体又は財政再生団体である地方公共団体は、経営健全化計画を定めるに当たっては、当該経営健全化計画と当該財政健全化計画又は財政再生計画との整合性の確保を図らなければならない。
2　経営健全化計画を定めている地方公共団体（次条において「経営健全化団体」という。）は、財政健全化計画又は財政再生計画を定めるに当たっては、当該財政健全化計画又は財政再生計画と当該経営健全化計画との整合性の確保を図らなければならない。

（地方自治法の監査の特例）
第二十六条　財政健全化計画、財政再生計画又は経営健全化計画を定めなければならない地方公共団体の長は、これらの計画を定めるに当たっては、あらかじめ、当該地方公共団体の財政の健全化のために改善が必要と認められる事務の執行について、監査委員に対し、地方自治法第百九十九条第六項の監査の要求をしなければならない。この場合においては、同法第二百五十二条の四十一第一項中「第百九十九条第六項」とあるのは「地方公共団体の財政の健全化に関する法律（平成十九年法律第九十四号）第二十六条第一項の規定に基づく第百九十九条第六項」と、「監査委員の監査に代えて契約に基づく監査によることができることを条例により定める普通地方公共団体」とあるのは「同法の規定により財政健全化計画、財政再生計画又は経営健全化計画を定めなければならない地方公共団体」と、「同項の要求をする場合において、特に必要があると認めるときは、その理由を付して、併せて」とあるのは「同項の要求と併せて、理由を付して」と、「求めることができる」とあるのは「求めなければならない」と読み替えて、同法第二編第十三章の規定を適用する。
2　財政健全化団体、財政再生団体又は経営健全化団体（以下この項において「財政健全化団体等」という。）が包括外部監査対象団体である場合にあっては、当該財政健全化団体等の包括外部監査人は、地方自治法第二百五十二条の三十七第一項の規定による監査をするに当たっては、同条第二項の規定によるほか、当該財政健全化団体等の財務に関する事務の執行及び当該財政健全化団体等の経営に係る事業の管理が財政の早期健全化、財政の再生又は公営企業の経営の健全化を図る観点から適切であるかどうかに、特に、意を用いなければならない。

（財政の早期健全化等が完了した団体の報告等）
第二十七条　財政健全化計画による財政の早期健全化が完了した地方公共団体

の長は、財政健全化計画による財政の早期健全化が完了した年度の翌年度の九月三十日までに、当該年度の前年度における決算との関係を明らかにした財政健全化計画の実施状況及び財政の早期健全化が完了した後の当該地方公共団体の財政の運営の方針を記載した書類（以下この項において「財政健全化計画完了報告書」という。）を添えて、財政の早期健全化が完了した旨を議会に報告し、かつ、当該財政健全化計画完了報告書を公表するとともに、都道府県及び指定都市の長にあっては総務大臣に、市町村及び特別区の長にあっては都道府県知事に、当該財政健全化計画完了報告書を添えて財政の早期健全化が完了した旨を報告しなければならない。この場合において、当該報告を受けた都道府県知事は、速やかに、その要旨を総務大臣に報告しなければならない。

2　都道府県知事は、毎年度、前項前段の規定による報告を取りまとめ、その概要を公表するものとする。

3　総務大臣は、毎年度、第一項の規定による報告を取りまとめ、その概要を公表するものとする。

4　財政再生計画による財政の再生が完了した地方公共団体の長は、財政再生計画による財政の再生が完了した年度の翌年度の九月三十日までに、当該年度の前年度における決算との関係を明らかにした財政再生計画の実施状況及び財政の再生が完了した後の当該地方公共団体の財政の運営の方針を記載した書類（以下この項において「財政再生計画完了報告書」という。）を添えて、財政の再生が完了した旨を議会に報告し、かつ、当該財政再生計画完了報告書を公表するとともに、総務大臣に（市町村及び特別区の長にあっては、都道府県知事を経由して総務大臣に）当該財政再生計画完了報告書を添えて、財政の再生が完了した旨を報告しなければならない。

5　総務大臣は、毎年度、前項の規定による報告を取りまとめ、その概要を公表するものとする。

6　第一項から第三項までの規定は、経営健全化計画について準用する。この場合において、第一項中「財政の早期健全化」とあるのは「公営企業の経営の健全化」と、「地方公共団体の財政の運営」とあるのは「公営企業の経営」と、「財政健全化計画完了報告書」とあるのは「経営健全化計画完了報告書」と読み替えるものとする。

（都道府県が処理する事務）

第二十八条　この法律に規定する総務大臣の権限に属する事務のうち市町村及び特別区に係るものの一部は、政令で定めるところにより、都道府県知事が行うこととすることができる。

（政令への委任）

第二十九条　この法律に定めるもののほか、市町村の廃置分合又は境界変更があった場合におけるこの法律の規定の適用その他この法律の施行に関し必要な事項は、政令で定める。

附　則

（施行期日）

第一条　この法律は、平成二十一年四月一日から施行する。ただし、第二条、第三条及び第二十二条の規定は、公布の日から起算して一年を超えない範囲内において政令で定める日から施行する。

（適用区分）

第二条　第四条、第八条及び第二十三条の規定は、平成二十年度以後の年度分の決算に基づき算定した実質赤字比率、連結実質赤字比率、実質公債費比率若しくは将来負担比率又は資金不足比率が早期健全化基準、財政再生基準又は経営健全化基準以上である場合について適用する。

（地方財政再建促進特別措置法の廃止）

第三条　地方財政再建促進特別措置法（昭和三十年法律第百九十五号）は、廃止する。

（地方財政再建促進特別措置法の廃止に伴う経過措置）

第四条　この法律の施行の際現に存する前条の規定による廃止前の地方財政再建促進特別措置法（以下「旧再建法」という。）第二十二条第二項の規定によりその例によることとされた旧再建法第二条第一項に規定する財政再建計画については、当該財政再建計画に係る地方公共団体が第四条又は第八条の規定により財政健全化計画又は財政再生計画を定めるまでの間は、なお従前の例による。この場合において、当該地方公共団体のうち再生判断比率のいずれかが財政再生基準以上である地方公共団体については、当該財政再生計画が定められるまでの間、第十一条の規定は、適用しない。

（国等に対する寄附金等）

第五条　地方公共団体は、当分の間、国、独立行政法人（独立行政法人通則法（平成十一年法律第百三号）第二条第一項に規定する独立行政法人であって当該独立行政法人に対する国の出資の状況及び関与、当該独立行政法人の業務の内容その他の事情を勘案してこの条の規定を適用することが適当であるものとして政令で定めるものに限る。以下この条において同じ。）若しくは国立大学法人等（国立大学法人法（平成十五年法律第百十二号）第二条第一項に規定する国立大学法人及び同条第三項に規定する大学共同利用機関法人をいう。以下この条において同じ。）又は日本郵政株式会社、郵便事業株式会社、郵便局株式会社、東日本高速道路株式会社、中日本高速道路株式会社、西日本高速道路株式会社、本州四国連絡高速道路株式会社、株式会社日本政策金融公庫若しくは沖縄振興開発金融公庫（以下この条において「会社等」という。）に対し、寄附金、法律又は政令の規定に基づかない負担金その他これらに類するもの（これに相当する物品等を含む。以下この条において「寄附金等」という。）を支出してはならない。ただし、地方公共団体がその施設を国、独立行政法人若しくは国立大学法人等又は会社等に移管しようとする場合その他やむを得ないと認められる政令で定める場合における国、独立行政法人若しくは国立大学法人等又は会社等と当該地方公共団体との協議に基づいて支出する寄附金等で、あらかじめ、総務大臣に協議し、その同意を得たものについては、この限りでない。

（国等に対する寄附金等に関する経過措置）

第六条　この法律の施行の日前に旧再建法第二十四条の規定によりされた同意又は協議の申出は、前条の規定によりされた同意又は協議の申出とみなす。

（地方債の起債の許可の特例）

第七条　平成二十一年度から平成二十七年度までの間における第十三条第一項の規定の適用については、同項中「第五項まで」とあるのは、「第五項まで並びに第三十三条の八第一項」とする。

[著者紹介]

池田 昭義　いけだ・あきよし
　　　　　　公認会計士・前保谷市代表監査委員

〔略歴〕

昭和 4 年	東京都出身	
昭和 28 年	中央大学経済学部卒業	
昭和 34 年	公認会計士第2次試験合格	
	東京都監査事務局勤務	
昭和 37 年	公認会計士第3次試験合格	
	東京都立大学講師	
昭和 41 年	東京都監査事務局退職	
昭和 42 年	公認会計士開業登録	
	税理士開業登録	
昭和 43 年	東京都専門委員	
昭和 45 年	保谷市監査委員	
昭和 51 年	川崎市専門委員	
平成 7 年	地方公共団体における監査機能の充実に関する小委員会委員	
平成 8 年	新日本監査法人公会計本部顧問	
平成 10 年	(株)浜銀総合研究所顧問	現在に至る
平成 11 年	全国町村監査委員協議会顧問	〃
平成 12 年	日本税理士会連合会外部顧問（アドバイザー）	〃
平成 12 年	自治大学校監査専門課程講師	〃
平成 17 年	市町村アカデミー客員教授	〃

※保谷市（現在は西東京市）

〔著書〕

『監査の知識』（ぎょうせい）
『公営企業の経営分析』（地方財務協会）
『地方公共団体の監査制度』（学陽書房）
『監査基準のつくり方・考え方』（学陽書房）
『監査実務質疑応答集』（学陽書房）
『地方自治監査の実務』（一藝社）
『外部監査ハンドブック』（ぎょうせい）

地方財政健全化法監査

2008年4月25日　初版発行

著　者　池田　昭義

発行者　菊池　公男

発行所　株式会社 一藝社
〒160-0022 東京都新宿区新宿1丁目6番11号
TEL. 03-5312-8890 FAX. 03-5312-8895
振替　東京　00180-5-350802
e-mail:info@ichigeisha.co.jp
website:http://www.ichigeisha.co.jp

印刷・製本　㈱シナノ

ⓒAkiyoshi Ikeda 2008 Printed in Japan
ISBN978-4-901253-98-7 C3032
落丁・乱丁本はお取り替えいたします。